도쿄 대재판

도쿄 대재판

권영법

KU PRESS
고려대학교
출판문화원

머리말

기억하는 자와 망각하는 자

자위대를 포함한 방위성은 일본의 최대 행정기관이다. 도쿄의 이치가야市ケ谷에 있는 주둔지에는 방위성 본부와 자위대 수뇌부가 모여 있다. 이곳은 이치가야 전철역에서 도보로 불과 5분 거리에 있다. 이 자리에 고층의 첨단 빌딩들 사이로 과거 육군사관학교 현관과 강당을 축소해서 이전한 '이치가야 기념관'이 자리잡고 있다. 기념관은 과거 육군사관학교 대강당으로 쓰였고, 전시에는 육군성 참모본부가 쓰던 건물이기도 했다. 1937년 10월 20일 일본 천황 히로히토裕仁가 참석한 가운데 이곳에서 제30회 육군사관학교 졸업식이 거행되었다. 그리고 제2차 세계대전이 끝난 1945년까지 학교를 거쳐 간 생도는 52,000명에 이르고, 이들 중에 많은 이들이 후일 일본의 군부와 정계의 지도자가 되어 일본 근대사를 좌지우지한 인물들이 되었다.

1945년 육군사관학교 교직원들과 생도 전원은 연합국의 폭격에 대비해서 잠시 나가노 현으로 이동하였다가 다시 가나카와 현 자바에 있는 교정으로 돌아왔다. 8월 15일 12시, 정오 시보가 울리자 남자 아나운서의 침울한 목소리가 흘러나왔다. "지금부터 중대 방송이 있겠습니다." 이어 일본의 국가 〈기미가요〉가 흘러나왔다. "천황의 통치시대는 천년만년 이어지리라. 돌이 큰 바위가 되고, 그 바위에 이끼가 낄 때까지 (…)." 다음으로 천황 히로히토의 떨리는 목소리가 흘러나왔다. "짐의 선량하고 충성스런 국민에게, 오늘날 세계 대세와 일본 세국의 싱황을 깊이 고려해 본 후 짐은 비상조치를 취함으로써 시국을 수습코자 한다. 짐은 제국 정부로 하여금 미국, 영국, 중국, 소련 정부에 우리 제국이 그들의 공동선언 조항들을 받아들인다는 뜻을 통고토록 지시했다. (…)" 황실 용어로 된 연설이었다. 중국 문자로 된 고어는 구어체와 달라 그 의미를 이해하기가 어려웠다. 천황의 연설이 끝나자 해설이 뒤따랐고 그때서야 사람들은 항복선언이란 사실을 알게 되었다. 일본 전역에 걸쳐 며칠 동안 통곡이 지속되었고, 장군에서부터 장교, 시민들의 자살이 이어졌다. 일본이 항복하자 연합국은 이 대강당을 대대적으로 수리해서 극동국제군사재판소와 법정으로 사용하였다.

아이러니컬하게도 일본 군부와 정계의 거물을 수없이 배출한 이곳에서 극동국제군사재판소의 재판이 열렸다. 교수형을 받은 7명 중 도조 히데키東條英機, 도히하라 겐지土肥原賢二, 이타가키 세이시로板垣征四郎, 기무라 헤이타로木村兵太郎, 마쓰이 이와네松井石根, 무토 아키라武藤章 6명이 이곳 육군사관학교 출신이다. 종신형을 받은 16명 중 오시마 히로시大島浩, 아라키 사다오荒木貞夫, 고이소 구니아키小磯国昭, 하타 슌로쿠畑俊六, 우메즈 요시지로梅津美治郎, 미나미 지로南次郎, 스즈키 데이이치鈴木貞一, 사토 겐료佐藤賢了, 하시모토 긴고로橋本欣五郎 등 9명도 이곳 출신이다.

그렇지만 천황 히로히토는 끝내 재판소에 모습을 드러내지 않았다. 연합국은 히로히토의 전쟁범죄를 조사하여 제소하려 했다. 그리고 관동군 731부대의 생체실험과 조선인 강제징용, 위안부 동원 등을 조사하려 했다. 그러나 재판 도중 중국이 공산화되고 냉전시대가 도래하였다. 한반도에서는 6·25 전쟁이 발발했다. 미국으로서는 방공의 저지대沮止帶로서 일본의 역할이 절실했다. 이러한 상황이 맞물려 여러 차례 열릴 계획이었던 A급 전범의 재판은 중단되었고, 이미 재판을 받은 전범들도 석방되었다. 한국은 일본으로부터 식민 지배를 받은 가장 큰 피해국이었지만 도쿄재판에서 아무런 목소리를 낼 수 없었다. 오히려 강제징용으로 끌려간 포로 감시원들은

B·C급 전범으로 몰려 억울하게 재판을 받았다. 최근 한국의 대법원은 위안부 피해자들에게 배상을 명하는 판결을 내렸다. 이를 두고 일본 정부는 정부 간 협정을 위반한 처사라고 비난하고 나섰다. 그리고 이를 빌미로 한·일 갈등은 지금까지 계속되고 있다. 이와 같이 도쿄재판은 결코 더 이상 과거사가 아니다. 도쿄재판과 더불어 천황제와 야스쿠니 신사 참배는 일본 우익의 이데올로기가 되고 있다.

도쿄재판은 1928년부터 1945년까지 일본이 벌인 전쟁행위에 대해 책임을 묻고 전쟁의 실상을 밝혔다. 그리고 평화에 반하는 범죄를 재판하여 국제형사법에서 커다란 진전을 일구어 냈다. 도쿄재판은 비단 학술적인 측면에서뿐만 아니라 정치적으로나 다른 여러 측면에서 매우 중요한 의미를 지니고 있다. 그러함에도 아직은 일본이나 중국 등 관련 국가에 비해 학술적인 연구나 국민의 관심이 미진한 편이다. 이 책이 도쿄재판에 대해 관심을 일으키는 데 화소지火巢紙로 쓰이길 바랄 뿐이다.

기억과 망각은 과거를 돌아보는 두 가지 모습이다. 도쿄재판은 일본으로서는 망각하고 싶은 사건일 것이다. 그러나 우리로서는 결코 망각해서는 안 되고, 반드시 기억해야 할 사건이다. 그러면 과연 우리 중 도쿄재판을 기억하고 있는 사람은 얼마나 될까? 과연 우리는 도쿄재판을 기억하는 자인가?

검사가 역사가의 역할을 떠안게 된다는 사실을 이해할 필요가 있다. (…) 역사는 의문의 여지를 남긴다. 역사는 유동적이고 요동치며, 우리가 알고 이해한 과거의 사실을 현재와 미래의 관점에 따라 재구축하여 살아남는다. 이와 달리 재판은 불가역적이다. 재판은 영구적이고 공식적인 해석에 구속되며, 가끔씩 곤혹스러운 결론에 이르기도 한다.

—Louise Arbour, *War Crimes and the Culture of Peace*

일러두기

1. 인용문의 대괄호([ ]) 속 문구는 인용문의 전후 문맥을 살펴 저자가 기재한 부분이다.

2. 파운드는 킬로그램으로, 마일은 킬로미터로, 인치는 센티미터로 바꾸어 표기했다. 다만 문맥상 부득이한 경우에는 예외로 하였다.

3. 영어권과 일본, 그 밖의 나라 인명 표기는 국립국어원의 외래어 표기법을 기준으로 삼았으나, 이미 관용으로 굳어진 외래어는 관례대로 표기했다.

4. 중국 인명과 지명의 표기는 중국어 발음 뒤에 한자를 병기하여 표기하였다.

5. 서술한 사실은 책, 논문, 신문기사, 인터넷 문헌 등을 기초로 서술하였다.

차례

4. 전범을 기소하다

5. 재판이 열리다

6. 검사의 모두진술

14. 분석

15. 명과 암

16. 남겨진 과제

1

새로운 질서를 향하여

제2차 세계대전, 그리고 태평양전쟁

제2차 세계대전에서 3,500만 명 내지 5,000만 명이 희생되었다. 민간인과 전쟁포로를 합하면 6,000만 명이 넘는다. 1930년대 세계 인구가 20억을 넘어섰으므로 6,000만 명이 사망한 것으로 볼 때 세계 인구의 약 3%가 전쟁으로 희생된 셈이다. 이처럼 인류 역사에서 가장 크고도 참혹한 피해를 안긴 제2차 세계대전은 왜 일어난 것일까? 이 질문에 대해 한마디로 쉽게 답할 수 없는데, 여기에는 여러 요인이 복합적으로 작용했기 때문이다. 제1차 세계대전 후 연합국은 패전국에게 '베르사유 조약'을 체결하도록 했다. 그러나 조약은 승전국인 연합국에게 일방적이었으며, 독일에게는 지나치게 불리했다. 치욕적인 조약에 독일인들은 분노했다. 그리고 이것은 또 다른 전쟁의 불씨로 남았고, 히틀러가 집권할 수 있는 발판이 되었다. 그리고 이념적으로 볼 때 팽창주의를 지향하는 민족주의, 그리고 반공주의와 반유대주의가 그 원인을 제공했다. 정치적으로 볼 때는 영국과 프랑스를 위시한 선진 제국주의와 독일, 이탈리아, 일본을 위시한 후발 제국주의 간의 충돌이라고 분석할 수 있다. 경제적으로 볼 때는 전 세계 경제를 강타한 세계 대공황이 그 원인을 제공했다. 그리고 제1차 세계대전 후의 불완전한 국제 질서에 기인하였다.

제1차 세계대전이 끝나자 미국의 대통령 우드로 윌슨은 국제안보 체제를 조직하자고 제안했다. 윌슨이 제안하여 결성된 국제연맹은 새로운 집단안보 체제를 지향했다. 침략을 불법이라고 규정하고 공격적인 전쟁을 금지하며, 국제연합을 통해 침략을 억제하기로 했다. 만약 침략이 발생하면 회원국은 침략국을 응징하는 데 동의하기로 하였다. 그렇지만 연맹에는 취약점이 있었다. 연맹을 제창한 미국은 정작 가입하지 않았다. 연맹은 군비를 축소하고 그리스와 불가리아 사이의 분쟁을 해결하는 듯했지만, 일본이 일으킨 만주사변과 이탈리아의 에티오피아 침공 앞에서 무력감만 드러냈다(Nye, 2018). 연맹은 '영구평화'라는 허황된 이상에 매달려 실제로는 침략행위를 저지하는 데 아무런 역할을 하지 못했다. 그리고 일본과 이탈리아가 전쟁을 벌이는 것을 무기력하게 바라만 보았다. 이렇게 국제연맹이 무력한 것을 본 독일과 일본은 침략행위로 나아가게 된다(Saar & Schwentker, 2008).

제2차 세계대전은 1939년 9월 1일 독일이 폴란드를 침공하여 시작되었고, 1945년 8월 15일 일본이 항복하여 종결되었다. 전쟁은 추축국樞軸國(Axis Power)과 연합국聯合國(Allied Power) 두 진영이 대립하는 양상으로 진행되었다. 추축국은 독일과 이탈리아, 일본으로, 이들 국가는 삼국동맹을 체결했다. 연합국은 영국과 프랑스, 미국과 소련, 중국 등이 중심이 되어 추축국에 대항하였다. 1933년 독일에서 히틀러가 권력을 장악한 후, 일본과 독일은 국제연맹에서 탈퇴했다. 그리고 1935년 독일은 재군비를 선언했다. 히틀러의 주도로 1936년 11월 25일 독일과 일본은 공산국가인 소련에 맞서 반코민테른 협정Anti-Comintern Pact(방공협정)을 맺었다. 1937년 11월 6일, 여기에 이탈리아도 참여했다. 이윽고 1938년 10월 독일군은 주데텐란트(체코슬로바키아 서부 지역으로, 독일 민족이 다수 거주하는 곳)에 진주進駐하였고, 1939년 3월에는 보헤미아와 모라비아를 합병했다(藤田久一, 2012).

1939년 9월, 독일군이 폴란드에 진격하자 영국과 프랑스가 독일에 선전포고하여 제2차 세계대전이 본격적으로 시작되었다. 1939년 독일과 소련이 불가침조약을 체결하자 일본은 항의의 표시로 방공협정을 파기하였다. 그렇지만 1940년 9월 27일 독일과 이탈리아, 일본은 다시 삼국 군사동맹을 맺었다. 이때부터 베를린-로마-도쿄가 국제정치에서 '추축'으로 불려진다. 이 시기에 일본의 오시마 히로시大島浩가 중요한 역할을 한다. 그는 중일전쟁이 발발하자 중장으로 승진했다. 이후 주독대사가 되어 독일과 이탈리아, 일본 사이에 삼국동맹을 추진하였다. 부친 오시마 켄이치大島健一는 독일에서 유학하였다. 그런 영향으로 오시마 히로시는 독일에 경도되어 있었다. 히로시는 독일에서 근무하면서 나치당과 히틀러와 친분을 맺었고, 삼국동맹을 맺는 데 결정적인 역할을 하였다(Boyd, 1981).

1920년대 일본은 경제위기에 빠졌고, 그 틈을 타서 군부가 득세했다. 군부는 러일전쟁에서 군사 주둔권을 얻어 낸 만주철도를 따라 만주사변을 일으켰다. 그리고 만주국이라는 괴뢰국을 세우더니 푸이溥儀를 통치자로 앉혔다. 국제연맹은 만주사변을 조사하기 위해 영국의 리턴 경Lord Lytton을 파견했다 리턴 경은 일본이 침략했다는 보고서를 제출했다. 보고서에는 일본이 침략행위를 하였다고 적었지만 제재를 취하라고 요구하지 않았다. 국제연맹은 보고서를 채택했고, 그러자 일본은 국제연맹에서 탈퇴했다(Nye, 2018).

태평양전쟁은 1931년 9월 일본이 만주사변을 일으켜 시작되었고, 1937년에는 중일전쟁으로 확대되었다. 그리고 일본은 1931년 12월 미국과 연합국을 상대로 전쟁을 시작했고, 이어 태평양과 동남아시아로 전선을 확대했다. 태평양 함대사령관 체스터 니미츠는 일본이 미드웨이를 침공한다는 첩보를 접하고 만반의 준비를 하였다. 그리하여 1942년 6월 미드웨이 전투를 승전으로 이끌었다. 이때부터 일본의 전세가 기울기 시작하여 연합국의 승세가 이어졌으며, 연합국은 오키나와에서 일본군을 격파했다. 연합국은

1945년 7월 26일 포츠담선언에서 일본에게 무조건 항복하라고 요구했으나 일본 정부는 거부하였다. 미국의 루스벨트는 1941년부터 이미 '맨해튼 프로젝트'로 원자폭탄 실험에 들어갔다. 그리고 1945년 1월 16일 시험 폭발에 성공하고 있었다(郭方, 2014). 미국은 8월 6일과 9일에 히로시마와 나가사키에 원자폭탄을 투하했다. 그러자 소련은 일본과의 중립협정을 깨고, 만주와 쿠릴 섬, 사할린 남부를 침입하였다. 이윽고 일본 정부는 8월 14일 포츠담선언을 수락하였고, 8월 15일에 천황 히로히토는 라디오로 종전과 항복을 선언하였다(Saito, 2017).

그러면 태평양전쟁은 왜 일어난 것일까? 경제공황이 발발하자 일본 국민 사이에는 두려움이 일었다. 그러자 그 틈을 비집고 군부와 극우주의자가 세력을 장악했다. 그리고 '대동아공영권'이라는 그럴듯한 미명 아래 이웃 국가들을 침략했다. 1940년 히틀러가 프랑스를 함락하자 일본은 이 틈을 타서 프랑스 식민지인 베트남과 캄보디아를 차지했다. 이어 네덜란드령 동인도제도(오늘날 인도네시아)를 점령했다. 미국은 일본에 대해 석유 금수조치를 취하며 일본의 남진을 막으려 했고, 중국에서 철수하라고 요구했다. 사실 일본도 미국과 전쟁을 벌이는 건 승산이 없다고 보았다. 그러나 독일이 영국을 무찌르고, 일본이 태평양 지역의 미군을 기습공격해서 미국이 낙담한다면 미국과 협상이 가능하리라 오판했다. 결국 일본은 1941년 12월 7일 진주만을 기습공격한 것이다

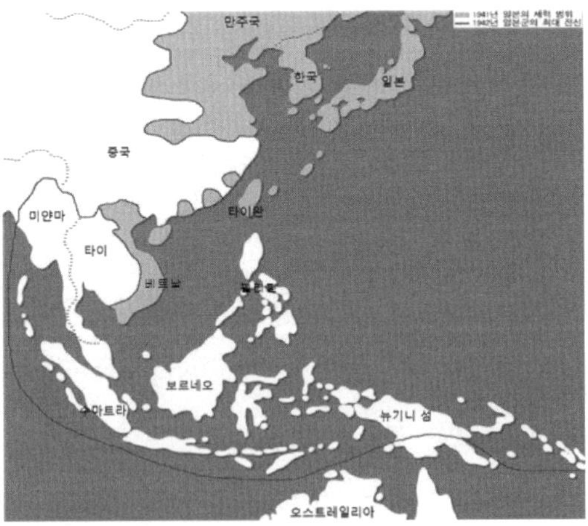

태평양전쟁 때 일본이 점령한 영토

(Nye, 2018).

제2차 세계대전으로 전례가 없는 무고한 인명이 희생되었다. 그러자 승전국의 지도자들은 국제연맹이 아무런 역할을 하지 못했음을 깨닫게 되었다. 그래서 전범들을 법정에 세워 무너진 양심과 도덕적 가치를 다시 세우려고 하였다(Takatori, 2008). 제2차 세계대전 때 추축국은 전쟁을 계속하다가 시민의 저항에 부닥치자 인간성을 무시하는 잔혹 행위를 저질렀다. 그리고 이러한 행위의 상당수가 상관의 명령에 의해 이루어졌다. 연합국을 위시한 세계는 이러한 인간성을 무시하는 잔혹 행위를 목도하고 새로운 전쟁범죄라는 개념으로 개인에 대해 형사책임을 물어 대처하게 된다(藤田久一, 2012).

항복문서에 서명하다

1943년 9월 이탈리아가 항복했고, 1945년 5월 독일도 무조건 항복했다. 이제 삼국동맹에서 남은 나라는 일본뿐이었다. 1945년 2월, 소련의 흑해 연안에 있는 항구도시 얄타에서 미국과 영국, 소련의 지도자들은 독일의 전후 처리와 일본에 대한 대책을 논의했다. 사실 회담 때 비밀 의정서가 채택되었는데, 소련이 대일전에 참전하면 러일전쟁 때 잃은 영토를 반환해 주기로 했다(얄타 회담).

일본의 지배층은 전쟁을 종결하자는 강화파와 전쟁을 계속하자는 강경파로 나뉘었다. 1945년 4월 미국이 오키나와 섬을 점령하자 강화파의 스즈키 간타로鈴木貫太郎가 총리가 되었다. 이때부터 일본은 패전 후 과연 천황제가 유지될 것인지 염려하기 시작했다. 1945년 7월 26일, 미국과 영국, 소련의 수뇌부가 독일의 포츠담(브란덴부르크 주의 수도)에 모여 일본에 대한 무조건 항복 요구, 그리고 한국의 독립 등의 내용이 포함된 선언문을 발표했다(포츠담선언). 일본은 필리핀 등 여러 전투에서 졌고, 전국은 연합군의 공습으로 인해 피폐해질 대로 피폐해져 있었다. 연합국은 일본의 무장해제와 연합군의 점령, 지도자의 제거와 전범재판을 요구했으며, 항복하지 않으면 일본은 완전히 궤멸될 것이라고 경고했다.

독일이 패망하자 나치 지도자들은 전범으로 체포되었다. 포츠담선언에서 엄중히 재판한다고 밝히고 있었다. 그리고 전쟁의 최고 책임자인 천황의 운명도 정해지지 않았다. 그러나 강화파는 카이로 선언에서 밝힌 '일본의 무조건 항복'보다는 포츠담선언의 '일본군의 무조건 항복'이 좀 더 부드러운 표현이라고 해석했다. 그렇지만 이러한 입장에 반대하는 이들도 많았다. 일본에는 여전히 많은 군인이 있었고, 일본은 한국과 만주, 중국의 광활한 지역과 동남아시아를 점령하고 있었다. 일본이 포츠담선언에 대해 응답하지 않았고, 일본을 침공할 경우 많은 사상자가 날 것을 우려한 트루먼은 마침내 원자폭탄 투하를 승인했다. 1945년 8월 6일, 히로시마에 원폭이 투하되었다. 이틀 후 소련은 일본에 대해 전쟁을 개시한다고 선포하고 대군은 만주로 진격했다. 패색이 역력해지자 항복하자는 세력이 늘어났다. 천황은 전쟁을 끝내야 한다는 의사를 내각에 전달하였으나 내각은 주저했다. 8월 9일, 나가사키에 원폭이 투하되었다. 그날 밤, 천황은 사태의 엄중함을 알리고 황궁 방공호에서 최고지도자회의를 개최하라고 명령했다. 그러나 그곳에서도 지체 없이 선언을 수락하자는 측과 끝까지 싸워야 한다는 측 사이에 논쟁만 되풀이되었다. 히로히토는 침묵을 지켰다. 8월 10일 새벽 2시에 이르러 비로소 말문을 열었다. 천황은 포츠담선언을 수락하겠노라고 말했다. 일본 정부는 천황제 유지를 조건으로 한 항복안을 연합국에 전달했으나 거부당했다. 일본은 항복하기 전, 일부 정객을 통해 한국과 만주를 점유해야 한다는 의사를 타진했지만 연합국은 이를 받아들이지 않았다

(Beevor, 2017).

8월 14일, 방공호에서 천황이 참석한 가운데 다시 어전회의가 열렸다. 다수는 항복조건을 수락하는 것을 탐탁지 않게 생각했다. 군부는 끝까지 싸우자고 주장했다. 히로히토는 인내심을 갖고 전쟁을 계속하자는 주장을 들었다. 이어 "여러분이 주장하는 여러 이야기를 다 들었습니다. (…) 가능한 빠른 시간 내에 내각이 전쟁의 중단을 선포하는 천황의 칙령을 준비해 주기 바라오"라고 말하고 회의장을 떠났다. 참석한 대신들은 무릎을 꿇고 절하면서 큰소리로 흐느꼈다. 그리고 방송국은 신속하게 방송을 준비했으며, 8월 14일 저녁에 미리 녹음해 두기로 했다. 녹음시각이 다가오자 히로히토는 마이크에 섰다. "친애하는 국민 여러분"이라고 말문을 연 뒤 현재의 상황을 설명하고, 이대로 전쟁을 계속하면 일본이라는 나라가 멸망할 뿐 아니라 인류 문명이 완전히 사라질 것이라고 말했다(Brackman, 1987).

녹음이 끝나자 녹취한 레코드를 비밀리에 보관하였다. 그러자 육군성 군무국 소속 소령 하다나카 겐지畑中健二 등이 주모하고 황궁 근위사단과 육군 동부사령부 소속 장교들이 가담하여 쿠데타를 하기로 모의하였다. 이들은 일본이 항복하는 것은 명예롭지 못하다고 여겼다. 8월 15일 아침, 황실 경호실장 다케시 모리는 황궁을 점거하여 반역을 도모하려는 이들의 총에 맞아 사망했다. 그러자 군은 반역자들을 체포하려고 움직였다. 반역자들의 목적은 천황에게 접근해서 패배론자의 조언을 듣지 말 것을 종용하는 것이었다. 이러한 목적 아래 천황의 항복선언 연설이 담긴 레코드를 탈취하고 방송국을 점령하며, 내각을 죽이기로 하였다. 그러나 이들은 오합지졸로, 우왕좌왕했다. 다음 날 아침, 동부군관구 사령관 다나카 시즈이치田中静壱가 황궁에 도착해서 반란을 진압하라고 명령했다. 그러자 반란자들은 항복했다. 이어 항복한다는 천황의 육성은 예정대로 방송으로 나갔다. 사람들은 혼란스러워했지만 질서를 지켰고, 천황의 말을 따랐다. 다

1945년 9월 2일, 미주리호에서 열린 항복 조인식

음 날인 8월 16일, 연합국은 일본의 항복을 수락했다(Behr, 2010).

대망의 9월 2일 아침 8시 43분, 도쿄 만에 정박해 있던 미국 미주리호에 연합군 최고사령관 더글라스 맥아더Douglas MacArthur 장군(태평양전쟁 때 미국의 최고사령관)이 등함했다. 이어 56분에 시게미쓰 마모루重光葵 외무대신을 필두로 하는 11명의 일본 대표단이 미 헌병의 호위를 받으며 등함했다. 미주리호에서 항복조인식이 열린 것은 트루먼 대통령의 고향이 미주리 주이고, 맥아더 사령관의 고향이 아칸소 주 리틀록 미주리 마을이기 때문이리라. 시게미쓰는 상하이 총영사였는데, 1932년 4월 29일 홍커우 공원에서 열린 정전협정 기념식에 참석하고 단상에서 내려오다가 윤봉길 의사가 던진 폭탄에 맞아 오른쪽 다리를 잃었다(Behr, 2010). 미주리호에서 항복 조인식을 할 때 그는 일흔이 넘었다. 시게미쓰는 한 발로 전함의 가파른 계단을 걸어야 했다. 9시 2분에 맥아더 장군이 짧막하게 연설을 마친 뒤 9시 4분에 시게미쓰가, 9시 6분에 우메즈 요시지로梅津美治郎 육군대장이 항복문서에 서명했다. 그리고 9시 8분에 맥아더 장군이 서명했고, 조인식에 참여한 다른 연합국(미국, 중국, 영국, 소련, 호주, 캐나다, 프랑스, 네덜란드, 뉴질랜드) 대표들이 차례로 서명했다(黃鶴逸, 1999).

독일이 항복할 때 연합국은 베를린에 진입하여 독일을 항복시키고 주요 자료를 대량으로 확보했다. 그러나 일본의 경우 연합국이 일본 본토를 점령하기 전에 일본이 항복하였고, 그로부터 2주가 지난 후에 점령군이 일본에 진입했다. 그러자 일본은 전범재판에 대비해서 문서를 체계적으로 파괴했다. 1945년 8월 15일 육군성은 기밀자료 가운데 보존할 필요가 있는 것은 제외하고 하나도 남기지 말고 소각하라고 지시하였다. 이치가야에 있는 육군성은 주야로 문서를 소각했다. 그럼에도 모든 문서가 소각되지 않았다. 8월 21일, 여전히 일부 문서가 남아 있음을 지적하며 모두 파괴하라는 정부의 명령이 하달되었다. 야전사령관들에게는 포로를 잘못 다룬 자들을 흔적도 남기지 말고 이동하거나 도주시키라고 명령했다. 증거를 파괴하는 행위는 광범위하게 이루어졌다(Totani, 2008).

전쟁 기간 중 수많은 일본군은 항복 대신 할복을 선택했다. 총리 도조 히데키는 포로가 되어 수치를 당하는 것보다 할복하는 것이 명예스러운 일이라고 선동했다. 그래서 전쟁에서 불리한 상황이 닥치면 일본군은 할복을 택했다. 천황이 항복을 선언하자 자살하는 이들이 이어졌다. 중일전쟁 때 육군대장을 지낸 혼조 시게루本庄繁는 칼로 자살했다. 제2차 세계대전 때 육군 원수를 지낸 스기야마 하지메杉山元는 권총으로 자살했고, 하급 장교들의 자살도 이어졌다.

새로운 전쟁범죄의 등장

1819년 네덜란드 헤이그에서 제1차 만국평화회의가 열렸다. 이 자리에서 침략전쟁과 민간인에 대한 잔혹 행위를 처벌하자고 논의하였다. 1907년에는 같은 곳에서 제2차 만국평화회의가 열렸다. 만국평화회의가 열린다는 소식이 전해지자 고종은 이상설, 이위종, 이준을 밀령으로 파견하여 을사조약이 무효임을 폭로하려 했다. 그러나 일본이 방해하여 실패하였다. 바로 이 자리에서 '헤이그 협약'이 채택되었다. 협약은 독가스의 사용과 포로에 대한 학대, 점령지에서의 민간인 살상과 약탈, 강간은 금지된다고 규정하였다. 이때까지만 해도 국가가 수행한 침략전쟁에서 개인을 전범으로 처벌해야 한다는 공감대는 형성되지 않았다. 그렇지만 두 차례 세계대전을 거치면서 침략전쟁에 책임이 있는 개인에게도 책임을 물어야 한다는 목소리가 높아졌다(유지혜, 2013).

첫 번째 사례는 제1차 세계대전을 일으킨 독일 황제 빌헬름Wilhelm 2세이다. 그는 서부 프랑스와 동부의 러시아를 상대로 전쟁을 벌여 제1차 세계대전을 일으켰다. 그러나 서부 전선이 장기 교착상태에 빠지고 미국마저 참전하자 독일은 패배했다. 승전국들은 1919년 '베르사유 조약'을 체결해서 빌헬름 2세를 처벌할 수 있는 근거를 마련했다. 그러자 그는 네덜란드로 도망갔고, 네덜란드는 그의 인도를 거부해서 처벌을 피해 갔다. 용케 처벌을 피한 빌헬름 2세는 네덜란드의 한적한 성에서 24년의 여생을 편안하게 보낼 수 있었다(梅汝璈, 2019).

국제형사재판소를 창설하는 과정에서 '연합국 전범위원회'가 큰 역할을 했다. 그러나 지금까지 위원회의 역할이나 활동은 주목받지 못했다. 위원회의 자료에 접근하기가 어려웠던 것이 가장 큰 이유였다. 그동안 위원회 활동에 대한 자료는 '특급 비밀문서'로 취급했다. 그리고 유엔본부와 미 국립문서보관서에 고이 보관하면서, 전문을 공개하지 않았다. 그렇지만 국제 형사법의 역사를 살피고 연구하는 데 있어 위원회의 활동을 검토하는 것은 매우 중요하다. 그리하여 최근 학자들이 관심을 가지고 연구하기 시작했고, 이제는 국제형사재판소International Criminal Court(ICC)에서 전문을 공개해서 쉽게 볼 수 있게 되었다.

제2차 세계대전 때 독일이 폴란드를 침공하자 미국은 대규모의 육군을 유럽에 파병하였다. 이때부터 미국은 독일의 전범을 어떻게 처리할지 고민하였다. 프랭클린 루스벨트는 변호사 출신의 헨리 스팀슨Henry Lewis Stimson을 육군성 장관으로 임명했다. 이 육군에서 전범을 처벌하자는 제안이 나왔다. 1928년의 부전조약[1]을 어긴 나치 지도자들을 전범으로 처벌하자는 것이다. 원래 스팀슨의 친구 윌리엄 챈러William C. Chanler가 착안한 것이다(波多野澄雄, 2016). 그런데 당시 미 국무부 내에서는 전후 독일, 일본의 조속한 과거 청산과 정치적 안정화를 위해서 재판이 아닌 즉결처분을 해야 한다는 목소리가 컸다.

한편 1942년 여름, 영국의 처칠은 '연합국 만행위원회'를 설립해서 전범을 처벌하자고 제안했다. 미국의 루스벨트도 호응했고, 그래서 두 사람은 전범을 조사하기 위하여 국제위원회를 설립하기로 뜻을 모았다(張連江·孫宅巍, 2019). 1942년 10월 7일에는 영국의 의원인 존 사이먼John Simon이 전쟁범죄를 수사하기 위해 위원회를 설립하자고 제안했다. 사이먼은 이렇게 말했다. 모든 전쟁범죄를 조사해야 하고, 특히 독일이 프랑스에서 벌인 잔혹행위를 포함해서 조직화된 잔혹 행위를 철저히 조사해야 한다. 계급과 관계없이 전쟁범죄를 다루고, 체계적으로 이루어지는 범죄를 조사해서 여기

1 1928년 8월 27일 프랑스, 미국, 영국, 일본, 이탈리아 등 15개국이 참가하여 맺은 조약으로 미국 국무장관 켈로그Frank B. Kellog와 프랑스 외무장관 브리앙Aristide Briand의 이름을 따 '켈로그–브리앙 조약Kellog-Briand Pack'으로도 불린다. 국제분쟁의 해결을 위한 전쟁을 금지하고, 평화적 수단으로 해결할 것을 요구하였다.

세실 허스트

에 책임이 있는 자를 밝혀야 한다. 영국은 1942년 자체적으로 전범위원회를 구성했다. 그런데 위원회 내에서 소련의 지위와 역할에 대해 논란이 있었다. 그래서 1년 정도 더 협의하여 1943년 10월에 '연합국 전범위원회'가 공식 출범하였다. 14개국이 참여하였지만 소련은 참여하지 않았다.

위원회는 1943년부터 영국 정부와 다른 연합국의 요청으로 본격적으로 조사 작업에 착수했다. 위원회의 임무는 전범에 대한 수사와 재판을 위한 자료를 수집하는 일이다. 그렇지만 자체적으로 재판할 권한은 없다. 위원회의 정식 명칭은 '전범조사를 위한 연합국위원회United Nations Commission for the Investigation of War Crimes'이며, 흔히 '연합국 전범위원회'라고 부른다. 초기에 세실 허스트Cecil Hurst가 위원회를 이끌었고, 1945년부터는 라이트Wright 경이 이끌었다. 이와 같이 위원회는 제2차 세계대전 때 나치와 추축국의 전범을 조사하기 위하여 설립되었고, 본부는 1944년 런던에 두었다(林博史, 2012). 위원회는 침략전쟁이 범죄라고 결론내렸지만 이를 정식으로 채택하지 않았다. 다시 말해 침략전쟁을 범죄로 인정하는 것에 주저하고 있었다.

그때까지만 해도 많은 사람들은 전쟁이 국가정책의 연장선에 있는 것으로 생각하고 있었다. 그러나 참혹한 결과를 인류에게 안긴 제1차 세계대전을 겪자 이런 생각은 바뀌었다. 그리하여 국제법 학자와 외교관, 평화운동가들이 나서서 전쟁은 위법하다고 주장했다. 그렇지만 모든 전쟁이 위법하다고 보지는 않는다. 침략전쟁을 벌이거나 먼저 전쟁을 시작한 행위만 위법하다고 본다. 따라서 적에게 공격받을 때 자위 차원에서 한 전쟁은 허용되는 것으로 보는 것이다. '부전조약'에서는 침략전쟁이 위법하다고 선언하고 있었다. 그렇지만 범죄가 되는지에 대해서는 침묵하고 있었다(林博史, 2012). 이와 같이 조약의 문구가 모호하지만 스팀슨은 정당성을 확보할 수 있는 재판 방식이 바람직하다고 보았다. 이런 스팀슨의 구상을 루스벨트가 받아들인 것이다.

트루먼도 이런 루스벨트의 정책을 이어갔다. 트루먼은 로버트 잭슨Robert H. Jackson에게, 영국과 프랑스, 소련의 대표자를 만나서 국제재판소를 창설하는 방안을 두고 협의하라고 지시했다. 로버트 잭슨은 전범재판에서 커다란 역할을 하였다. 그는 미국 검찰총장과 연방대법원 판사를 역임한 인물이다. 잭슨은 미국 대표로 런던회의에 참가했다. 이후 뉘른베르크재판에서는 미국 측 검사로 참여하였다. 뉘른베르크재판에서 그는 모두진술冒頭陳述을 했다. 여기서 그는 평화에 반하는 죄를 추궁하는 것이 인류에게 짊어진 주요한 책무이고, 히틀러 정권의 범죄에 대해 독일 국민이 아니라 그 지도자들이 책임져야 한다고 강조했다(Speer, 2016).

1943년 11월, 미국과 영국, 소련의 3개국 외무장관들이 모스크바에 모여 선언을 발표했다. 선언에서 전범은 행위가 행해진 국가에서 재판을 받을 것과 특별히 지역적으로 연고를 갖지 않거나 주요 전범은 연합국에 의해 처벌받을 것임을 선언했다(모스크바 선언). 이때까지만 해도 국제사회는 침략전쟁에 대해 책임이 있는 자를 전범으로 처벌할지에 대해 완전한 합의가 이루어지지 않았다. 그리고 처벌을 어떤 방식으로 할 것인지에 대해서도 의견이 나뉘었다. 영국은 신속하게 처벌하자고 했고, 미국은 정식재판으로 하자고 했다. 1945년 여름, 영국과 프랑스, 미국과 소련의 4개국 대표는 '런던회의London Conference'를 개최했다. 이 자리에서 나치 지도자들을 어떻게 처벌할 것인지에 대해 의논했다. 나치 지도자에 대해 여론이 매우 나쁘므로 약식으로 처형하거나 군사재판소에서 처벌하자는 제안도 있었다. 재판으로 전범을 처벌하자는 미국의 제안에 대해 독일에게 침공을 당한 프랑스와 소련은 수긍할 수 없다며 반대했다. 잭슨이 힘겹게 설득해서 추축국의 침략범죄에 대해서만 재판하자는 안으로 협의가 이루어졌다. 여기서 새로운 전쟁범죄의 개념이 탄생한다. 새로운 전쟁범죄란 바로 '평화에 반하는 범죄'와 '인도에 반하는 범죄'를 말한다(Gorman, 2001).

고대부터 전쟁에서도 지켜야 할 규칙이 있었다. 우물에 독을 넣거나 포로를 살해하는 것은 금기시했다. 물론 조약이나 협약으로 정해 두지 않았으므로 일종의 관습법이라 할 수 있다. 그런데 근대국가가 등장하면서 전쟁에 대한 관념이 완전히 바뀌었다. 전투를 계속할 때에만 적국의 병사를 죽일 수 있다는 것이다. 앙리 뒤낭Jean Henri Dunant은 국제적십자를 창설한 인물로 잘 알려져 있다. 그렇지만 그는 전쟁에 대한 법을 만들고 발전시키는 데에도 크게 기여하였다. 이런 앙리의 노력으로 제네바 협약의 체결이란 결실이 나타났다(김기준, 2017). 1907년의 헤이그 협약과 1925년의 제네바 협약, 1949년의 제네바 협약과 1949년의 제네바 협약은 전쟁 등의 무력충돌 때 적용되는 원칙을 정하고 있다.

1945년 이전까지 전쟁범죄라 하면 이런 '통상의 전쟁범죄'를 말했다. 다시 말해 무력충돌 때 적용되는 법과 관습법을 위반하는 것을 의미한다. 여기서 말하는 '법과 관습'이란 전투와 같은 무력충돌이 벌어질 때 군인과 민간인, 상병자를 어떻게 대우할 것인가를 정하는 규칙을 말한다(김영석, 2012). 비록 전쟁이 합법적이더라도 인도적인 차원에서 넘어서는 안 되는 선이 있다. 독가스를 사용한다거나 포로나 상이병을 학대한다거나, 정규병이 아닌 사람이 전투한다든지 하는 것은 금지되었다. 그리고 교전국의 민간인과 전쟁포로를 살인하거나 전쟁 기간 중에 민간인을 상대로 방화하거나 강간과 약탈, 학대하면 처벌하였다. 이것이 국제사회에서 관습이었다. 그리고 점차 어떤 방법으로 전쟁을 할 것인가, 그리고 사용하는 무기는 어디까지로 허용할 것인가, 부상병과 포로, 민간인을 어떻게 처우할 것인가에 대해서 협의하였다. 1899년의 '제1차 헤이그 협약'과 1907년의 '제2차 헤이그 협약'이 여기에 대해 폭넓게 정했다. 그리고 대부분의 국가가 협약에 가입하였다.[2] 이와 같이 '통상의 전쟁범죄'란 전쟁법과 관습을 위반하는 행위를 말한다(多谷千香子, 2010).

그런데 1945년이 되자 전쟁범죄에 새로운 의미가 담기게 된다. '평화에 반하는 범죄'와 '인도에 반하는 범죄'가 바로 그것이다. '평화에 반하는 범죄'란 말 그대로 평화를 깨뜨리는 침략전쟁을 의미한다. 과거에는 전쟁이란 국가의 정책 수단 중의 하나라고 생각하였다. 그런데 미증유의 참혹한 결과를 가지고 온 제1차 세계대전을 겪자 국제사회는 국제연맹 규약에서 침략전쟁이 불법이라고 선언했다. 그리고 1928년 켈로그-브리앙 조약(부전조약)에서도 침략전쟁이 불법이라고 선언했다. 말하자면 평화를 깨뜨리는 침략전쟁은 모두 불법이라고 보자는 것이다(梅汝璈, 2019).

그렇지만 여기서 말하는 '침략'을 무엇으로 볼 것인지에 대해서는 의견이 나뉘었다. 런던회의 때 영국 대표는 침략전쟁이 범죄라는 생각에 대해 의문이 든다고 말했다. 프랑스 대표는 침략전쟁을 범죄라고 보면 앞으로 전쟁하는 모든 나라는 전쟁이 범죄가 될 수가 있다는 사실을 염두에 두어야 할 것이라고 하면서도 침략전쟁을 범죄로 보는 게 옳다고 주장했다. 미국 대표는 침략에서 핵심되는 내용은 '무력의 사용'이라고 주장했다. 그렇지만 자위전쟁이나 침략에 맞서는 것은 허용하자고 했다. 선전포고 없이 공격하고, 분쟁이 일어날 경우 국제 조정이나 평화적 해결 수단을 거부하고 바로 전쟁

2 예를 들면 1868년 '상트페테르부르크 선언'에서는 400g 이하의 작열탄과 소이탄의 사용을 금지했고, 1899년 '헤이그 협약'과 '헤이그 육전법규'에서는 덤덤탄과 독 무기의 사용을 금지했다. 이외에도 1907년 '개전에 관한 헤이그 협약'이 있고, 1907년에는 '육전에서 법과 관습에 관한 헤이그 협약'이 체결되었다. 이후에도 독가스와 세균의 사용 금지, 포로의 대우, 전시 상병자의 대우에 관한 여러 조약이 있다.

표1-1. 전쟁범죄

범죄명	의의	예
통상의 전쟁범죄	전쟁법규와 관습을 위반하는 행위	독가스의 사용, 포로와 상이병의 학대 등
평화에 반하는 범죄 (침략범죄)	침략전쟁이나 국제법규에 위배되는 전쟁을 계획하고 수행하는 행위	침략전쟁의 계획, 공동모의, 개시, 수행
인도에 반하는 범죄	전쟁 시 민간인의 살해, 노예화 등 비인도적 행위를 하는 것	유대인 집단학살, 난징대학살

이나 무력에 호소하면 침략으로 보자는 것이다. 이와 같이 침략전쟁이 범죄이고, 이러한 전쟁에 참여한 사람을 처벌하자는 것이 바로 '평화에 반하는 죄'의 개념이다. 주된 근거는 부전조약이며, 독일과 이탈리아, 일본을 비롯한 63개국이 비준했다.

'인도에 반하는 죄'란 전쟁 중에 민간인을 살해하거나 노예로 부리는 등 인도人道에 반하는 행위를 하는 것을 의미한다. 1907년의 '헤이그 협약' 서문에 "인도주의 법에 반하는 범죄"라는 용어가 처음 사용된 것이 그 유래이다. 제1차 세계대전이 끝나자 후 승전국은 '전범조사위원회'를 설립하였다. 위원회는 1915년 터키가 아르메니아인을 살해한 것이 인도에 반하는 범죄라고 보고하였다(김영석, 2003). 제2차 세계대전 때 나치가 벌인 잔혹 행위는 인류 역사에서 그 유례가 없는 것이었다. 유대인을 집단학살하였는데, 이러한 범죄행위를 통상의 전쟁범죄로만 처벌한다는 것은 정의롭지 못한 것으로 여겼다. 끔찍한 인종말살은 말 그대로 인도에 반하는 범죄라고 부를 수밖에 없다. 인도에 반하는 범죄는 통상의 전쟁범죄와 구별되는 특징이 있다. 첫째, 적뿐만 아니라 독일에 거주한 유대인 등 자국민에 대해한 행위가 포함된다. 둘째, 전시뿐만 아니라 전쟁 전의 행위도 포함된다(梅汝璈, 2019).

재판소를 창설하다

마침내 1945년 8월 8일, 미·영·프·소 4개국 대표는 런던에 모여 나치전범을 재판하는 뉘른베르크재판소를 설치하기로 선언했다. 그리고 이날 재판소의 설립과 재판의 근거가 되는 뉘른베르크헌장에 대해서도 합의하였다. 헌장에서 가장 중요한 부분은 위에서 언급한 '평화에 반하는 범죄'와 '인도에 반하는 범죄'이다. 이 날 미국과 영국, 프랑스, 소련은 '유럽 추축국의 주요 전쟁범죄인 소추와 처벌을 위한 협정'(줄여서 런던협정이라 부른다)을 체결하였고, 부속서로 '국제군사재판소 조례'를 작성했다. 이 협정과 조례에 근거하여 뉘른베르크재판소가 설치되었다.

여기에 비해 도쿄재판을 하겠다는 미국의 구상은 늦어져서 1945년 3월에야 시작하였다. 미 국무부와 육군, 해군이 협의하는 '삼부조정위원회'가 안을 짰다. 그러나 연합국은 나치에 관심을 기울였을 뿐, 일본에는 별반 관심이 없었다. 그리하여 독일이 패전하고, 일본의 패망이 거의 임박할 무렵에야 일본 전범들을 처벌하기로 하였다. 제2차 세계대전이 종전되기 직전인 1945년 7월 26일 독일의 포츠담에서 미·영·중 정상이 발표한 '포츠담선언'에서는 이렇게 밝히고 있다(김창록, 2009).

> 우리는 일본인을 노예화하거나 일본이란 나라를 멸망시키지 않을 것이다. 그러나 우리의 포로들을 학대한 자를 포함해서 일체의 전범들은 엄중한 재판을 받아야 할 것이다.

히로시마와 나가사키에 원자폭탄이 투하되자 일본은 무조건 항복하였다. 그리고 9월 2일 서명한 항복문서에서 일본은 포츠담선언을 수락하기로 하였다. 미국은 1945년 10월 중순 연합국에 〈극동전범의 체포 및 처벌

표-2. A·B·C급 전범

전범 명칭	의의
A급 전범	침략전쟁을 계획, 준비, 개시, 수행, 공동모의를 한 자
B급 전범	전쟁에 관한 법규, 관습을 위반한 자(예: 점령지의 민간인을 살해, 학대, 강제로 노예노동을 시키고, 체포하고 재산을 약탈함)
C급 전범	인도에 반하는 범죄자(예: 전쟁 전이나 전쟁 중에 민간인을 섬멸, 노예화, 강제 이주시킴)

에 관한 미국의 정책〉이란 보고서를 제출했다. 보고서에는 태평양 지역에서 벌어진 전쟁범죄와 관련하여 국제재판과 해당 지역에서의 재판, 고위직과 하위직 전범을 어떻게 처리할 것인지에 대해서 적고 있다. 뉘른베르크와 마찬가지로 전범은 통상의 전쟁범죄와 평화에 반하는 범죄, 인도에 반하는 죄로 나뉘어진다. 그렇지만 도쿄재판은 평화에 반하는 범죄를 가장 중요시하여 여기에 비중을 두고 다루기로 했다(Totani, 2008).

미국은 도쿄재판에서 평화에 반하는 범죄를 주된 대상으로 삼고 '1 A 전범' 혹은 'A급 전범'이라고 불렀다. 용어는 이후에도 그대로 쓰였다. 평화에 반하는 범죄란 용어는 정책보고서 1장 A편에 등장한다. 여기서 'A급 전범'이란 말이 유래하는데, 이 용어는 도쿄재판 때 그대로 쓰였다. 그래서 도쿄재판에서 용의자로 구금된 자들을 'A급 전범'이라 불렀다. 그 외는 'B·C급 전범'이라고 불렀다. B와 C는 정책보고서 B편과 C편에 나오는데, B급 범죄란 '통상의 전쟁범죄'를, C급 범죄란 '인도에 반하는 범죄'를 말한다(日暮吉延, 2008).

정책보고서에서 연합군 최고사령관이 재판을 준비하는 권한을 가지라고 권고하고 있다. 국제재판소를 설립하고 판사를 임명하며, 소송에 대한 규칙을 만들고, 전범을 수사하고 기소하는 것 모두를 맥아더가 하라는 것이다. 런던회의를 할 때 소련은 미국이 주도하는 안에 대해서 사사건건 간섭하고 반대했다. 그래서 미국은 도쿄재판에 대한 안을 짜면서 이러한 경험을 참고했고, 맥아더의 지휘 아래 일사불란하게 추진되도록 한 것이다.

그러나 맥아더의 생각은 달랐다. 맥아더는 미국 사람이 하는 군사위원회에서 처벌해야 한다고 생각했다. 맥아더의 구상대로 일본의 전쟁범죄가 평화에 반하는 범죄인 A급 범죄에서 통상의 전쟁범죄인 B급 범죄로 되면 이들은 미군이 관할하는 군사재판소에서 재판받게 될 것이다. 그러나 트루먼 대통령은 일본 전범들이 평화에 반하는 범죄를 저지른 것으로 보았다. 미국이 제출한 정책보고서에 대하여 대부분의 나라가 수긍했다. 프랑스와 소련도 찬성하였으며, 이들 나라가 관심을 보인 것은 오로지 자신들이 지명하는 판사와 검사가 동등한 권한을 갖는지였다.

그런데 '부전조약'에서는 전쟁을 금지한다고 선언하고 있지만 위반할 때 어떻게 처벌할 것인지에 대해서는 전혀 밝히지 않았다. 연합국은 국제법이 미비하고 애매한 부분도 있지만 잘 다듬어 전범에게 책임을 묻기로 했다. 그런데 법을 잘 다듬어 해석하자는 것과 관련해서 생각해 볼 문제가 있는데, 그것은 바로 법을 해석하는 두 가지 태도이다. 하나는 '법실증주의'로, 법률의 규정에 엄격하게 구속되어 해석하자는 입장이다. 이 주장에 따르면 국제법이 미비하면 아무리 잔혹한 범죄를 저지른 전범이더라도 처벌할 수 없게 된다. 다른 하나는 '자연법주의'로, 인간의 건전한 이성에 내재하는 보편적인 관념에 따라서 해석하자는 입장이다. 자연법주의에 따르면 비록 국제법이 미비하더라도 인간의 건전한 이성에 따라 미비한 법을 보완해서 전범을 처벌할 수 있게 된다.

법실증주의는 법률이 완전하여 아무런 흠이 없다고 본다. 그러나 법이란 만들 때에는 아무런 문제가 없어 보여도 세월이 흐름에 따라 흠이 나타나기 마련이다. 그러므로 법률에 아무런 흠이 없다고 보는 법실증주의에는 오류가 있다. 반면 나치가 자연법에 호소한 것에서 보듯이 자연법을 무분별하게 확장하여 적용하는 것도 문제가 있다. 그러므로 자연법은 법이 한계 상황에 이를 때 예외적으로 적용되어야 한다(Bloch, 2011).

소설이나 연극이나 영화에서 주인공들은 늘 시련을 견디고 불의와 싸워 이긴다. 결국 정의가 이긴다는 것이다. 이것이 바로 인간의 건전한 이성에 내재하는 보편적인 관념이다. 더할 나위 없는 잔혹한 전쟁범죄를 저지른 죄인을 풀어주는 것은 정의가 아니다. 법에 미비한 점이 있다면 '인류의 건전한 상식'이라는 자연법에 호소할 수 있는 것이다. 미국 대표 잭슨Robert H. Jackson도 루스벨트 대통령에게 제출한 보고서에서, 정의에 대한 상식에 따라 너무 기술적인 것에 구애되지 않고 전범들을 재판할 것이라고 밝혔다. 잭슨이 말한 '정의에 대한 상식'이 바로 자연법이다.

이와 같이 국제법이 불완전하였지만 연합국은 독일과 일본의 전범을 처벌하기 위해 군사재판소를 설치하기로 했다. 런던회의 때 참석하지 않은 다른 나라들도 미국의 계획을 지지했다. 그래서 1946년 1월 초까지 8개국은 재판에 참가하는 판사들의 명단을 제출했다(Minear, 2001). 미국은 '극동위원회The Far Eastern Commission'에 정책보고서를 제출했다. '극동위원회'는 제2차 세계대전 후 워싱턴에 설치되었다. 일본이 항복한 후 미국 정부는 포츠담선언에서 밝힌 대로 일본에 대한 점령을 준비했다. 그러나 연합국은 미국이 일방적으로 추진하자 불만을 표시했다. 이에 미국 정부는 1945년 8월 21일 소련과 영국, 중국에 '극동위원회'를 설치하자고 제안했다. 위원회는 점령지 일본에 대한 연합국 최고정책기관이다. 위원회는 다수결로 의사를 결정하고, 미국, 영국, 소련, 중국은 위원회의 결정에 거부권을 행사할 수 있다(黃鶴逸, 1999).

워싱턴에 설치된 극동위원회

영국은 재판의 중요성에 비추

어 미국이 아닌 '극동위원회' 같은 국제조직이 도쿄재판에 대해 권한을 가져야 한다고 주장했다. 그러나 '극동위원회'는 1946년 원안을 일부 수정한 뒤 미국의 정책을 대부분 수용했다. 수정안은 인도와 필리핀의 참가를 제안하였다. 3주 후 미국은 맥아더에게 수정안을 제출했다. 그리고 1월 19일, 맥아더는 행정명령 형식으로 극동국제군사재판소의 관할과 역할을 정하는 헌장을 발표하였다. 이날 맥아더는 연합군 최고사령부 일반명령 제1호로 〈극동국제재판소헌장Charter of International Military Tribunals of the Far East〉(흔히 '도쿄헌장'이라고 부른다)을 공포했다. 그리고 1949년 4월 9일 헌장은 개정되었다.

이와 같이 도쿄헌장은 '포츠담선언'에 기초하였고, 뉘른베르크헌장을 모델로 삼았다. 그리고 헌장은 '극동위원회'의 정책 결정에 따른 것이다. 그러나 헌장을 만드는 데 있어 미국이 주도하는 성격이 강했다. 헌장의 작성과 관련해서 11개국의 대표가 모인 자리에서 맥아더는 일본과 독일의 문화에는 차이가 있으므로 재판소도 차이를 두어야 한다고 말했다. 그러자 캐나다와 인도와 네덜란드, 뉴질랜드와 프랑스 대표는 맥아더의 의견에 수긍하면서 전범을 재판에 회부하면 되고 다른 세부적인 것에는 신경쓸 필요가 없다고 말했다. 그러나 다른 나라 대표들은 미국이 재판을 주도해서는 안 된다고 맞섰다. 이들은 '연합국 전범조사위원회'와 연합국이 공동으로 중앙 검찰기관을 설립해서 여기서 전범을 조사하고 전범 명단을 작성하자고 말했다. 그러자 미국은 재판에서 주도권을 잡기 위해 이들 나라를 상대로 설득에 나섰다. 결국 대부분의 나라가 미국의 제안에 동의하게 된다(黃鶴逸, 1999). 이와 같은 경위로 도쿄헌장은 뉘른베르크헌장과 달리 모든 권한을 연합군 최고사령관에게 집중시키고 있는 것이다.

도쿄헌장, 그리고 뉘른베르크헌장

런던회의 때 4개국이 모여 뉘른베르크헌장을 만들었다. 그러나 도쿄헌장은 연합군 최고사령관인 맥아더가 행정명령 형식으로 만들었다. 도쿄헌장은 미국이 주도해서 만들고 연합국과 의논했다. 그렇지만 도쿄헌장이 주로 뉘른베르크헌장을 모델로 해서 만들었기에 뉘른베르크헌장과 닮은 점이 많다. 헌장의 정식 명칭은 '극동 주요 전범의 공정하고 신속한 재판과 처벌을 위한 헌장'이며, 흔히 '도쿄헌장'이라고 부른다. 도쿄재판은 배심재판이 아닌, 판사에 의한 재판 방식을 채택했다(이장희, 2008). 공정한 재판을 위해 공소장은 일본어로 쉽고 간결하고도 적절하게 제공하며, 영어와 일본어로 재판이 진행된다. 피고인에게는 변호인 선임권이 보장되고, 변호인을 선임하지 않을 경우 재판소가 변호인을 선임할 수 있다. 피고인의 증인에 대한 반대신문권 등을 포함한 방어권에 대한 제한은 재판소가 결정한다. 그리고 선고된 형이 과중하다고 인정될 경우 연합군 최고사령관이 재심의할 수 있다(Minear, 2001).

도쿄헌장은 뉘른베르크헌장을 따라 재판소의 관할과 개인의 책임에 관한 규정, 피고인의 권리와 증거법, 소송절차에 대한 규정을 제정했다. 그러나 뉘른베르크헌장과 비교할 때 몇 가지에 있어 다르다. 다른 점은 이렇다. 판사와 검사에 대한 규정이 다르고, 뉘른베르크와 달리 모든 권한이 맥아더에게 집중되어 있다. 특히 헌장에 따르면 맥아더가 각국이 추천한 판사 후보 중에서 판사를 임명할 권한이 있다. 그리고 맥아더는 재판장을 임명할 권한도 있다(강경자, 2016). 맥아더는 호주의 판사 윌리엄 웨브William Webb를 재판장으로 임명했다. 그리고 맥아더는 각국이 추천한 검사 중에서 검사장을 임명할 수 있다. 검사장은 수사해야 할 뿐 아니라 맥아더에게 자문도 해야 한다. 맥아더는 이 자리에 미국의 검사 조지프 키넌Joseph Keenan을 임명했다. 이에 따라 각국에서 추천된 검사는 키넌을 돕는 역할을 했다. 그리고 맥아더는 형이 선고되면 승인과 감형, 변경할 권한은 있으나, 형량을 줄이거나 형의 선고를 변경할 수는 없다.

뉘른베르크에서는 참가국 4개국에게 동등한 권한을 부여했지만 도쿄재판에서는 이 모든 권한을 맥아더에게 집중시켰다. 뉘른베르크에서는 4개국에게 동등하게 판사를 임명하고 교체할 권한을 주었다. 그리고 각 나라에서 1명의 검사를 임명할 수 있다. 이에 반해 도쿄에서는 한 명의 검사장이 검찰국을 구성할 수 있다. 뉘른베르크에서는 재판장도 판사들 사이에서 선출되었다. 그리고 형량을 조정하는 권한(관할권)도 4개국 정부가 대표하는 국제조직인 '연합국 감독위원회The Allied Control Council'가 하였다.

뉘른베르크헌장과 비교할 때 도쿄헌장은 맥아더에게 광범위하게 권한을 주고 있지만, 제한적인 부분도 있다. 예를 들어 맥아더는 자신이 원하는 판사를 골라 지명할 수 없다. 다만 판사 수를 6명부터 11명까지 선택할 수 있고, 11명의 후보자 중에서 판사를 지명할 수 있을 뿐이다. 그러나 실제로 각국이 추천한 11명의 판사를 줄일 수 없었다. 최고사령관의 관할권도 원칙적으로 제한이 없지만 최고사령관은 선고를 검토함에 있어 '극동위원회'의 회원들과 '연합국 이사회'와 상의해야 한다(Totani, 2008).

이런 차이점으로 인해 도쿄와 뉘른베르크는 재판소의 구성에서 다르다. 뉘른베르크는 4명의 판사로 구성되었지만 도쿄는 11명의 판사로 구성되었다. 뉘른베르크에서는 4명의 수석검사가 있지만 도쿄에서는 1명의 수석검사와 10명의 검사가 있다. 평화에 반하는 범죄의 경우 뉘른베르크에서는 개인과 조직 모두를 대상으로 하나, 도쿄에서는 오직 개인만을 대상으로 삼았다. 그리고 도쿄헌장은 형식적으로는 뉘른베르크와 같이 평화에 반하는 죄와 인도에 반하는 죄, 통상의 전쟁범죄를 규정하고 있다(Cassese, 1993). 그렇지만 내용을 들여다보면 차이점이 보인다. 뉘른베르크헌장은 유대인에 대한 나치의 범행을 대상으로 삼았고, 도쿄헌장은 일본의 아시아·태평양 지역에서의 범행을 대상으로 삼았다. 그러나 도쿄헌장과 뉘른베르크헌장 모두 주요 전범을 재판의 대상으로 삼았다는 점은 공통된다. 그 외의 전범들은 연합군에 의해 해당 지역에서 재판을 받았다. 헌장의 주요 내용은 다음과 같다(김창록, 2009).

- 극동에서의 중대 전쟁범죄인의 공정하고 신속한 재판과 처벌을 위해 도쿄에 재판소를 설치한다(제1조).
- 판사의 경우, 항복문서의 서명국과 인도와 필리핀이 추천하는 사람 중에서 연합군 최고사령관이 임명하는 6명 이상 11명 이내로 구성된다(제2조).
- 연합군 최고사령관은 판사 1명을 재판장으로 임명한다(제3조).
- 검사의 경우, 연합군 최고사령관이 임명하는 수석검사와 각 연합국이 수석검사를 보좌하기 위해 지명한 참여검사 1명으로 구성된다(제8조).
- 재판의 대상이 되는 범죄로, ① 침략전쟁의 계획·준비·개시·수행에 가담하거나 공동모의에 참여한 죄인 평화에 반하는 죄, ② 포로를 살해하거나 학살하는 등 전시 국제법을 위반한 죄인 통상의 전쟁범죄, ③ 인종적 이유로 대량학살을 하거나 혹사를 하는 등의 인도에 반하는 죄가 명시되었다(제5조).

도쿄헌장

헌장의 정식 명칭은 '극동국제군사재판소헌장'이다. 헌장은 전문과 제1편(재판소의 구성), 제2편(관할과 일반규정), 제3편(피고인을 위한 공정한 재판), 제4편(재판소의 권한과 소송), 제5편(판결과 양형)으로 구성되어 있다. 본문은 17개조로 되어 있으며, 그 내용은 다음의 표와 같다.

구분	비고	
	조문	내용
제1편	제1조-제4조	재판소의 구성, 구성원, 사무소와 직원, 정족수와 의결
제2편	제5조-제8조	재판 관할, 피고인의 책임, 소송규칙, 변호인
제3편	제9조-제10조	공정한 재판을 위한 절차, 재판 전 신청
제4편	제11조-제15조	재판소의 권한, 재판의 진행, 증거
제5편	제16조-제17조	형, 판결과 재심

헌장에는 실체법인 형법과 절차법인 형사소송법이 정하는 내용이 모두 담겨져 있다. 그러나 조문이 17개에 불과하여 불분명한 사항은 관습법에 따랐다.

헌장은 1946년 1월 19일 연합군 최고사령관인 맥아더의 행정명령 형식으로 발표하였고, 1949년 4월 9일 개정되었다. 이 행정명령은 헌장 위에 붙어 있는데, 전문과 3개의 조항으로 되어 있다. 전문은 다음과 같다. 극동국제군사재판소 설립을 위한 명령임을 밝히고, 연합국이 추축국의 침략범죄에 대하여 여러 차례 재판할 것임을 선언한 사실을 밝히고 있다. 그리고 포츠담선언에서 전범들을 처벌할 것임을 선언했고, 일본 정부가 항복하면서 이를 수락했으며, 연합군 최고사령부가 재판소 설립에 대한 임무를 부여받았음을 밝혔다. 이어 제1조부터 제3조까지 극동국제군사재판소에서 평화에 반하는 범죄 등을 범한 자를 처벌할 것과 이를 위해 도쿄헌장을 발효시키고, 공평하게 재판할 것을 천명했다.

2

전범의 체포와 히로히토의 운명

전범을 체포하다

제2차 세계대전이 발발한 후 연합국은 전범을 기소해서 재판으로 넘기기로 하였다. '연합국 전범위원회'가 그 일을 맡았다. 1943년 1월 20일 런던에서 중국, 호주, 미국, 뉴질랜드, 인도를 포함하여 17개국의 외교관들이 위원회를 설치하기로 합의하였다. 위원회는 전쟁범죄의 수사와 증거의 수집, 기록, 그리고 전범 명단을 작성하는 것을 임무로 한다. 위원회는 조사단을 유럽과 아시아에 파견하였다. 조사단은 증거를 수집하여 조사하고, 목격자를 물색하고 진술을 청취했다. 이와 같이 위원회는 전범에 대한 재판을 준비하기 위해 범세계적으로 증거를 수집했다.

일본과 독일 전범재판에 대한 구상은 1943년 10월 1일의 '모스크바 선언'에 나타나 있다. 미국과 영국, 소련의 외무장관이 모스크바에서 모여 회담하였고, 중국 대사도 참가하였다. 선언에서 가해자들의 범죄가 행해진 국가의 법률에 따라 그 국가의 재판소에서 재판을 받을 것과 범행에 특별히 지역적인 연고를 갖지 않는 주요 전범은 연합국의 결정에 따라 처벌될 것임을 밝히고 있다. 도쿄재판과 뉘른베르크재판은 주요 전범에 대한 재판이므로 후자에 따른 것이다.

1944년 7월 15일, '연합국 전범위원회'는 일본 전범의 시발점을 1937년

7월 7일의 루거우차오 사건(일·중 군대가 베이징 부근에서 충돌하여 중일전쟁의 발단이 된 사건)으로 삼았다. 이후 1945년 4월 25일 샌프란시스코 국제연합회의 때 〈국제연합헌장〉을 공식 채택했다. 따라서 이후부터는 'United Nation'을 '유엔'으로 표기한다. 1945년 7월 27일 유엔 전범위원회 '극동 및 태평양 소위원회Far Eastern and Pacific Subcommission'는 100명을 전범 명단에 올렸다.

중국 인민정치회의는 1945년 7월, 히로히토를 전범으로 처벌한다는 결의안을 통과시켰다. 중국, 호주, 뉴질랜드, 소련, 네덜란드는 천황을 전범으로 재판에 회부해야 한다는 입장이었다. 프랑스는 유보적인 입장에 서 있었고, 영국은 미국의 결정에 따르기로 했다. 미국에서는 천황의 기소에 반대하는 의견이 있었다. 천황을 전범으로 기소하면 일본을 점령하는 데 어려움이 있을 거라는 것이 이유였다. 1945년 6월부터 런던에서 미·영·프·소 4개국이 협의를 시작했고, 8월 8일, '유럽 추축국의 주요 전쟁범죄인의 소추 및 처벌에 관한 협정'을 체결했다.

1945년 8월 16일, 일본 전범을 조사하기 위해 호주, 캐나다, 중국, 프랑스, 인도, 네덜란드, 뉴질랜드, 영국, 미국의 대표단으로 '유엔 전범위원회 특별위원회'가 구성되었다. '유엔 전범위원회' 미국 대표는 미 국무장관에게 '유엔전범위원회'가 작성한 보고서를 제출했다. 미국은 이를 토대로 전범 처벌에 대한 미국의 정책을 입안했다. 여기에서 천황의 경우 특별 지시를 고려하고 있으므로 전범으로 그 어떤 조치도 해서는 안 된다고 적고 있다. 일본이 항복 문서에 서명한 지 6일 후 연합군 최고사령관인 맥아더는 일본에 도착했다. 일본에 도착한 맥아더는 군 수뇌부를 구성하고 점령정책을 펼쳐갔다.

이에 앞서 1945년 8월 25일, '유엔 전범위원회'는 조사한 것을 토대로 백서를 발간했고, '일본 전범에 관한 권고안'을 채택하였다. 위원회는 기구를 설치해서 전범의 조사와 재판을 할 것과 전범 용의자들을 국제전범재판소에서 재판할 때까지 체포할 것을 권고했다. 과연 누구를 대상으로 삼을지가 관건이었다. 미국에서는 비밀리에 전범에 대한 정책 작업을 진행하였다. 전범 명단의 용의자는 앞 장에서 본 바와 같이 세 부류로 나뉜다. 평화에 반하는 범죄자인 A급 전범, 통상의 전쟁범죄자인 B급 전범, 그리고 인도에 반하는 범죄자인 C급 전범이 그것이다.

9월 11일, 맥아더는 39명의 용의자를 구속하라고 명령했다. 여기에 총리 도조 히데키東條英機가 포함되었다. 일본이 항복하자 많은 장군들이 자살했다. 그럼에도 도조 히데키는 자살하기를 망설였고, 9월 11일 체포명령이 떨어졌음에도 바로 자살하지 않았다. 도조는 연행될 경우에 대비해서 자살을 준비하였다. 자신의 머리와 심장 부위에 동그라미 표시를 하고 군도를 준비하고, 파이프에는 청산가리를 넣어 두었다. 시간적으로 여유가 있으리라고 생각했으나 1945년 9월 11일 지프 소리가 요란했고, 창문을 열어보니 체포하려고 온 사실을 알게 되었다. 곧 군복으로 갈아입은 후 서재의 문을 잠그고, 권총으로 자살을 시도했다. 그때 미군 병사가 문을 박차고 들어왔고, 목숨을 건지게 되었다(김철우, 2016).

도조 히데키

총상은 치명적이지 않았다. 피부에만 상처가 났을 뿐 중상이 아니었다. 즉시 미군병원으로 실려가서 바로 의식을 회복했으며, 몇 달 후 국제 검찰국으로부터 수사를 받았다. '살아서 포로가 되는 치욕을 당하지 말라'고 훈육하던 그였다. 그래서인지 도조의 자살미수 사건을 전한 일본인들은 장군으로 군 생활을 40년이나 해온 사람이 적을 죽이지는 못할망정 자기 자신도 죽일 재주가 없느냐고 비난했다. 전 세계 언론은 도조의 자살미수 사건을 보도하였다. 미국 사람들은 대체로 전범이 천벌을 받은 것이라 여겼다. 그러나 일본 사람들은 수치라고 생각했다(梅汝璈, 2019).

도조 히데키는 1884년 도쿄에서 육군 중장 도조 히데노리의 아들로 태어났다. 육군사관학교를 졸업한 뒤 군인의 길을 걸었다. 이후 관동군 헌병대 사령관과 관동군 참모장을 역임했다. 빠르게 일을 수행해서 '면도날'이란 별명을 가졌다. 1937년 '루거우차오 사건'이 발발하자 중일전쟁을 확장하자고 주장했다. 그리고 고노에 내각에서 육군대신에 임명되었다. 미국이 일본에게 프랑스령 인도차이나에서 철수하라고 요구하자 강경하게 반대하였고, 고노에 내각은 붕괴되었다. 1941년 총리가 되어 육군대신과 내무대신, 참모총장을 겸하였다. 그리고 1941년 진주만 공습을 감행하여 태평양 전쟁을 일으켰다. 1944년 일본군이 마리아나 제도에서 패퇴하자 총리직에서 물러났다.

구미히토 하사와 교육대신, 시칸도 코이즈미鹿人小泉 복지대신은 체포되기 전에 자살했다. 그리고 군 지휘관 등이 구속되었다. 맥아더의 정치 조언자인 조지 애치슨Georgy Atcheson은 용의자를 망라해서 체포하라고 조언했다. 그러나 맥아더의 참모인 마셜R. J. Marshall 장군은 신중하였다. 그는 전범 명단은 불충분하고 증거가 부족하다고 보았다.

체포된 전범들은 요코하마横浜 형무소에 구금되어 있다가 오모리大森 수용소로 이송되었다. 오모리 수용소는 오모리 섬에 있다. 1945년 12월 8일 오모리 수용소의 수감자가 넘쳐 나자 수감된 전범들은 스가모巣鴨 형무소로 이감되었다. 점령군은 형무소를 점령해서 지역 명칭을 따라 '스가모 형무소'라 부르고, 수사와 재판에 계류 중인 피의자들을 구금하였다. 스가모 형무소가 있던 자리는 이제 고층 빌딩이 즐비한 고급 주택과 상가인 '선샤인 시티'로 변모했다. 복합단지 한쪽에 작은 공원이 있고, 교수대가 있던 자리에는 '영원한 안식을 기원하다'라는 글귀가 새겨진 큰 돌이 세워져 있다.

형무소는 1920년대 초에 건립되었고, 1971년에 철거되었다. 유럽 교도소를 모방해서 지어졌고, 황거에서 5-6킬로미터 떨어진 이케부쿠로 역 부근에 있다. 이곳은 원래 정치범을 수용하던 곳이다. 정치인과 공산주의자, 반대파, 간첩 등이 구금되었다. 1938년에는 공산당 지도자 마쓰모토 신이치松本真一가 수사나 재판도 없이 1년 동안 수감되었다. 전시에 주위 건물은 공습으로 모두 파괴되었지만 스가모 형무소는 온전한 모습으로 살아남았다. 그래서 연합군은 수리해서 쓰기로 하였다. 형무소는 24,000m²(7,300평 가량)에 이르는 부지를 높이 4m가량의 두꺼운 콘크리트 벽이 에워싸고 있다. 1946년 3월에 형무소의 관리를 요코하마에 있는 미8군이 맡게 되었으며, 사무소는 남쪽에 있다. 교수형을 집행하는 건물도 부지 안에 있다. 11월 2일 연합군 최고사령부는 50명에게 체포명령을 내렸다(Ginn, 1992).

그런데 구금된 이들의 생활은 어떠했을까? 도쿄에 있는 오모리 수용소에서는 생활하기가 나았다고 한다. 대화도 자유롭게 할 수 있었고, 식사도 같이 하고 사식私食의 반입도 허용되었다. 그러나 스가모 형무소는 엄격했다. 고위 관리는 독방에서 거주했고, 사식은 일절 허용되지 않았다. 아침 6시가 되면 헌병이 돌면서 기상을 시키고, 세수하고 방 청소를 한다. 이후 체조하고, 아침식사를 한다. 이후 시간은 자유롭다. 목욕은 3일에 한 번씩 하고, 저녁에는 일찍 취침한다(김철우, 2016).

고노에의 자살

11월 12일부터 14일까지 최고사령부에서는 누구를 전범 명단에 추가할지를 두고 계속 논의하였다. 그 와중에 맥아더는 '연합국 전범위원회'로부터 전범 용의자 명단을 건네받았다. 그중에 눈에 띄는 인물은 고노에 후미마로近衛文麿이다.

고노에는 일본 정계의 풍운아라고 불린다. 그는 17세기 이후 황족과의 혼맥을 이어온 후지와라 가문의 출신이고, 족보상 히로히토보다 서열이 높다. 자유분방하게 생활했고, 심한 우울증에 시달렸으나 큰 키에 건장한 체격과 배우 같은 용모를 지녔다. 일본 정계의 원로 사이온지 긴모치西園寺公望[1]의 총애를 받고 자라났고, 세 번이나 총리를 지냈다(《표 2-1》에서 보듯, 고노에는 제1차, 제2차, 제3차 고노에 내각의 총리를 지냈다). 그리고 일본이 중국과 전쟁을 벌이고 태평양전쟁을 할 때 총리였다. 안중근 의사에게 저격당한 이토 히로부미伊藤博文에 이어 역대 두 번째로 젊은 총리인 그는 대중으로부터 큰 인기를 받았다. 그는 '루거우차오 사건' 등을 통해 중일 간에 무력충돌을 일으켜 일본을 본격적으로 전쟁으로 이끌었다. 총리로서 고노에는 장제스 국민정부를 무너뜨리고 일본의 괴뢰정부를 세우는 것을 목표로 삼았다. 그리고 독일, 이탈리아와 삼국 군사동맹을 맺어 일본을 제2차 세계대전으로 이끄는 데 결정적으로 역할했다(Behr, 2010).

고노에는 전후 자신을 평화의 사도로 교묘히 포장했고, 내각의 국무대신을 맡았다. 그리고 헌법 개정에 참여하여 '헌법 개정위원회' 의장으로 취임했다. 고노에는 군에서의 입지와 영향력으로 인해 다른 전범과 차별화하는 데 성공한 듯했다. 그러나 고노에의 행동은 연합국은 물론이고 일본 내

1 일본의 자유주의를 대표하는 소수 지성인의 리더. 그는 일본으로 하여금 국제연맹에 가입하도록 했다.

표 2-1. 쇼와 시대 내각

대수	내각	시기	종기	수반
26	다나카 기이치 내각	1927년 4월 20일	1929년 7월 2일	다나카 기이치
27	하마구치 내각	1929년 7월 2일	1931년 4월 14일	하마구치 오사치
28	제2차 와카쓰키 내각	1931년 4월 14일	1931년 12월 13일	와카쓰키 레이지로
29	이누카이 내각	1931년 12월 13일	1932년 5월 26일	이누카이 쓰요시
30	사이토 내각	1932년 5월 26일	1934년 7월 8일	사이토 마코토
31	오카다 내각	1934년 7월 8일	1936년 3월 9일	오카다 게이스케
32	히로타 내각	1936년 3월 9일	1937년 2월 2일	히로타 고키
33	하야시 내각	1937년 2월 2일	1937년 6월 4일	하야시 센주로
34	제1차 고노에 내각	1937년 6월 4일	1939년 1월 5일	고노에 후미마로
35	히라누마 내각	1939년 1월 5일	1939년 8월 30일	히라누마 기이치로
36	아베 노부유키 내각	1939년 8월 30일	1940년 1월 16일	아베 노부유키
37	요나이 내각	1940년 1월 16일	1940년 7월 22일	요나이 미쓰마사
38	제2차 고노에 내각	1940년 7월 22일	1941년 7월 18일	고노에 후미마로
39	제3차 고노에 내각	1941년 7월 18일	1944년 10월 18일	
40	도조 내각	1941년10월 18일	1944년 7월 22일	도조 히데키
41	고이소 내각	1944년 7월 22일	1945년 4월 7일	고이소 구니아키
42	스즈키 간타로 내각	1945년 4월 7일	1945년 8월 17일	스즈키 간타로
43	히가시쿠니노미야 내각	1945년 8월 17일	1945년 10월 9일	히가시쿠니노미야 나루히코
44	시데하라 내각	1945년 10월 9일	1946년 5월 22일	시데하라 기주로
45	제1차 요시다 내각	1946년 5월 22일	1947년 5월 24일	요시다 시게루

에서도 비난을 받았다. 1945년 11월에 열린 일본 의회에서 사타오 다카오 의원은 제2차 세계대전에서 참패한 책임을 져야 할 사람은 바로 고노에라고 비판했다(梅汝璈, 2019). 고노에는 중국과의 전쟁을 확대하고 태평양 지역에서 미국을 상대로 군사적 도발을 꾀한 장본인이므로 그에 따른 응분의 책임이 있었다. 고노에는 명문가 고노에 가문의 장자로, 고노에가 체포되면 다음 대상이 히로히토가 될 수 있기에 일본 정부도 긴장의 끈을 놓지 않고 있었다. 그런데 그 즈음 맥아더의 정치 조언자 조지 애치슨은 맥아더에게 고노에를 체포하라고 조언한다(Brackman, 1987).

1945년 12월 6일 맥아더는 고노에와 기도 고이치木戸幸一를 체포하라고 명령했다. 이 소식을 듣고 천황은 깜짝 놀랐다. 두 사람은 스가모 형무소에 수감되기 전까지 열흘의 시간이 주어졌다. 기도는 충격을 받았으나 12

고노에 후미마로

월 16일, 스가모 형무소에 수감되었다. 그러나 고노에는 모습을 드러내지 않았다. 그는 맥아더가 1941년 12월 자신이 반전 노력을 했다는 사실을 알고 있어 자신을 잘 이해해 주리라 기대했다. 그리고 전후 일본에 대한 점령통치에 자신이 주도적으로 역할할 수 있으리라 생각했다. 그러나 맥아더는 고노에를 불신했다. 오히려 전범 조사 대상 중 주된 용의자로 지목하고 있었다. 그래서 그는 전후 새로운 지도자가 되리라는 희망을 잃어버리고 절망했다. 결국 12월 15일 밤, 별장에서 가족들과 시간을 보내고 청산가리로 자살했다(Behr, 2010).

고노에는 유서에서 자신을 재평가하는 자료로 수기 5권을 남긴다고 적었다. 그리고 정치적으로 많은 잘못이 있었고, 중국의 사태에 대해 깊이 책임감을 느낀다고 밝혔다. 고노에의 수기는 중국 침략 때 저지른 자신의 범죄행위를 정당화하는 내용이 적혀 있지만, 천황과 주변 인물들의 범죄행위를 밝히는 데 도움이 되는 내용도 있다. 고노에가 자살하자 소련은 격분했다. 소련 언론은 맥아더의 지시를 받은 일본 경찰이 전범을 체포하려 했지만 자살할 기회를 줘서 전범 재판을 피하게 만들었다고 비난했다.

고노에가 자살하자 신문에는 연일 천황에게 책임을 추궁하라는 글이 실렸다. 그 즈음 트루먼은 맥아더에게, 영국이 천황제를 폐지하고 천황을 처벌해서 아시아를 장악하려는 계획이 있다면서 미국은 그 반대로 천황을 살리고 천황을 중심으로 민심을 모아 미국의 영향 아래 두자고 제의했다(黃鶴逸, 1999).

표 2-2. 전범 체포 일지

일자	진행 상황
1943. 10. 1.	'모스크바 선언'에서 전범을 재판하기로 선언함
1944. 1.	'연합국 전범위원회' 제1차 회의가 열렸고, 전범을 조사하기 시작함
1945. 7. 27.	'전범위원회 소위원회'가 100명의 일본 전범 명단을 작성함
1945. 8. 8.	'런던협정'을 체결함
1945. 8. 16.	'유엔 전범위원회 특별위원회'가 구성됨
1945. 8. 25.	일본의 전범에 관한 권고안을 채택함
1945. 9. 1.	맥아더가 39명의 용의자를 구속하라고 명령함
1945. 9. 11.	도조 히데키가 자살을 기도함
1945. 11. 2.	전범 50명에 대해 체포명령을 내림
1945. 12. 6.	고노에와 기도에 대해 체포명령을 내림
1945. 12. 15.	고노에가 자살함

히로히토의 운명

도쿄재판에서 가장 중요한 의제는 히로히토의 처리 문제였다. 천황은 일본의 주권이자 정부의 수반이고, 군의 최고사령관이다. 1931년부터 1945년까지 일본은 천황의 이름과 명령으로 전쟁했다. 사이판 북단 사바네타 곶과 카탄 곶 사이에는 한국 관광객도 많이 들리는 '자살절벽'이란 곳이 있다. 1944년 미국의 공격으로 패전한 일본인들은 이곳에서 "천황 폐하 만세"를 외치며 바다로 뛰어들었다. 이와 같이 일본인들은 천황의 이름으로 전쟁을 시작하였고, 천황의 명령으로 전쟁을 마쳤다. 이러한 사실 하나만으로도 천황을 전범으로 조사하기에 충분했다. 그러나 천황은 여전히 일본 국민들에게 지대한 권위와 영향력을 유지하고 있어 미국으로서는 신중할 수밖에 없었다.

1945년 8월 10일, 일본 정부는 연합국에게 '포츠담선언'을 수락한다고 통보하면서 일본의 주권을 보존하는 것으로 안다고 덧붙였다. 일본의 통보에 대해 4개국은 외교 경로를 통해 협의했다. 트루먼은 내각을 소집해서 천황제를 유지시킬 것인지 의견을 물었다. 무조건 항복한다는 일본의 통보를 그대로 받아들이자는 의견과 천황제를 이용해야 일본의 항복을 쉽게 받을 수 있다는 의견으로 나뉘었다. 일단 수락하되 '포츠담선언'이 철저히 이행되어야 한다는 조건을 붙이자는 의견도 있었다. 그러나 각료 대부분은 천황제를 유지하자고 했다. 일본의 항복을 받아내기 위해서 천황제의 유지가 필요하다는 데에 다수가 찬성한 것이다. 결국 트루먼은 일본의 제안을 받아들이기로 하고 영국과 중국, 소련에 초안을 보내 승인을 구했다.

'포츠담선언'에서 일본 국민의 민주적인 선택에 따라 정부의 형태를 결정할 것이라고 밝히고 있다. 따라서 항복문서 초안에서는 일본 정부의 형태는 일본 국민들이 원하는 대로 결정될 것이라고 적고 있다. 일본에게 직접 침략을 직접 당한 호주 정부는 '포츠담선언'의 당사국은 아니지만 추축국을 상대로 한 전쟁에서 중요한 역할을 했다. 호주 정부는 동등한 조건으로 참여하길 희망했다. 호주 정부는 전후 일본의 군국주의가 다시 부활할 수가 있으며, 천황을 살려 주면 장차 태평양 지역의 안전에 위협이 될 수 있다고 지적했다. 호주 정부는 천황 자체가 군사적인 위협이므로 천황을 퇴위시키는 것이 무엇보다 시급한 과제라고 강조했다. 호주 정부의 반발을 의식한 영국 수상 애틀리Clement Attlee는 호주 수상 치플리Joseph Benedict Chifley에게 친서를 보내 일본을 안정화하는 데 천황의 권위가 필요하다고 설득했다. 호주 정부는 납득하지 못했지만, 천황의 기소를 면제해 주지 않음을 다행으로 여겼다(Totani, 2008).

1945년 가을, 워싱턴은 맥아더에게 확고한 정책이 서기까지 천황에 대해 독단적으로 처리하지 말라고 명령했다. 일반참모부 준장 펠러스Bonner F. Fellers는 맥아더에게 보낸 비망록에 이렇게 적었다.

일본의 조기 종전은 천황의 명령에 따른 것으로, 천황의 명령에 따라 7백만 명의 일본군이 무기를 버렸고, 이로 인해 미국은 무혈입성했다. 천황의 행동으로 수십만의 미군 사상자를 피할 수 있었는데, 천황을 이용한 후 전범으로 재판한다면 이는 일본인에게 배신으로 받아들여질 것이다.

히로히토를 전범으로 재판할 것인지에 대해 미국은 지대한 관심을 가지고 있었다. 미국 정부는 히로히토 없이도 미군의 점령통치가 성공할 수 있다면 천황을 재판하는 것도 충분히 고려해 볼 수 있다는 입장이었다. 이러한 흐름을 감지했는지 1945년 9월, 히로히토는 연합군 총사령관인 맥아더에게 면담을 제의했다. 그리고 9월 27일 맥아더를 만나러 미 대사관저로 갔다. 천황이 탄 구형 벤츠가 미 대사관에 도착했고 문 앞에서 맥아더를 본 히로히토는 고개를 떨구고 공손하게 인사했다. 통역인 바워츠를 배석한 채 맥아더와 히로히토는 단둘이 35분 동안 회담했다(Behr, 2010).

이 날 회담 때 찍은 사진에서 맥아더는 황갈색 군복 상의에 넥타이도 매지 않은 채 양손을 뒷주머니에 찔러 넣고 있다. 그 옆에 선 히로히토의 키는 맥아더의 귀에도 미치지 못한다. 통역을 사이에 두고 두 사람은 회담했다. 그 자리에서 히로히토는 다음과 같이 말을 꺼냈다.

맥아더와 히로히토가 회담 때 찍은 기념사진

장군은 연합국을 대표하는 분으로, 일본이 전쟁 때 저지른 정치적·군사적 책임을 판단할 텐데, 제가 그 책임을 모두 지기 위해 이렇게 왔습니다.

그러나 히로히토는 당시 맥아더가 자신을 전범으로 기소해야 한다는 주변의 말에 냉담하며, 천황으로의 자신의 지위가 박탈되지 않을 거라는 사실을 감지하고 있었다. 당시 맥아더는 천황제를 유지하는 것이 일본을 점령하는 데 유리하다고 판단하고 있었다(Behr, 2010). 히로히토는 생사여탈권이 모두 맥아더에게 있다고 말했지만 사실 인사치레였다. '혼네本音(본심)'가 아닌 '다테마에建前(배려)'에서 나온 말이다. 두 사람은 서로가 서로를 필요로 한다는 사실을 잘 알고 있었다. 맥아더는 일본의 점령을 수월하게 하기 위해 천황의 권위를 이용할 필요가 있었다. 천황은 이러한 맥아더와 미국에 의지하며 자신의 목숨을 건지고, 장차 아시아에서 일본의 지위를 확보할 수 있게 되었다.

1945년 1월부터 호주 대표 라이트가 '연합국 전범위원회'의 위원장으로 있었다. 이런 기회를 살려 호주 정부는 라이트에게 압력을 가했다. 호주 정부는 1945년 9월 히로히토를 전범으로 처리하라는 제안서를 제출했다. 급기야 호주 정부는 호주 대표로 앨런 맨스필드Alan Mansfield를 파견하여, 호주 정부가 마련한 주요 전범의 목록을 제출하라고 지시했다. 맨스필드는 위원회에 보고서를 제출했다. 여기에서 히로히토와 더불어 다른 61명의 정치인과 군인, 금융인과 기업인을 주요 전범으로 열거하고 있다. 그러나 영국과 미국을 제외한 위원들은 관심이 없거나 무시하는 태도를 취했다.

천황제 폐지는 호주뿐만 아니라 일본 내 공산당과 소련도 원하고 있었고, 미국도 마찬가지였다. 미국의 상원과 하원은 히로히토를 전쟁의 주범으로 처리하기로 결정하였다. 이후 1945년 10월, 트루먼 대통령은 히로히토의 처리 문제를 논의하기 위해 육군성 장관 헨리 스팀슨을 도쿄에 파견했다. 맥아더는 스팀슨에게, 천황을 처형하면 100만의 대군이 필요하고 일본의 저항이 거세질 거라고 말했다. 그러자 미국 의회와 트루먼은 '미국의 대일본 신정책'을 하달했다. 여기서 국무부 동의 없이 천황에 대한 그 어떤 처분도 허용하지 않음을 밝혔다(黃鶴逸, 1999).

1946년 1월 호주 정부는 주요 전범 62명을 지목해서 미국에 통보했다. 여기에 천황의 이름이 7번째에 적혀 있었다. 알파벳 순서였다. 호주 정부는 천황이 평화에 반하는 범죄와 인도에 반하는 범죄를 위반하였다고 보았다. 1946년 2월, 미국의 위난트Winant 주영 미국 대사와 애틀리Attlee 영국 외무장관은 회담을 갖고 천황을 전범으로 기소하지 않기로 합의했다. 그리고 장제스가 이끄는 중국의 국민당 정부는 마오쩌둥의 공산당과의 싸움에 집중하기 위해 천황을 기소하지 않기로 했다. 전쟁 기간 중 100만 명의 민간인 피해를 입은 필리핀은 천황에게 전쟁 책임이 있다고 주장했다. 그럼에도 천황이 전범 명단에서 빠지는 것을 문제삼지 않았다. 당시 필리핀이 관심을 기울인 것은 전후 배상 문제였다.

연합국을 승전으로 이끌었고, 점령군의 대부분을 차지한 미국의 입김이 세어 일본에 대한 점령정책은 미국에 의해 좌지우지될 때가 많았다. 그러자 미·영·중·소 외무장관들은 1945년 12월 29일 모스크바에 모여 '극동자문위원회'를 설치하기로 합의하였다. 항복문서에 서명한 9개국인 미국·소련·영국·중국·프랑스·네덜란드·캐나다·호주·뉴질랜드 외에도 필리핀과 인도도 참여하여 11개국으로 구성되었다. 의장은 미국이 맡고, 본부는 워싱턴에 두었다. 이후 자문위원회는 '극동위원회'로 대체되었다.

위원회의 임무는 다음과 같다. 일본에 대한 점령정책의 원칙과 기준을 수립한다. 그리고 연합군 최고사령관의 명령을 검토하고, 연합군 최고사령관의 권한 행사에 대해 회원국이 이의를 제기할 경우 이를 심의한다. 그리고 회원국의 동의로 위원회에 부의된 다른 안건에 대해서도 검토한다. 그러나 위원회는 군사작전 등에 대해서는 관여할 수 없다. 그리고 회원국은 위장을 통해 연합군 최고사령관에게 자문할 수 있다. 그러므로 연합군 최고사령관은 위원회의 결정에 따라야 한다. 그러자 맥아더는 이를 못마땅하게 여겼다.

1946년 3월, 워싱턴에서 위원회의 회원국 대표들이 모였다. 여기서 태평양 지역의 전범과 관련된 미국의 정책보고서에 대해 투표했다. 표결한 결과 회원국들은 미국의 정책보고서를 '극동위원회'의 공식 정책으로 채택하기로 했다. 그리고 이후 이 결정이 맥아더에게 하달되었다. 히로히토의 처리 문제에 대해 맥아더는 자서전에 이렇게 적었다.

> 연합국으로부터 격렬한 항의가 있었다. 특히 러시아와 영국이 그러했는데, 이들 나라는 히로히토 천황을 전범에 포함시켜야 한다고 주장했다. 사실 최초의 전범 목록에는 천황의 이름이 맨 위에 올라가 있었다. 이런 부당한 조치에 따른 비극을 깨닫고 강하게 반박했다. 워싱턴이 영국의 정책을 따르는 것 같아 나는 적어도 100만 명의 군대가 필요할 거라 말했다. 만약 천황이 전범으로 기소되고 처형된다면 군사 정부가 일본 전역에서 구축될 것이고, 게릴라전이 일어날 것으로 믿었다. 그래서 천황의 이름이 전범 목록에서 빠진 것이다.

1941년 7월 맥아더는 미 극동군 총사령관으로 12만 명의 미군과 필리핀 연합군을 지휘했다. 그러나 일본 연합군 총사령관인 야마시타 도모유키山下奉文가 이끄는 6만 군대에 참패했다. 그는 처와 네 살 된 아들을 데리고 어뢰정을 타고 간신히 도망쳤다. 그때 맥아더는 참모들 앞에서 천황과 야마시타 도모유키에 대해 전쟁책임을 추궁하겠노라고 맹세했다. 그렇지만 그는 이런 자신의 맹세를 저버리는 모습을 보인다(黃鶴逸, 1999). 1946년 1월 1일 새해 첫날, 천황은 〈신일본 건설에 관한 조서〉를 발표하여 '인간선언'을 했다. 당시 전 세계 언론은 물론, 일본 내에서도 천황의 기소를 주장하고 있었다. 그러자 여기에 대응해서 천황은 인간선언을 발표한 것이다.

> 나는 여러분께 정중히 선언하는 바입니다. 나 히로히토는 결코 신이 아닌 아주 평범한 사람으로 일본식 식사를 하고 결혼하여 자녀를 낳고, 많은 잘못을 저지르는 한 인간일 뿐입니다.

히로히토는 자신이 더 이상 '현인신現人神'이 아니라고 선언하였다. 신에서 입헌군주로, 범접할 수 없는 존재에서 보통사람과 소통하는 존재로 변신한 것이다. 선언문은 연합군 총사령부가 영문으로 작성하고 일본어로 번역해서 만든 것이었다. 그즈음 노동대중당은 천황제 폐지와 천황의 책임 추궁을 주장하고 있었다. 그러자 맥아더는 천황으로 하여금 지방을 순례하면서 전범 이미지를 불식시키고 민심을 얻도록 했다.

1946년 1월 말, 맥아더는 당시 육군 참모총장이던 아이젠하워Dwight D. Eisenhower에게 히로히토의 재판이 몰고 올 심각한 후폭풍에 대해 언급했다.

> 히로히토의 기소는 의심할 바 없이 일본 사람들에게 심각한 충격을 야기할 것이고, 이로 인한 후폭풍은 예측하기 어렵습니다. 천황을 제거하는 것은 나라를 제거하는 것과 같습니다.

그러나 맥아더는 워싱턴으로부터 정책이 변경되었다는 지시를 받지 않았고 미국의 정책을 그대로 유지하라는 명령을 받았다. 그러므로 맥아더 혼자 힘으로 미국의 정책을 바꾸었을 거라는 많은 이들의 믿음은 잘못이다.

자주재판론

일본인 지도층 사이에서는 연합국의 국제재판소보다 선수를 쳐서 자주재판을 하자는 움직임이 일었다. '포츠담선언'의 수락에 즈음한 1945년 8월 9일, 최고전쟁지도자회의에서 우메즈 요시지로梅津美治郎 참모총장은 전범의 처벌에 대해 일본이 재판하든지 아니면 상대 측만으로 구성된 재판은 하지 않겠다는 취지의 부대조건을 붙이자고 주장했다(이장희, 2008).

1945년 9월 11일, 맥아더는 도조 히데키 등의 전범에 대해 체포명령을 내렸다. 그러자 그 다음 날인 9월 12일, 일본 정부는 일본인 전범을 조사해서 자주재판을 하겠다고 결정하였다. 그러나 천황은 자신의 이름으로 전범을 처벌하는 것은 참을 수 없는 일이라며 재고를 촉구했다. 그러나 이후에도 일본 정부는 자주재판 움직임을 계속했다 실제로 대만과 사이공(베트남에 있는 사이공 강 연안), 술라웨시(인도네시아에 있는 섬)에서의 살해 사건에 관련된 8명을 조사해서 군법회의로 넘겨 재판했다. 형량은 10개월에서 종신형까지였는데, 살인 등의 행위치고는 매우 가벼운 것이었다. 그러나 이들은 연합국의 B·C급 군사재판소에서 다시 재판받았다. 그리고 연합군 최고사령부는 1946년 2월 〈형사재판권의 행사에 관한 각서〉를 명령으로 하달했다. 연합국에 관한 범죄에 대해 일본재판소가 형사재판권을 행사할 수 없다는 것이었다. 자주재판론에 대하여 내무대신 기도 고이치木戸幸一도 이렇게 말했다(田中宏 외, 2000).

> 천황의 이름으로 전쟁을 벌이고, 다시 천황의 이름으로 재판한다는 것은 당시로선 불가능한 일이었다.

결국 자주재판은 자가당착이었다.

일본 정부는 자주재판론이 먹혀들지 않자 1945년 10월 '전범인 변호방침戰犯人辯護方針'을 정했다. 여기서 천황에게 누가 미치지 않도록 하고, 일본의 피해를 최소화하며 개인에게 피해를 최소화하도록 한다는 방침을 세웠다(박원순, 1996).

B·C급 전범재판

1945년 9월 2일 일본이 항복문서에 서명할 때, 일본 정부는 연합국이 전쟁범죄에 대하여 엄격하게 재판한다는 것을 공식적으로 수락하였다. 이에 따라 연합국은 도쿄에 A급 전범에 대한 국제재판소를 설립하게 된다. B·C급 전범의 경우, 50개의 특별재판소에서 아시아 태평양 지역에서 벌어진 전쟁범죄에 대하여 개별 연합국이 그 나라 지역에서 재판하도록 하였다. B·C급 전범재판소는 대부분 도쿄재판보다 신속하게 열리고 신속하게 종결되었다. B·C급 전범 재판에서는 전시 때 일본군이 일으킨 현지 주민과 포로, 억류자 등에 대한 학살과 학대를 중심으로 한 전쟁범죄 책임을 추궁했다.

이러한 태평양 지역의 B·C급 전범재판보다 먼저 열려 전범재판에서 선례가 된 사건이 있다. 1946년 2월 6일부터 3월 22일까지 독일 루드비히부르크Ludwigsburg에서 열린 전범재판이 그것인데, 흔히 '보르쿰Borkum 섬 사건'이라고 부른다. 보르쿰 섬(독일 북해에 있는 섬) 북쪽 해안에 비행기가 추락하여 7명의 미국 공군 비행사가 전쟁포로가 되었다. 그리고 이들은 단 하루 만에 잔혹행위를 당한 끝에 모두 살해되었다. 살상행위에 가담한 것으로 기소된 피고인들에 대한 증거는 전단지 등이었고, 재판소는 이들에게 사형을 선고했다. 그런데 피고인에게는 상급법원에 항소할 기회가 주어지지 않았다. 이들은 공모이론에 의해 모두 범행에 가담한 것으로 기소되었고, 정황 증거에 의해 유죄를 선고받았다. 그러나 폭행에 가담했으나 모두에게 사형을 선고한 것이 과잉처분이 아니냐 하는 지적과 함께 피고인들에게 항소할 권리를 부여하지 않은 것은 잘못이라는 비판이 일었다(Koessler, 1956).

영국의 경우, 싱가포르에 재판소를 두고 싱가포르와 홍콩, 말레이시아와 북보르네오, 버마 등에서 저질러진 총 330건의 전쟁범죄를 재판하였다. 여기에는 싱가포르에서 벌어진 화교학살 사건을 시작으로 한 주민학살 사건도 포함되어 있었다.

미국의 경우, 마닐라와 요코하마, 상하이와 콰절레인(마셜제도), 괌 등지에서 재판하였다. 일본인 B·C급 전범은 요코하마에 있는 미 군사재판소에서 재판을 받았다. 이들은 대부분 하급 장교나 병사로, 전쟁포로나 민간인을 학대한 죄로 기소되었다(日本歷史教育者協議會, 2005). 그 가운데 마닐라재판소는 전쟁 말에 일본군이 일으킨 '마닐라 대학살'의 책임자로 야마시타 도모유키山下奉文 전 육군대장을 재판했다. 야마시타는 태평양전쟁 당시 일본 육군 25군 사령관으로 말레이 작전을 지휘했다. 그는 '말레이의 호랑이'라고도 불렸다. 말레이 작전이 성공하자 일본의 국민영웅이 되었으며, 이후 1944년 제14방면군 사령관으로 필리핀 방어전을 지휘하였다.

1944년 12월 야마시타는 지휘부를 마닐라에서 250km 떨어진 바기오(필리핀 북부 벵게트 주 남부의 휴양도시) 지역으로 이동시켰다. 야마시타는 모든 부대는 철수하라고 지시하였다. 그러나 직할부대 1,600명만 마닐라를 떠났고 2만 명의 해군은 그대로 남았다. 마닐라에 남은 군인은 70만 명의 민간인을 고문하고 살해하였다. 그리고 연이은 패전으로 1945년 9월에 항복하였다. 이후 같은 달에 전범으로 체포되고 1945년 10월 29일 기소되어 필리핀 마닐라에서 군사재판을 받았다.

변호인은 야마시타가 바기오 지역에 있었고, 통신이 두절되어 부하의 범죄행위를 알지 못했다고 주장했다. 그러함에도 야마시타는 마닐라 대학살의 책임에 따라 12월 7일 사형을 선고받았다. 재판소는 일련의 학살과 다른 중대 범죄가 야마시타 지휘에 있는 일본군에 의해 저질러졌고, 그 기간 동안 야마시타가 군대를 효율적으로 통제하는 것을 태만하였다고 판시하였다. 이 판결에 대해, 통신선이 파괴된 상황에서 과연 야마시타가 군대를 통솔할 수 있었는지 의문이 있다는 견해가 있다. 그리고 마닐라 대학살은 부하들이 야마시타의 지시를 따르지 않고 독단적으로 저지른 것으로 볼 여지도 있었다.

사형 판결이 난 후 변호인들은 판결에 불복하여 필리핀 대법원과 미국 연방대법원에 사형 집행을 금지하는 인신보호명령(위법한 신체 구속에 대해 법원이 법을 잘못 해석했거나 사건에 법을 잘못 적용했을 때 하는 신청)을 신청하였다. 여섯 명의 변호인들은 그들의 직을 걸고 야마시타의 무죄를 확신하며 변론하였다. 그러나 미국 연방대법원은 1946년 2월 신청을 기각하였고, 결국 그는 같은 달 23일에 사형에 처해졌다. 사형 집행 시 수형자가 원하면 군복도 착용할 수 있었으나 허용되지 않아 죄수복을 입고 처형되었으며, 유해는 야스쿠니 신사에 합사되었다. 야마시타에게 적용된 죄명은 상관책임이다. 재판소는 야마시타가 지휘관이므로 그 휘하에 있는 군대가 저지른 행위에 대해 책임을 져야 한다고 보았다(Prévost, 1992).

야마시타 사건은 오늘날까지 가장 논란이 되고 있는 사건 중 하나이다. 재판은 1945년 10월 29일 시작되었고, 필리핀에 지대한 관심을 가진 맥아더 극동사령부 최고지휘관에 의해 개시되었다. 필리핀에서 이루어진 잔혹 행위는 가장 야만적인 전쟁범죄였다. 그렇지만 야마시타에 대한 재판은 '승자의 정의'라는 비판을 받았다. 이와 같이 야마시타는 마닐라 군사재판소에서 재판을 받았다. 그러나 도쿄헌장에 따르면 A급 전범은 도쿄재판소에서 재판해야 한다. 야마시타가 재판을 받았다는 소식을 접한 각국의 대표들은 야마시다를 도쿄가 아닌 마닐라에서 신속하게 재판한 것은 미국 포

야마시타 도모유키

로와 관련이 있다며 전범재판을 미국재판으로 몰고 간다고 항의했다. 그러자 맥아더는 야마시타는 A급 전범이 아니라 B급 전범이라고 반박했다(黃鶴逸, 1999).

1946년 7월 4일 독립을 이룬 필리핀은 1947년 3월에 필리핀에서 B·C급 재판을 계속했고, 주민에 대한 살해, 학대, 구금, 강간 등을 중심으로 72건, 총 169명을 재판하였는데, 그중 17명이 사형 판결을 받았다.

제2차 세계대전 후 중국에서부터 싱가포르까지 수백 개의 전범재판이 열렸다. 그중에 가장 독특하고 선례가 될 만한 재판은 괌에서 열린 태평양 도서에서 일어난 전범재판이다. 도쿄재판에서도 괌 재판은 가장 중요하고 핵심적인 재판이라고 보았다. 그러나 후일 도쿄재판에 참여한 판사들이 실제 이 재판 기록을 보았는지는 알 수 없지만 판사들은 이 재판 기록을 거의 보지 않았다고 말했다(Maga, 2001).

중국은 베이징과 광둥, 타이페이와 난징, 상하이 등 10곳에 재판소를 설치하고 605건, 883명에 대하여 재판하였다. 난징대학살에 대해서는 사건 당시 중지나中支那방면군 사령관이었던 마쓰이 이와네松井石根 전 육군대장이 도쿄재판에서 재판을 받게 되고, B·C급 재판이 열린 난징재판소에서는 제6사단장이었던 다니 하사오谷壽夫 전 육군중장 등 4명이 사형에 처해졌다.

각국에서 B·C급 전범을 재판한 결과 5,600여 명이 기소되었고, 984명

표 2-3. B·C급 전범 재판

재판국	전범 수(명)
미국	1,405
영국	932
호주	928
네덜란드	1,033
프랑스	255
필리핀	169
중국	883
합계	5,605

이 사형 판결을 받았다. 또한 B·C급 전범으로서 유죄 판결을 받은 사람들 가운데 약 300명의 조선인과 대만인이 있었다. 이들 대부분은 남방에서 포로 감시원의 임무를 하던 청년들이었는데, 이들은 포로 학대의 죄를 뒤집어썼다. 그리고 그 가운데에는 강화가 발효된 후에도 교도소에서 계속해서 일본인으로 취급되어 강제로 처벌받거나, 일본인이었다면 누구나 받을 수 있는 전쟁의 보상조차 전혀 받지 못한 사람들도 있었다. 결국 이들은 식민지 지배라는 환경 속에서 포로 감시원으로 내몰렸고, 끝내는 죄를 뒤집어쓴 채 전쟁 보상에서 철저하게 배제되었다.

3

이치가야의 법조인

검사

1945년 11월 30일 트루먼 대통령은 조지프 키넌Joseph Berry Keenan을 수석 검사로 임명했다. 키넌은 알 카포네 일당[1]을 소탕하여 전국적으로 유명해졌다. 그리고 미 정가에서는 '해결사'란 별명으로 알려져 있는 인물이다(Piccigallo, 1979). 워싱턴을 떠나기 전 키넌과 미국 팀에 속한 검사들은 히로히토가 재판을 받을 1순위 인물이라고 자신하고 있었다. 그래서 키넌은 출발하기 전 공항에서 가진 기자회견장에서 히로히토가 곧 재판을 받을 거라고 장담했다. 그런데 바로 그 순간, 백악관에서 보낸 리무진이 공항에 도착하더니 키넌에게 뭔가를 전했다. 바로 트루먼 대통령이 쓴 편지였다. 편지에서 트루먼은 히로히토를 전범에서 제외하라고 지시했다(Behr, 2010).

키넌은 당당한 체격의 소유자로, 짙은 눈썹과 붉은 코, 그리고 불그레한 얼굴을 지녔다. 그는 브라운 대학교와 하버드 로스쿨을 졸업하였다. 이런 학연으로 인해 모교인 하버드 대학교에는 키넌과 관련된 여러 자료를 소장하고 있다. 주로 도쿄재판에서 수석검사로 활동한 자료인데, 디지털 형태로 보관하고 있다.[2] 키넌은 오하이오 주에서 변호사 사무소를 개업하였고,

1 미국에서 활동하던 이탈리아계 마피아.

2 여기에는 재판기록뿐만 아니라 편지와 메모, 언론과의 인터뷰도 있다(Time Magazine, 2009).

수석검사 조지프 키넌

제1차 세계대전에 참전했다. 이후 검사로 임명되어 검찰총장의 특별보좌관으로 있었고, 1930년대에는 미 법무부에서 형사국장과 장관 특별보좌관으로 근무했다. 또한 정치인이기도 했다. 키넌은 프랭클린 루스벨트(미국의 32대 대통령)의 지인으로, 백악관의 핵심 멤버였다. 키넌은 백악관과 의회 사이에 법안 등의 현안을 교섭하는 직책을 맡고 있었다(黃鶴逸, 1999).

키넌의 말과 행동은 자주 논란이 되었다. 키넌을 도운 검사들은 키넌이 수사할 때 헛다리를 짚을 때가 많았다고 털어놓았다. 키넌을 지켜본 변호인들은 키넌이 소송하는 데 서툴렀다고 평가했다. 키넌이 자주 술에 취했다는 소문이 떠돌자 키넌을 돕던 부검사 로버트 도니히Robert Donihi[3]는 이와 다르게 말했다. 당시 미국 팀에 속한 검사들은 같은 숙소에서 묵고 있었다. 그래서 키넌에 대해서 잘 알고 있는데 키넌은 꽤 괜찮은 자질의 소유자로, 고혈압 때문에 얼굴이 붉은 것이지 술 때문에 그런 것은 아니라고 감싸주었다. 그렇지만 그 역시 키넌이 다른 검사들과의 관계에 있어 문제가 있었다는 사실은 시인했다(Brackman, 1987).

키넌이 이끄는 미국 검사단 일행 38명이 1945년 12월 4일 워싱턴을 떠나 6일 일본에 도착해서 임페리얼 호텔에 여장을 풀었다. 이들은 염려했던 것과 달리 일본 사람들이 무척 친절하고 호기심이 많고, 자신들을 두려워하지 않음을 보고 놀라워했다. 다음 날 키넌은 맥아더를 만났고, 두 사람은 재판에 대해 상의했다. 당시 키넌은 수석검사이자 연합군 최고사령관의 법률고문이기도 했다. 12월 8일 맥아더는 키넌을 수장으로 하는 검찰국을

3 1945년 국제검찰국의 미국 팀 검사로 있었고, 1948년 이후 유럽전범위원회에서 검사로 근무했다.

발족시켰다. 키넌은 메이지明治 빌딩에 사무소를 두고 일하다가 이후 극동 군사재판소 건물로 사무소를 옮겼다. 이후 일본의 항복문서에 서명한 9개국이 검사를 파견하였다. 1946년 2월 이후 영국과 캐나다, 호주와 뉴질랜드, 중국 검사들이 도착했고, 3월 이후에는 프랑스와 인도, 네덜란드와 필리핀, 소련의 검사들이 도착했다(김창록, 2009). 도쿄재판에 참여한 검찰국은 처음에는 38명의 미국인 검사와 속기사, 직원으로 시작하였지만 계속 인원이 늘어 가장 많을 때에는 500명까지 이르렀다.

가장 먼저 도착한 미국 검사들은 재판을 준비하는 일에 착수했다. 대부분 국가의 팀은 주임검사 1명과 이를 돕는 몇 명의 검사들로 구성되었다. 그렇지만 소련은 10여 명에 이르는 많은 인원이 왔다. 이러한 풍부한 인력으로 인해 소련은 검찰국 내에서 상당한 입지를 갖게 되었다. 그리고 소련은 일본의 소련에 대한 침략행위에 대해서 독자적으로 수사했다. 그러나 캐나다와 뉴질랜드, 필리핀은 1명의 검사만 파견했다. 장제스 국민정부는 1945년 11월 29일 주임검사로 샹저쥔向哲浚을 임명하고 많은 인력을 파견했다.

검사들이 속속 도착하자 검찰국은 활기를 띠었다. 검찰국은 법정 위치의 선택, 법정 리모델링 공사, 전범의 체포와 조사, 증거 수집, 헌장의 초안 작성, 공소장의 초안 작성 등을 준비했다. 연합국 검사 중에는 영연방에 속한 이들이 많았다. 국제 검찰국 내에서는 영국의 칙선勅選 변호사 코민스카Arthur Strettel Comyns-Carr와 호주의 퀸즐랜드 주대법원판사 출신의 앨런 맨스필드Alan J. Mansfield가 주도했다. 코민스카와 맨스필드는 신속하게 조사하여 공소장 초안을 마련했다(Totani, 2008). 11개국 검사들은 역할을 분담해서 재판을 담당했다. 국제 검찰국은 세 개의 팀으로 나누었다. 제1팀은 구성원을 130명으로 해서 미국 검사 시어스, 중국 검사 샹저쥔의 지휘로 각국에서 가지고 온 자료의 정리와 조사를 맡았다. 제2팀은 구성원을 350명으로 해서 소련 검사 골룬스키, 캐나다 검사 놀런이 지휘하여 중국과 인도, 버마 등 동남아와 태평양 제도에서 현지 조사를 하게 했다. 제3팀은 구성원을 40명으로 해서 중국 검사와 프랑스 검사가 지휘해서 제1팀이 확보한 증거를 분류하고 분석해서 수석검사에게 보고하기로 했다(黃鶴逸, 1999).

도쿄에 온 지 3일이 되던 12월 9일, 키넌은 전직 FBI 직원인 벤 새킷Ben Sackett을 검찰국 수사부장으로 임명했다. 그런데 벤이 막상 수사를 시작하려 했지만 어디까지 해야 할지 막막했고, 수집된 증거도 별로 없었다. 키넌은 존 다르시John A. Darsey Jr.를 부검사로 임명해서 서류를 검토하게 했다. 검토를 마친 다르시는 키넌에게, 증거가 매우 부족하다고 보고했다. 키넌은 일본 정부가 항복한 뒤 증거를 대대적으로 없애버린 사실을 알게 되었다. 그래서 키넌은 여러 방면으로 증거를 수집하기 위해 노력했다. 연합군 정보계통을 통해서 여러 자료를 입수했으며, 그중에는 일본군의 전단지와 홍보용 영화도 있었다.

그런데 다행스럽게도 기도 고이치木戸幸一[4]를 체포하자 그의 일기장에서 많은 증거가 드러났다. 일기장은 1930년 1월 1일부터 1945년 12월 25일까지의 일을 자세히 기록하고 있다. 기도의 일기장은 재판 당시에는 영문으로 번역되었고, 번역 원본은 현재 버지니아 대학교에 디지털 문서로 보관되어 있어 누구라도 볼 수 있다. 검찰국의 일원이던 솔리스 호위츠Solis Horwitz는 《도쿄재판The Tokyo Trial》에서 기도의 일기장을 '생생한 교본이며 수사의 열쇠'라고 말했다. 일기장에는 군부가 일본을 장악하였고, 천황의 뜻에 따르지 않고 독자적으로 행동했다고 기록하고 있다(Brackman, 1987).

검사들은 용의자들을 조사해서 증거를 수집했다. 그리고 전쟁에 반대한 일본인으로부터도 증거를 입수했다. 일본의 군 고위 관계자 등은 키넌과 비밀리에 접촉해서 정보를 제공했다. 고노에의 측근은 고노에가 자살하기 전

4 제2차 세계대전 당시 천황의 최측근.

에 남긴 기록을 전달했다. 다나카 류기치田中隆吉 장군은 일본이 중국에서 마약 거래를 했다는 정보를 제공했다. 그리고 천황은 11살부터 일기를 썼다. 매일 일어난 일을 소상하게 기록했기에 일기장은 천황의 전쟁범죄를 밝힐 수 있는 소중한 자료이다. 연합국 검사들은 천황의 일기를 압수해야 한다고 주장했지만 키넌은 거부했다.

도쿄에 파견된 검사들은 대체로 자질이 뛰어났다. 영국의 코민스 카는 영국 의회의 의원이고 영국 자유주의 정치인이었으며, 황실을 자문하는 저명한 변호사이다. 중국의 샹저쥔은 상하이 고등법원의 검사장으로 국제법에 정통했다. 그리고 프레드릭 멀더W.G. Frederick Borgehoff-Mulder는 헤이그 특별전범재판소의 판사를 지낸 인물이다. 로베르 오네토Robert L. Oneto는 프랑스 법무부 장관이다. 그는 레지탕스 일원으로 1944년 구사일생으로 목숨을 건졌다. 그는 베르사유 특별재판소의 수석검사로 나치와 비시 전범재판을 수행했다. 호주의 앨런 맨스필드는 퀸즐랜드 주대법원판사로 뉴기니아의 일본 전범을 수사했다. 그는 재판이 끝날 무렵 사직해서 뉴질랜드 검사 로널드 퀼리엄이 그의 업무를 넘겨받았다. 브리가디르 놀런Brigardier Henry Nolan은 캐나다의 육군 법무차감이다. 로널드 퀼리엄Ronald Quilliam은 뉴질랜드 대학교 형법 교수로 뉴질랜드 육군 군무부장을 지냈다(Brackman, 1987).

소련의 골룬스키S. A. Golunsky는 모스크바 법학원과 소련 붉은군대 법학원에서 강의했으며, 영어를 유창하게 구사했다. 이들 검사들은 대부분 도쿄재판 기간 내내 직무를 수행했다. 소련 검사 골룬스키만 재판이 시작된 지 반년 만에 건강상의 이유로 사직했다. 그 뒤를 부검사 바실리예프Vasiliev가 이어받았다(梅汝璈, 2019). 소련은 전세를 관망하다가 일본이 항복하기 직전에 참전하였고, 60만 명에 이르는 일본 관동군을 체포했다. 소련은 도쿄재판에 참여하여 일본 점령으로 인한 피해자들에게 소련이 정의를 세우고 미 제국주의의 팽창을 막고, 일본의 탈군국주의를 막을 수 있다는 것을 보여 주려 했다.

도쿄 검찰국은 뉘른베르크 검찰국과 같은 합의체가 아니라 수석검사를 중심으로 하는 수장체이다. 각국의 검사는 수석검사와 상명하복의 관계에 있다. 그러나 1명의 수석검사 아래 일사불란한 지휘체제를 이루리라는 미국의 꿈은 실현되지 않았다. 검사들은 키넌에게 문제가 있음을 알고 국제검찰국을 만들었다. 이들이 도착해 보니 키넌은 '스타팀'이라고 불리는 유능한 검사들로 하여금 귀중한 시간만 잡아먹게 하고 있었다. 키넌은 부하들에게 전쟁범죄와 관련하여 조사하도록 명령했지만 정작 쓸데없는 방대한 자료만 만들어 내고 있었다.

키넌은 수사 지휘를 제대로 하지 않았을 뿐만 아니라 수시로 도쿄를 비워 오히려 검사들을 힘들게 했다. 키넌이 사라지자 검사들은 그가 다시 돌아오길 기다리는 수밖에 달리 도리가 없었다. 키넌이 자리를 비우는 일이 빈번해지자 키넌이 없는 동안 행정업무는 윌리엄 마호니William Mahoney가 대리했고, 재판업무는 프랭크 타베너Frank S. Tavenner, Jr가 대리했다. 키넌은 언론과 자주 접촉하고 언론을 향해 자주 성명을 발표했다. 그리고 다른 검사와 상의하지 않고 수사에 대한 정보를 언론에 흘렸다. 키넌이 미 고위층과 친분이 두텁고, 상원의 민주당 후보로 발탁될 수도 있다는 소문이 있자 검사들은 대놓고 따지기 어려웠다.

그렇지만 연륜이 있는 검사들은 키넌의 이런 행동에 대해 반감을 품고 행동으로 나섰다. 그래서 키넌을 축출하고 다른 검사를 검사장으로 세우기로 했다. 그러나 도쿄나 워싱턴의 관계자들 아무도 이들의 얘기를 귀담아들으려 하지 않았다. 키넌은 맥아더나 미 고위층과는 흔들림 없는 돈독한 관계를 유지했기 때문이다. 이런 소동이 일어나는 동안 영연방 검사들은 새로운 사실을 접하게 되었다. 이들은 키넌에게 몇 년째 알코올 문제가 있

표 3-1. 도쿄재판의 검사들

국가	검사	비고
미국	조지프 키넌	법무부 형사국장
호주	앨런 맨스필스	퀸즐랜드 주대법원판사
캐나다	브리가디르 놀런	육군 법무차감
중화민국	샹저쥔	상하이 고등법원 검사장
프랑스	로베르 오네토	법무부장관
인도	고빈다 메논	코친 주총리
네덜란드	프레드릭 멀더	헤이그 특별전범재판소 판사
뉴질랜드	로널드 퀼리엄	뉴질랜드 대학교 교수, 뉴질랜드 육군 군무국장
필리핀	페드로 로페스	세부 의회 의원, 유엔총회 필리핀 대표
영국	코민스 카	의회 의원
소련	세르게이 골룬스키	모스크바 법학원 교수, 붉은군대 법학원 교수

다는 사실을 알아냈다. 키넌은 검사로 임명되기 전 술을 끊고 지냈다. 그러나 도쿄로 오기 직전부터 다시 술을 마시기 시작하더니 자주 과다음주했다. 검사들은 진작에 이런 사실을 알았지만 결정적인 증거를 확보하지 못하고 있었다. 키넌은 1946년 말 다시 미국으로 떠나더니 7개월이나 도쿄로 돌아오지 않았다(Totani, 2008).

판사

1946년 2월 15일, 항복문서에 서명한 9개국은 판사를 추천했고, 맥아더는 이들을 임명했다. 원래 헌장에 의하면 도쿄재판의 판사 11명은 연합국에서 추천받은 판사들 가운데 연합군 최고사령관이 임명하도록 되어 있다. 그러나 각국은 1명씩 판사를 추천하여 맥아더로서는 선택의 여지가 없었다. 수석검사 키넌은 미국 변호사협회 회장인 윌리스 스미스Willis Smith를 판사로 추천했다. 키넌은 스미스가 적합하지 않다면 하버드 대학교 학장인 로스코 파운드Roscoe Pound가 적합하다고 추천했다. 그러나 트루먼은 매사추세츠 주대법원장인 존 히긴스John P. Higgins를 지명했다. 그러나 매사추세츠는 한낱 변방이고, 주대법원은 연방법원의 권위에 한참 못 미친다. 히긴스는 도쿄에 파견된 후 매사추세츠 대법원장 직무를 다른 대법원판사에게 맡겼다. 그런데 그가 갑자기 사망하였고, 다른 대법원판사도 지병으로 근무할 수 없게 되었다. 그래서 히긴스는 도쿄재판의 판사직을 사임하였고, 1946년 7월 후임으로 미국 육군 소장 마이런이 왔다. 재판이 열리자 다른 판사들은 모두 법복을 입고 있었으나 군인 출신의 미국 판사와 소련 판사는 군복을 입어 사람들의 이목을 끌었다(Brackman, 1987).

호주 정부는 윌리엄 웨브William Webb을 임명했다. 그는 1887년 호주 브리스번에서 태어났고, 퀸즐랜드 대학교를 졸업했다. 변호사 시험에 합격한 뒤 한동안 주 공공변호사(Public Defender, 변호사를 선임하지 못하는 사람에게 주에서 선임해 주는 변호사)로 일하다가 판사가 되었다. 고등법원 판사와 퀸즐랜드 주대법원장을 지냈으며, 30년간 재판업무에 종사한 베테랑 판사이다. 맥아더가 웨브를 재판장으로 임명하자 호주에서는 웨브를 대법원판사로 승진시켰다. 그는 다소 성격이 거칠지만 철두철미하게 일하고 양심적이라는 평을 받았다. 그는 재임 기간 중 사형을 선고한 적이 없고, 엄벌에 반대했다(Crowe, 2018). 웨브가 '사자'라는 명성을 갖고 있지만 이런 면을 볼 때 '종이호랑이'에 불과하다고 평가하는 이도 있다. 그러나 엄벌주의에 반대하는지 여부는 판사 개인의 소신이기에 엄벌에 반대한다고 그 사람을 평가절하하는 것은 옳지 않다고 본다.

웨브는 전쟁에 대해 폭넓은 경험이 있는 판사였다. 그는 판사로 재직하던 중인 1943년부터 1945년 사이에 호주 정부가 실시한 전쟁범죄 수사 때 세 차례나 참여했다. 첫 번째 수사 때인 1943년부터 1944년 사이에 뉴기니아 지역과 호주에서 증인들을 조사했다. 조사 결과를 토대로 보고서를 작성했는데, 보고서에서 일본이 침략한 이후 일본군이 호주와 미국의 민간인을 상대로 남태평양 지역에서 저지른 잔혹행위를 밝혔다. 그리고 연합국전범위원회에 보고서를 설명하기 위해 1944년 런던에도 다녀왔다(Pike, 2014). 웨브 역시 처음에는 자신의 이런 경력을 생각해서 판사직을 수락할지 신중하게 생각했다. 그리고 자신의 경력 문제에 대해 스스로 문제를 제기했다. 그러나 연합군 최고사령부는 이런 경력이 도쿄재판의 판사가 되는 데 걸림돌이 되지 않는다고 판단했다. 웨브도 자신이 선입견에 사로잡히지 않을 것으로 판단하고 판사 직을 수락했다. 그는 겉으로 볼 때 영국 신사의 풍모를 띠지만 호주 사람의 거친 성격을 드러낼 때도 있었다. 법정에서 검사나 변호인이 증인을 신문할 때 신문 취지에 벗어나면 주의를 주는 등, 엄중하게 재판을 진행했다(梅汝璈, 2019).

소련은 자랴노프I. M. Jarayanav를 지명했다. 그는 레닌의 볼셰비키혁명 때 사법위원으로 있었고, 스탈린이 진행한 숙청 재판에도 관여했다. 붉은군대 소장으로 대법원 군참심원이었고, 붉은군대 법학원 원장이었다. 재판의 공식 언어는 영어와 일어였다. 그렇지만 그는 영어와 일어를 잘 몰라 빈축을 샀다.

중국은 소장인 메이루아오梅汝璈를 판사로 지명했다. 몸집은 작고 코 아래에 수염이 있으며, 중국 입법의원이자 변호사이며, 중국전범재판소 소장이다. 이 재판소는 일본이 항복한 후 중화민국이 설립하였다. 그는 아홉 자녀 중 장남으로 태어났다. 그리고 국민당과 공산당 사이의 제3세력인 민주연합 소속이었다. 저명한 변호사이고, 입법위원으로 외교위원회 의장으로 있었다. 그는 스탠포드 대학교와 시카고 대학교를 졸업했다. 그리고 시카고 대학교에서 법학박사 학위를 받은 뒤 귀국해서 법과대학에서 20년 동안 교수로 있었다. 그런데 국공내전이 심화되자 홍콩으로 피신했다. 이후 새로 설립된 공산정권에 참여하였고, 인민위원으로 있었다(Brackman, 1987). 그는 후일 재판에 참여한 경험을 토대로 《도쿄전범재판》을 썼다. 2006년 중국에서 제작된 〈도쿄심판東京審判〉이란 영화는 메이루아오와 중국인 기자에게 비친 도쿄재판의 모습을 잘 그리고 있다.

네덜란드 판사 베르나르트 뢸링B. V. A. Röling은 마흔 살로, 위트레흐트 법과대학 교수로 대학에서 강의하였고, 범죄학 연구소를 설립하기도 했다. 그는 불교에 심취했으며, 등산 애호가였다. 그의 아들인 휘호 뢸링Hugo Röling은 후일 도쿄재판소 판사로 근무한 아버지의 행적을 책으로 남겼다. 뉴질랜드는 대법원 판사인 하비 노스크로프트Harvey Northcroft를 지명했다. 그는 형사 변호사로서 뉴질랜드 전역에 명성이 자자했고, 대법원 판사로도 근무했다. 그리고 제1차 세계대전과 제2차 세계대전 때 맹활약했고, 일본과 전쟁할 때 육군 법무감으로 있었다. 백발의 소유자로, 중절모를 즐겨 쓰고 줄무늬 양복을 입었다. 도쿄재판 때 그는 공정하고 전범에 대해 적대적이지 않은 재판 분위기를 유지하기 위해 애썼다(Cassese, 2003).

캐나다는 에드워드 맥두걸Edward Stuart Mcdougall을 지명했다. 그는 정치인이자 판사였다. 체격은 작지만 혈색이 좋고 짙은 눈썹을 지녔다. 그에게는 다른 이들의 화려한 경력이 없지만 재판 경험은 풍부했다. 그는 맥길 대학교에서 법학을 전공했고, 1942년 왕립법원의 항소부 판사로 근무했다. 그리고 퀘벡 주 재무장관을 지냈다. 영국은 로드 패트릭Lord Patrick을 지명했다. 그는 제1차 세계대전 때 공군에서 복무했다. 전쟁이 끝난 후 스코틀랜드 대법원판사와 에드버러 대법원판사를 지냈고, 스코틀랜드 왕립 법과대학의 평의원을 지냈다. 먼발치에서 보면 그는 초연하게 보였다. 그리고 검은 법복을 입으면 천상 판사의 모습이었다. 큰 키에 어딘가 침울해 보였고 머리는 희끗희끗했으며, 어딘가 뻣뻣하고 권위적으로 보였다. 그는 평생 결혼하지 않아 슬하에 자녀가 없다(Crowe, 2018).

프랑스가 맨 처음 지명한 판사는 앙리 리임버거Henri Reimburger였는데 그는 외교부 자문위원이었다. 그러나 개인 사정으로 사임했다. 이어 앙리 베르나르Henri Bernard를 지명했다. 그는 제1차 세계대전과 제2차 세계대전 때 서아프리카 식민지에 있었다. 프랑스가 함락되자 드골 정부에 합류하였고 검사장을 지냈으며, 해방이 된 후 파리 제1군사재판소에서 나치 전범과 부역자를 재판하는 일에 관여했다(Totani, 2008).

필리핀은 일본의 침략을 받아 점령되었고, 그로 인해 많은 고통을 겪었다. 그래서 맥아더는 필리핀 판사 델핀 하라니야Delfin Jaranilla를 추천하게 된다. 그는 법조 경력이 화려하다. 하라니야는 필리핀 검찰총장을 지냈고, 대법원판사를 역임했다. 일본과의 전쟁 때 육군 법무감도 지냈다. 일본은 그를 체포해서 수감시켰고, 그는 바탄 죽음의 행진에 참여했다. 1945년 2월, 일본군이 루손에서 퇴각하자 법무부 장관이 되었고, 6개월 후 대법원판사로 임명되었다. 그리고 1926년부터 1940년까지 필리핀 대학교와 마닐라 대학교에서 강의했다. 2016년에 방영된 일본 NHK 미니시리즈 〈도쿄재판東京裁判〉에서 버트 미티아스Bert Mitias(필리핀 배우)가 하라니야 역을 잘 소화해 내었다.

인도는 영국의 식민 지배를 받았다. 그러나 영연방 일원으로 일본군을 저지하기 위해 영연방에 군대를 파견했다. 인도는 원래 도쿄재판에서 대표성이 적었으나 재판에 참여하길 원했고, 영국은 이런 인도를 지지했다. 그러자 극동위원회는 모든 회원국이 도쿄재판의 판사를 추천할 권한을 갖기로 결정했다. 맥아더는 개정된 도쿄헌장을 즉시 받아들이고, 판사 수를 11명으로 늘렸다. 그리고 항복문서에 서명한 나라에서 판사를 지명할 수 있도록 했다. 이로 인해 인도와 필리핀도 판사를 지명할 수 있게 되었다. 이와 같이 재판부는 일본의 항복문서에 조인한 9개국과 인도와 필리핀의 2개국을 포함해서 11개국의 판사로 구성되었다(Brackman, 1987). 그러나 일본의 침략으로 가장 큰 고통과 피해를 본 나라는 바로 한국이다. 반면 인도는 연합국인 영국의 식민지였다. 따라서 한국이 재판에 참가하지 못한 것은 공평한 재판소의 구성이란 측면에서 볼 때 아쉬운 점이다. 11명의 판사 중 7명이 영미법계(호주, 캐나다, 인도, 필리핀, 뉴질랜드, 미국, 영국)에 속한다. 이로 인해 도쿄재판은 불가피하게 영미식으로 진행되었다.

인도는 라다비노드 팔Radhabinod Pal을 판사로 지명했고, 팔은 5월 17일 합류했다. 팔은 캘커타에 있는 프레지던시 대학에서 수학과 헌법을 공부했고, 캘커타 대학교에서 법학을 공부했다. 팔은 영국령 인도의 국세를 체계화했고, 그 공로로 영국 정부는 그를 법률고문으로 임명했다. 팔은 캘커타 대학교에서 강의했고, 1941년 캘커타 고등법원 판사로 임명되으며, 1944년에 캘커타 대학교 부총장을 지냈다. 그는 《힌두 법철학과 영국령 인도의 법의 한계The Hindu Philosophy of Law and The Law of Limitation in British India》를 썼다. 팔은 아홉 명의 딸과 다섯 명의 아들을 두었다. 재판 기간 내내 그의 처는 중병을 앓았다. 그래서 자주 인도와 일본을 왕래하며 장기간 자리를 비웠다. 2016년 NHK가 방영한 미니시리즈 〈도쿄재판〉에서 인도 배우 이르판

표 3-2. 도쿄재판의 판사들

국가	재판관	비고
호주	윌리엄 웨브	퀸즐랜드 주 대법원장
캐나다	에드워드 맥두걸	왕립법원 항소부 판사
중화민국	메이루아오	입법의원, 중국 전범재판소 소장
프랑스	앙리 베르나르	검사장, 파리 군사재판소 판사
인도	라다비노드 팔	캘커타 고등법원 판사
네덜란드	베르나르트 뢸링	위트레흐트 대학교 법학교수
뉴질랜드	하비 노스크로프트	대법원판사
필리핀	델핀 하라니야	검찰총장
영국	로드 패트릭	스코틀랜드 대법원판사
미국	존 히긴스	매사추세츠 주 대법원장
	마이런 크레이머	1946년 7월 히긴스 후임으로 옴, 육군 소장
소련	이반 자랴노프	붉은군대 소장, 대법원 군 참심원

칸Irrfan Kahn이 팔을 잘 그리고 있다.

소련 판사와 인도 판사가 도착하기 전에 9명의 판사들은 평의를 비공개로 하고 반대의견 없이 결론에 이르자고 논의했고, 여기에 만장일치로 동의했다. 그런데 도쿄에 도착한 팔은 9명 판사의 동의는 구속력이 없고, 자신은 반대의견을 낼 것이라고 밝혔다. 그리고 팔은 편견 없이 공정하게 재판할 것이라고 시작하는 선언문에도 서명하지 않았다(Brackman, 1987).

법조의 공간

도쿄재판은 뉘른베르크재판을 따랐지만, 재판소 건물은 서로 다르다. 뉘른베르크재판소 건물은 과거 재판소로 쓰던 뉘른베르크 고등법원 건물이었다. 그리고 뉘른베르크 법정은 '과연 이곳이 역사적인 재판이 열린 곳인가' 할 정도로 작다. 도쿄재판은 도쿄 도심 이치가야에 있는 육군사관학교 건물에서 열렸다. 전시에 이 건물은 일본군 수뇌부가 사용했고, 태평양전쟁 때에는 육군성 참모본부가 사용했다. 맥아더는 이곳을 법정으로 선택했다. 언덕 꼭대기에 있는 군 수뇌부 건물은 장대하였으며, 건물은 용케도 연합군의 폭격을 피해 온전한 모습으로 남아 있었다. 견고하고 넓은 3층짜리 건물은 양쪽에 넓은 회랑을 갖고

극동국제군사재판소 전경

있어 역사적인 재판을 하기에 적합하였다.

이곳이 법정으로 결정되자 2층에 있는 과거 육군사관학교 대강당은 법정으로 개조되었다. 도쿄 법정은 뉘른베르크 법정과 달리 2,000명이 동시에 앉을 수 있는 대형 공간으로, 가로, 세로가 각각 35m, 27m에 이른다. 그리고 수천 명의 인력이 작업하여 근사한 모습으로 재탄생되었다. 방청석 660석을 포함해서 모두 1,000석이 마련되었으며, 좌석마다 통역기가 설치되었다. 전시에 건물 외벽에 칠한 위장용 페인트를 모두 벗겨 냈으며, 건물 내부도 새로 칠했다. 내부 인테리어를 새로 하고, 가구도 새것으로 장만했다. 건물 양쪽 측랑도 수리해서 검사와 변호인, 통역인과 녹취인, 타자수, 언론인을 위한 방을 만들었다. 그리고 다른 방에는 문서 보관소와 인쇄소, 판사실과 법원 직원 사무소, 미용실과 세탁실, 공중 전화실을 만들었다. 1층에는 법정과 재판소 직원의 사무실, 통역과 번역원, 타자, 인쇄, 경비, 수발을 하는 직원의 사무실, 피고인과 증인의 휴게실, 변호인 휴게실과 회의실, 기자의 송신실과 휴게실이 마련되었다. 2층에는 판사 사무실과 휴게실, 회의실이 마련되었으며, 판사와 검사가 이용하는 식당도 2층에 들어섰다. 3층에는 검사와 직원의 사무실과 회의실, 문서 보관실과 직원 기숙사가 마련되었다(Totani, 2008).

법정은 과거 강당으로 쓰이던 공간이어서 천장이 높다. 이런 공간의 특성을 살려 법정 내부를 입체적으로 꾸몄다. 법정의 가장 높은 곳에 판사석이 마련되었다. 11개 자리가 마련되었고, 의자 뒤의 벽에는 재판에 참여한 11개국의 국기가 세워져 있다. 가운데에 재판장이 앉고, 재판장 우측으로 미국, 영국, 캐나다, 네덜란드, 인도 판사가 앉고, 재판장 좌측으로 중국, 소련, 프랑스, 뉴질랜드, 필리핀 판사가 앉는다. 판사석보다 조금 낮은 곳에 법원 참여관석이 있다. 판사석 맞은편에는 피고인석이 위치하고 있다. 피고인석은 두 줄로 되어 있다. 판사석 앞에 변론대가 있다. 통역할 때 붉

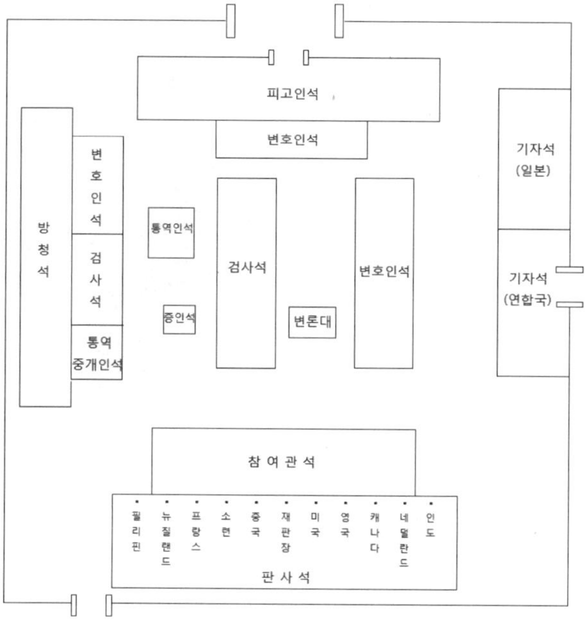

법정 배치도

은 등이 켜지고, 등이 꺼지면 변론을 이어갈 수 있다. 판사석에서 볼 때 좌측 가운데에 증인석이 있고, 변론대와 증인석 사이로 검사석과 변호인석이 위치하고 있다. 판사석에서 볼 때 우측에 일본과 연합국 기자석이 자리잡고 있다. 그 맞은편에 방청석이 자리잡고 있다. 법정의 경비는 연합군 최고 사령부의 헌병대가 맡았다.

변호인

아무리 전범이더라도 인권은 존중되어야 하며, 재판이라는 절차를 밟으므로 피고인들에게 변호인을 선임해 주어야 한다. 도쿄헌장에서도 피고인에게 변호인 선임권을 부장하고 있고, 피고인이 변호인을 선임할 수 없는 경우 재판소가 변호인을 선임해 줄 수 있다고 규정하고 있다. 이에 따라 스가모 형무소에 수감된 대부분의 전범들에게 변호인이 선임되었다.

변호인단 단장 우자와 후사아키

일본인 변호사들이 피고인들에 대한 변론을 준비했다. 기요세 이치로清瀨一郎는 여덟 번이나 의원을 역임한 인물이다. 그는 군부와 연결된 우익이라고 지목되었지만 재판 동안 깊은 인상을 남겼다. 키넌은 그를 빈틈없고 유능한 인물이며 '세계적으로 훌륭한 변호사'라고 평가했다. 다카야나기 겐조高柳賢三 역시 비중 있는 변호인이다. 그는 하버드 대학교에서 로스코 파운드에게 배웠다. 늘씬했고, 대머리에 짧은 콧수염을 가졌다. 우자와 후사아키鵜澤總明는 변호사이자 정치인이다. 도쿄변호사회 회장과 중의원 의원, 귀족원 의원을 지냈다. 명치대학교 총장도 지냈다. 그는 일본 법학계의 권위자로 많은 저술이 있다. 기자회견 때 그는 개인적으로 볼 때 도조에게 책임이 있지만 공정한 재판을 받아야 한다고 주장했다.

일본 변호인들은 따로 조직을 만들었다. '일본 변호인단'은 재판이 열리기 전날 결성되었다. 재판이 열린 다음 날인 1946년 5월 4일 열린 모임에서 백발이 성성한 우자와는 만장일치로 변호인단의 대표로 지명되었다. 그 전인 1946년 3월 16일 열린 기자회견장에서 그는 도조를 변론할만하다고 밝혔다. 부단장으로는 기요세 이치로가 선출되었다(김철우, 2016).

판사 다수가 영미법계에 속한 사람들로 구성되었고, 그에 따라 재판도 영미식으로 진행되었다. 그러나 변호인들은 영미식 재판 방식에 익숙하지 않았다. 그래서 공소장이 제출되기 전 일본 정부는 영국과 미국의 변호사를 지원해 달라고 맥아더에게 청원하였다. 그러나 영국의 법정변호사('배리스터barrister'라 한다)는 영연방 밖에서는 변론할 수 없다. 게다가 영연방 국가인 영국과 호주, 캐나다와 뉴질랜드 등의 국가는 일본 전범을 변호하고 싶지 않다고 밝혔다. 그래서 피고인이 원할 경우 자문하는 미국 변호사를 두는 것이 좋을 거라는 의견이 개진되었다. 도조 히데키는 이런 조건으로 미국 변호인의 조력을 받기로 했다.

1947년 2월 키넌은 워싱턴에 변호사를 지원해 달라고 요청했다. 워싱턴은 키넌에게 곧 변호사가 도쿄로 파견될 거라고 알렸다. 그럼에도 이들 변호사들은 제때 도쿄에 도착하지 않았다. 그래서 일본 변호사들과 도쿄에 먼저 도착한 변호사들이 변론을 준비하였다. 베벌리 콜먼Beverly Colman이 미국 변호인단 단장이 되었다. 그는 일본인으로, 일본 이름은 야마오카이다. 미국에서 자라나 미국 국적을 갖고 있는 그는 도조 히데키의 변호인이었다. 일본 변호인단에는 위에서 언급한 세 명의 도쿄 변호사를 중심으로 해서 고베 등지에 있는 여러 변호사가 참여했다. 미국 변호인단에는 워렌Franklin E. N. Warren 중장, 네스 소장 등의 군인과 마티스, 스미스David F. Smith 등이 참여했다. 이런 경유로 피고인들에게 100여 명이 넘는 일본 변호사 외에 다시 40여 명에 이르는 미국 변호사가 선임되었다. 이로 인해 28명의 피고인들은 140여 명에 이르는 변호인단의 지원을 받게 되었다(Brackman, 1987).

도쿄재판소장 윌리엄 웨브

윌리엄 웨브William Flood Webb(1887. 5. 16.-1972. 1. 21.)은 호주 브리즈번에서 태어났다. 퀸즐랜드 대학교에서 법학을 전공하고 1913년 변호사 시험에 합격하였다. 1915년 퀸즐랜드 주 공공변호사가 되었고, 1922년부터 연방 조정·중재법원에서 판사로 근무하였다. 젊은 시절 그는 키가 크고 늘씬한 사람이었고, 테니스와 골프를 즐겼다. 이후 신중하지만 친절한 사람으로 사람들에게 각인되었다. 1925년 퀸즐랜드 주 대법원판사가 되었다. 판사로 재직할 때인 1943년, 제2차 세계대전 동안 일본이 저지른 전쟁범죄를 조사하기 위한 위원으로 임명되었다. 그는 1943년부터 1945년까지 3건의 보고서('웨브 보고서'라 불림)를 작성하였다. 그리고 1944년 런던을 방문하여 연합국 전범위원회에 보고서에 대해 설명하였다. 웨브는 1946년 5월 호주 대법원판사로 임명되었다. 웨브는 대법원판사로 재직하는 동안인 1946년부터 1948년까지 도쿄재판소장으로 있었다. 1948년 11월 12일 도쿄재판의 판결을 선고하였고, 이후 12년 동안 호주 대법원판사로 근무하다가 1958년 은퇴하였다.

4

전범을 기소하다

피고인을 선정하다

영국의 주임검사 아서 코민스 카는 1946년 1월 수석검사 키넌에게, 수감된 전범들 중 대표성이 있는 인물을 기소하자고 제안했다. 코민스 카는 침략 전쟁을 계획하고 실행하는 것이 국제법으로 범죄가 된다는 사실을 밝히는 데 재판의 목적이 있으므로 모든 혐의자를 기소할 것이 아니라 가장 책임이 있는 대표적인 인물로 추리자고 말했다. 코민스 카는 너무 많이 기소하여 재판이 지지부진해지면 피고인들에 대해 동정심이 일 수 있고, 일본 사람들이 자신들이 희생자라고 생각할 수 있음을 염려했다. 그리고 뉘른베르크재판이 끝나면 도쿄재판에 대한 관심이 사그라들 것이라고 전망했다. 키넌은 코민스 카의 제안을 긍정적으로 생각했지만 다른 미국 검사들은 반대했다.

국제검찰국은 1945년 말까지 100여 명의 전범을 체포해서 조사했다. 영미식의 예심(공판에 앞서 예비적으로 조사해서 재판에 회부할지를 결정하는 절차)과 대륙의 조사 방식(수사기관이 직권으로 조사하는 방식)을 절충하여 조사하였다. 조사 때 피의자와 조사관, 서기관과 통역원, 속기사 등이 참여하여 선서하고, 조사를 마친 후 속기사가 기록을 만들어 조사관과 통역원, 서기관이 서명한다. 피의자로 하여금 조서를 열람하지 못하도록 하였고, 조서에 서명을 받지 않아도 되었다. 서명을 받지 않아 피의자가 법정에서 다투면 조사관 등을 법정에 불러 대질하도록 했으므로 후일 재판이 오래 걸렸다. 영미법에 따르면 피의자에 대한 조사는 공소장을 제출하기 전까지만 허용된다(梅汝璈, 2019).

1946년 봄이 되자 국제검찰국은 구금된 전범들 중 누구를 먼저 기소할 것인지를 의논했다. 먼저 진행하고 있는 뉘른베르크재판에서는 22명의 피고인들을 선정했다. 국제검찰국은 이런 선례를 따라 22명을 기준으로 삼되 설령 이를 넘더라도 30명을 넘기지 않기로 하였다. 소련 검사 골룬스키는 1946년 3월 말 도쿄에 도착했다. 이때는 공소장을 제출하기 불과 며칠 전이었다. 그는 추가로 5명을 기소하자고 제안하였다. 검사들은 좀 더 검토한 뒤 소련 검사가 추가한 5명 중 2명을 추가했다. 시게미쓰 마모루와 우메즈 요시지로가 이들이다.

이들 중 15명이 육군 장교이다. 계급은 준장과 중장, 대령이다. 3명의 해군은 대장과 중장이다. 9명은 고위 관료이고, 1명은 민간인이다. 28명의 피고인 중 2명은 재판 도중 병으로 사망했다. 2명은 나가노 오사미와 마쓰오카 요스케이다. 나가노 오사미는 1936년부터 1937년까지 해군 원수였고, 1941년부터 1944년까지 해군 사령관이었다. 마쓰오카 요스케는 외무대신이었고, 1940년 제2차 고노에 내각에 있을 때 추축국에 가입을 추진했다. 그리고 육체적으로 재판을 받을 수 없어 재판에서 제외된 사람이 있는데, 바로 오카와 슈메이다. 결국 실제 재판을 받을 사람은 25명이 되었다.

미국의 전범 수사관 솔리스 호위츠Solis Horwitz는 후일 어떻게 피고인들이 선정되었는지를 책으로 썼다. 그에 따르면 국제검찰국은 전범들 중 대표성을 갖는 피고인들을 선정했다. 일본이 침략행위를 함에 있어 주요 역할을 한 정부의 고위층과 군대의 고위층을 선정했다. 다시 말해 내각과 추밀원, 군 고위층과 국새상서, 고위 외교관이다. 4명의 총리, 4명의 외무대신, 5명의 육군대신, 2명의 해군대신, 1명의 재무대신, 2명의 교육대신, 2명의 외무대신, 2명의 대동아대신, 기타 3명의 대신, 2명의 참모총장, 1명의 국새상서, 1명의 추밀원의장, 4명의 대사이다. 선정된 피고인들은 대부분 주요 기관의 수장이다(Totani, 2008).

그리고 기간과 관련하여 1937년 7월 7일의 루거우차오 사건을 시발점으로 삼자는 견해도 있었으나 1928년 4월의 장쭤린張作霖 폭사 사건에서 일본의 침략 야욕이 드러났으므로 이를 시발점으로 삼기로 하였다. 그래서 전범의 범죄행위 기간을 1928년부터 일본이 항복한 1945년까지로 잡았다(이상호, 2012). 또한 국제검찰국은 10개의 주요 장면을 망라하는 대표 인물을 선정했다. 중국에 대한 침략, 중국에 대한 경제적인 수탈, 아시아에 대한 경제적인 수탈, 중국에 대한 강요와 기타 영토에 대한 침략, 전쟁을 위한 군대와 생산, 재정의 준비, 일본 정부의 군 통제 및 정치 반대자에 대한 억압, 독일, 이탈리아와의 군사동맹의 체결, 소련에 대한 침략전쟁, 미국과 필리핀, 영연방국가에 대한 침략전쟁, 네덜란드와 포르투갈에 대한 침략전쟁이 주요 장면이다(梅汝璈, 2019).

기소할 대상을 선정하자 다음 문제로 형무소에 구금된 이들을 어떻게 처리할지가 현안으로 떠올랐다. 1946년 3월 초 검사회의 때 히긴스는 대표집단에서 누락된 자들을 어떻게 처리할지 물었다. 키넌은 100명의 피고인을 모두 기소해서 재판하는 것은 어렵다고 말했다. 키넌은 도쿄재판이 평화를 침해하는 것이 범죄를 구성하는 것이라는 선례를 만드는 절차라고 강조했다. 키넌은 A급 전범으로 목록에 올린 사람들 중에 도쿄재판을 받지 않은 이들을 2차, 3차 재판으로 회부할 가능성이 있다고 말했다. 연합국은 나치 전범과 관련해서 뉘른베르크재판 외에도 12차례에 걸쳐 추가 재판을 열었다. 그러나 당시 키넌은 이 문제에 대해 깊이 생각했던 것이 아니라 우선 히긴스의 질문을 잠재우기 위함이었다. 이 문제에 대해서는 결정된 것이 없었고, 국제검찰국은 코민스 카가 제안한 대로 '집행위원회'를 구성하였다. 키넌은 코민스 카를 위원장으로 임명했고, 위원회에서 피고인 선정 작업을 하게 된다(Totani, 2008).

전범명단이 완성되다

일본 전범을 다룸에 있어 연합국이 가장 고심한 의제가 바로 히로히토였다. 호주와 소련은 천황을 기소하자고 했지만, 미국은 신중했다. 맥아더는 워싱턴에 보낸 전문에서 천황을 기소한다면 일본을 점령하고 장악하는 데 100만 명의 병력이 필요할 것이라고 주장했다. 맥아더는 키넌에게 천황이 기소되어서도 증인으로 나서도 안 된다고 말했다. 키넌의 일본인 비서인 세이치 야마자키에 의하면, 키넌은 처음에는 천황을 기소해야 한다고 생각했지만, 맥아더가 돌려놓았다고 한다.

'검찰집행위원회'는 계속해서 누구를 기소할 것인지를 논의했다. 도조 히데키와 같은 대표적인 전범을 기소하는 데에는 아무런 이의가 없었다. 그러나 나머지 사람들에 대해서는 의견이 분분했다. 기업인을 기소할지에 대해서도 의견이 나뉘었다. 위원회는 평화에 반하는 범죄에 있어 실제 공모하고 실행한 자를 대상으로 삼기로 했다. 그리고 정책 입안자도 대상으로 삼기로 했다. 위원회는 11개 참여국에 2명의 피의자를 기소할 권리를 주기로 했으므로 기소될 사람은 22명이 될 것이다.

미국 검사팀에 속했던 솔리스 호위츠에 의하면 집행위원회는 여러 분야에서 가장 중요하고, 여러 장면에서 가장 책임이 있는 자를 피고인으로 선정하였다(Totani, 2008). 1946년 4월 중순, 위원회는 26명을 기소 대상자로 보았다. 그런데 명단이 작성되자마자 소련 대표가 도쿄에 도착했다. 소련

팀은 50명에 이르는 법조인과 비서, 통역인을 대동했으며, 수백 명에 이르는 운전자와 정원사, 요리사 등도 대동했다.

키넌이 소련 팀에게 명단을 보여 주자, 앞서 본 것처럼 소련 검사는 명단을 작성할 때 자신들의 의사가 반영되지 않았다면서 다섯 명을 지명했고 그중 두 명이 추가되었다. 시게미쓰 마모루와 우메즈 요시지로가 이들인데, 이들은 4월 28일 체포되어 스가모 형무소에 수감되었다. 그리고 당시 이타가키는 제7방면군 총사령관으로 싱가포르에 있었고, 기무라는 미얀마 파견군 총사령관으로 미얀마의 양곤에 있었다.

기소된 피고인들

기소된 28명의 이름과 경력은 다음과 같다. 총리를 지낸 사람은 고이소 구니아키小磯國昭, 도조 히데키, 히라누마 기이치로, 히로타 고키 4명이다. 궁중 그룹으로는 기도 고이치가 있다. 육군 출신은 아라키 사다오, 이타가키 세이시로, 우메즈 요시지로, 오시마 히로시, 기무라 헤이타로, 사토 켄료, 스즈키 데이이치, 도이하라 겐지, 하시모토 긴고로, 하타 슌로쿠, 마쓰이 이와네, 미나미 지로, 무토 아키라의 13명이다. 해군 출신은 오카 다카즈미, 시마다 시게타로, 나가노 오사미의 3명이다. 외교관은 시게미쓰 마모루, 시라토리 도시오, 도고 시게노리, 마쓰오카 요스케 4명이다. 경제 관료는 가야 오키노리, 호시노 나오키 2명이다. 민간인은 오카와 슈메이 1명이다. 이들의 면면은 이렇다. 총리, 침략을 선동한 군국주의자, 중국을 침략할 때 활약하거나 잔혹행위를 저지른 자, 전시 일본의 경제 동원과 중국에 대한 경제수탈을 계획하고 실행한 자, 태평양전쟁을 기획하고 실행한 자, 태평양전쟁 중 잔혹행위를 저지른 자, 침략 정책을 추진한 외교관과 선동가이다(김창록, 2009).

살펴보면 육군 출신이 많고, 태평양전쟁에 가담한 자들이 많다. 이것은 진주만 공격을 중시한 미국의 입김이 작용한 결과이다. A급 전범 중 이들을 먼저 기소한 것은 이들이 일본이 벌인 침략전쟁에서 가장 주요 인물이고, 대표성을 지녔기 때문이다. 그러나 이들의 대표성은 완전하지 않았다. 이는 후속 재판이 계속 이어질 것이다라는 사실을 전제로 한 것이었다. 이들의 면면을 살펴보면 다음과 같다.

아라키 사다오荒木貞夫

1931년에 육군 교육총감부 총무국장, 1931년부터 1934년 7월까지 이누카이 내각과 사이토 내각의 육군대신, 1934년부터 1936년까지 최고 군사참의관, 1938년부터 1939년 8월까지 고노에 내각과 히라누마 내각의 문무대신을 지냈다. 만주사변 전후 하야시, 마사키 진자부로 대장 등과 함께 육군의 황도파皇道派로 유명하고, 10월 사건에서 쿠데타가 성공할 경우 총리 예정자였다.

도히하라 겐지土肥原賢二

1931년 펑텐奉天 만주 특무기관장으로 만주국 공작에 관여하였다. 그해 9월부터 10월까지 선양 시장, 1933년 화북 자치정부 수석고문, 1940년부터 1943년까지 군사참의관, 1941년 육군 항공총감, 1944년부터 1945년까지 싱가포르 주재 제7방면군 총사령관, 1945년 4월 육군 교육총감을 지냈다.

육군 내 민첩한 중국통이고, '만주의 로런스'라고 불리며 책략가이다.

하시모토 긴고로橋本欣五郎

1937년 난징대학살 때 현지 포병연대를 지휘하였다. 그해 레이디버드호 및 파나이호 포격[1]의 일본군 지휘자이다. 침략전쟁을 고취하는 여러 책과 논문을 발표하였다. 군대의 정치 지배를 선동하고 침략전쟁의 촉진을 목적으로 하는 여러 단체의 회원이었고, 1940년 익찬회翼贊會 발기인 중 한 사람이다. 터키 주재 무관을 역임하였고, 3월 사건과 10월 사건을 기획하여 일본으로 하여금 군국주의로 나아가게 했다. 1936년 2·26 사건 이후 예비역이 되어 민간 파시즘 단체인 일본 청년당을 결성하여 통령을 지냈고, 중일전쟁 때 연대장으로 출정하였다.

하타 슌로쿠畑俊六

1933년 만주국 일본 주둔군 사단장, 1935년 항공국장, 1936년부터 1937년까지 대만군 총사령관, 1937년 8월 육군 교육총감, 1938년 2월 중국 파견군 총사령관, 1939년 8월부터 1940년 11월까지 육군 교육총감을 지냈다. 요나이 내각에서 육군대신의 단독 사직을 감행하여 내각을 무너뜨렸다. 1939년부터 1940년까지 육군대신, 1941년부터 1944년까지 중국 파견군 총사령관을 역임하였다.

1 1937년 12월 12일, 일본 전투기는 양자강에서 미군 전함 파나이Panay호를 공습했고, 일본 포병은 영국의 레이디버드Ladybird호를 격침했다.

히라누마 기이치로平沼騏一郎

일본 최초의 파시스트 단체인 국본사国本社를 창립한 자로 1926년부터 1936년까지 총재를 지냈다. 1930년부터 1936년까지 추밀원 부의장, 1936년부터 1939년까지 추밀원 의장, 1939년 1월까지 총리로 있으면서 일·독·이 3국 방공협정에 관여하였다. 1940년 7월부터 1941년 10월까지 고노에 내각의 국무대신, 1945년 추밀원 의장을 지냈으며, 81세까지 한평생 독신으로 살았다. 내성적인 성격으로 일본주의의 화신이고, 수십 년간 법관으로 재직하면서 일본 법조계에 폭넓은 인맥을 유지하며 파시스트 사상을 퍼트렸다.

히로타 고키廣田弘毅

1930년 주소련 대사, 1933년 9월 이토 내각의 외무대신을 지냈다. 1936년 2·26 사건 후인 3월부터 1937년 2월까지 총리로 있으며 군부대신의 현역무관제를 부활시켰고, 일·독 방공협정을 체결하였다. 1937년부터 1938년까지 고노에 내각의 외무대신을 지냈고, 당시 중일전쟁에 대해 강경한 태도를 취하였다. 극단주의 무력 남용주의 단체인 현양사玄洋社의 중견 인물이다.

호시노 나오키星野直樹

1932년 만주국에 전출한 후 도조와 알게 되었고, 만주국의 파시스트를 일본에 도입하려고 하였다. 도조의 측근으로 1936년 만주국 총무청장, 1940년 총력전 연구소장, 1940년 7월부터 1941년 4월까지 고노에 내각의 기획원 총재, 1941년 10월부터 1944년 7월까지 도조 내각의 서기관장 겸 국무대신, 1944년 12월 대장성 고문관을 지냈다.

이타가키 세이시로板垣征四郎

1934년 관동군 참모부장으로 만주사변 때 주도적인 역할을 하였다. 1936년 9월 중국 파견군 참모장, 1938년 6월부터 1939년까지 조선군 총사령관, 최고 군사참의관, 1943년 싱가포르 주둔 일본 제7방면군 총사령관을 지냈다. 1945년 4월 히라누마 내각에서 육군대신으로 있으면서 일·독·이 삼국동맹을 강력하게 주장하였다.

가야 오키노리賀屋興宣

1937년 6월부터 1938년 5월까지 고노에 내각의 대장대신, 1939년부터 1941년까지 화북개발주식회사 총재를 지냈다. 1941년 6월부터 1944년 2월까지 도조 내각의 대장대신으로 일본의 전시 재정과 화북의 경제 침략에 관여하였다.

기도 고이치木戶幸一

도쿄 제국대학교를 졸업하였다. 1930년 내무대신 서기관장, 1937년 고노에 내각의 문무대신, 후생대신, 1939년 히라누마 내각의 내무대신, 1940년부터 1945년까지 내무대신을 지냈다. 천황 측근으로 일본 정치를 지도하고 1941년 천황 히로히도에게 도조를 총리로 추천하였다. 그는 수십 년 동안 매일 일기를 썼고, 방대한 양의 그의 일기를 연합군 총사령부가 압수하여 도쿄재판 때 제출하였다.

기무라 헤이타로木村兵太郎

1940년 관동군 참모장, 1941년부터 1944년까지 고노에 내각과 도조 내각에서 육군차관을 지냈다. 1944년 미얀마 일본군 군사령관이었고, 1945년 육군대장으로 승진하였다.

고이소 구니아키小磯国昭

1930년부터 육군성 군무국장으로 3월 사건에 관여하였다. 1932년부터 1934년까지 관동군 참모장, 1939년 히라누마 내각의 척식대신, 1940년 요네우치 내각의 척식대신, 1942년 5월 조선총독, 1944년부터 1945년 4월까지 총리를 지냈다. 군인으로 일본 파시스트의 핵심 인물이다.

마쓰이 이와네松井石根

1931년 제네바 군축회의 일본 육군 전권대표, 1933년 대동아협회 창립자 중 한 사람으로 난징대학살을 일으키고, 난징 입성 당시 최고지휘관이었다. 대아시아주의자(일본이 아시아를 제패하고, 서구 세력이 침투하지 않도록 한다는 주장)로, 1937년부터 1938년까지 난징대학살 당시의 책임자에 해당하는 상하이 파견군사령관 겸 중국방면군 사령관으로 난징에 있는 민간인을 상대로 잔혹한 만행을 저질렀다.

마쓰오카 요스케松岡洋右

1933년 일본이 국제연맹에서 탈퇴할 때 국제연맹 회의 수석대표였다. 1935년에서 1939년까지 남만주철도 총재, 1940년 7월부터 1941년 7월까지 고노에 내각의 외무대신으로 일·독·이 삼국동맹을 체결하고, 일·소 중립조약을 체결하였다. 1938년 《소화유신昭和維新》을 발간하고, 침략전쟁을 고취한 저서와 논문을 썼다. 소련과 중립조약을 체결한 데 기여하였으나 독일군이 소련을 공격하자 제3차 고노에 내각이 무너졌고 그의 정치 생명도 끝이 났으며, 도쿄재판 때 지병으로 사망하였다.

미나미 지로南次郎

1929년 조선군 총사령관을 지냈고, 1931년 4월에서 12월까지 와카쓰키 레이지로 내각의 육군대신으로 만주사변을 추진하였다. 1934년 1936년까지 관동군 총사령관, 1936년에서 1942년까지 조선총독, 1942년부터 1945년까지 추밀원 고문관, 1945년 대일본정치회 총재를 지냈다.

무토 아키라武藤章

1930년부터 1932년까지 육군대학의 교관을 지냈다. 1937년 참모본부 작전과장으로서 중국 침략을 주장하였다. 1939년부터 1942년까지 육군성 군무국장으로서 태평양전쟁 개전에 관여하였다. 육군성 군무국장으로 있으면서 중국 왕징웨이汪精衛의 국민정부 수립 공작부터 일·독·이 3국 동맹 체결과 일본의 베트남 중부 강제 점령, 대 미·영 선전포고까지 활약하였다. 3년 동안 군무국장으로 육군에서 유일하게 유임된 인물이며, 1944년 10월 필리핀 일본 제14방면군 총참모장을 지냈다.

나가노 오사미永野修身

해군의 연장자로 1935년 런던 해군군축회의 일본 수석대표, 1936년 3월부터 1937년 2월까지 히로타 내각의 해군대신, 1937년 연합함대 총사령관을 지냈다. 1941년 4월부터 1944년 2월까지 군령부장으로 태평양전쟁을 지휘하였다. 1944년 2월부터 천황 최고 해군고문이었고 도쿄재판 때 병으로 사망하였다.

오카 다카즈미岡敬純

1940년 10월부터 1944년 8월까지 해군성 군무국장으로 재임하였다. 군무국장 취임 후 육군의 무토 아키라와 협력하여 군의 입지를 강화하였고, 해군성 군무국장으로서 태평양전쟁 개전과 수행에 관여하였다.

오카와 슈메이大川周明

1911년 도쿄 제국대학교 철학과를 졸업하였다. 인도철학을 연구했고, 1925년 법학박사 학위를 취득하였다. 아시아주의자로 그가 쓴 글은 난해한 것으로 유명하다. 1926년부터 남만주철도 동아연구소 소장으로 재임하였으며, 1931년 9월 18일 펑텐 사건을 일으킨 인물 중 하나이다. 《일본 문명사》, 《아시아 부흥 문제》, 《일본 정신의 연구》 등의 저자이며, 아시아에서 백인종을 무력으로 추방할 것을 목적으로 하는 침략전쟁을 고취하는 논문을 쓰고 연설하였다. 대아시아주의를 주창한 민간 파시스트로 3월 사건, 5·15 사건을 주도하였다. 도쿄재판 때 정신이상이 나타나 기소되지 않았다.

오시마 히로시大島浩

1936년 주독일 대사관 무관으로서 일·독 방공협정을 성사시켰다. 1938년부터 1939년 주독일 대사로서 일·독·이 3국동맹 체결을 주장하였다. 1941년부터 1944년까지 다시 주독일 대사로서 친독일 정책을 추진하였고, 일·독·이 3국동맹 체결에 노력한 사람으로 히틀러와 나치의 광신자이다.

사토 겐료佐藤賢了

1941년 2월부터 1942년 4월까지 육군성 군무국 군사과장을 지냈다. 1942년 4월부터 1944년 12월까지 육군성 군무국장으로 태평양전쟁에 관여하였고, 도조 내각에서 각종 침략과 작전 계획에 관여하였다.

시게미쓰 마모루重光葵

1931년 주중국 공사, 1936년 11월부터 1938년 11월까지 주소련 대사, 1938년에서 1941년까지 주영국 대사, 1941년 12월에서 1943년 4월까지 난징 괴뢰정부 주재대사, 1943년 4월부터 1944년 7월까지 도조 내각의 외무대신, 1944년 7월부터 1945년 4월까지 고이소 내각의 외무대신을 지냈다. 직업 외교관이지만 일본 침략을 기획하고 참가하였다.

시마다 시게타로嶋田繁太郎

1930년 연합함대 참모장을 지냈다. 1935년에서 1937년까지 해군 군령부장이자 도조의 측근으로 해군을 이끈 인물이다. 1941년부터 1944년까지 해군대신을 지냈고, 1944년 해군대신 겸 해군 군령부 총장으로서 태평양전쟁 개전과 수행에 관여하였다.

시라토리 도시오白鳥敏夫

1930년 외무성 정보국 국장을 지냈고, 1939년 주이탈리아 대사로, 외무성 혁신파의 수뇌이다. 오시마 히로시 주독일 대사와 함께 삼국동맹 체결을 추진한 인물로 극단적 국수주의자이다.

스즈키 데이이치鈴木貞一

1938년 12월부터 1941년 4월까지 흥아원興亞院의 정무처 처장, 1941년 4월부터 1943년 10월까지 고노에 내각과 도조 내각의 국무대신 겸 기획원 총재를 지냈다. 제3차 고노에 내각 말기 물적인 전력을 과장해서 보고하였다. 대 미국 전쟁 개시에서 박차를 가하자고 주장하였으며, 일본 파시스트 군벌 내 차세대 주자였다.

도고 시게노리東鄕茂德

1937년 10월 주독일 대사, 1938년 10월 주소련 대사, 1941년 10월에서 1942년까지 태평양전쟁 개전 당시의 도조 내각의 외무대신 겸 척식대신, 1945년 4월에서 스즈키 내각의 외무대신을 지냈다. 시게미쓰와 함께 외무성 정통의 거장이고, 전쟁 개시의 외무대신이며 전쟁 종식의 외무대신이었다. 그의 처는 독일 여성으로 매번 도쿄재판에 참석하여 재판을 방청하였다.

도조 히데키東條英機

1935년 관동군 헌병사령관, 1937년 관동군 참모장, 1938년 5월부터 12월까지 고노에 내각의 육군차관, 1940년 7월부터 1941년 11월까지 고노에 내각의 육군대신, 1941년 12월부터 1944년 7월까지 총리를 지냈다. 날카롭고 민첩하여 '면도날'로 불렸다. 소심하고 내싱직 성격으로 헌병정치라는 압제

정치를 행사한 인물로, 영리하고 자신감이 충만하였다. 1941년부터 1944년까지 총리 겸 육군대신으로 태평양전쟁을 이끌었다.

우메즈 요시지로梅津美治郎

1934년부터 1935년까지 화북 일본주둔군 사령관, 1936년 3월부터 1938년 5월까지 히로타 내각, 하야시 내각 및 고노에 내각의 육군차관, 1939년부터 1944년까지 관동군 총사령관으로 관동군 특종 훈련에 관여하였다. 1944년 7월부터 1945년까지 참모총장으로 태평양전쟁 말기의 전쟁을 지휘하였다. 군인으로 학구적인 면이 있고 정치의 정면에 나서는 것을 기피하였다.

피고인 선정작업이 막바지에 이르자, 스가모 형무소에 남아 있는 A급 전범 용의자들에 대해 관심이 쏠렸다. 연합군 최고사령부는 이들 중 15명을 석방했다. 그러나 나머지 50여 명은 아무런 결정을 하지 않은 채 그대로 두었다.

이 문제와 관련해서 맥아더는 육군성에 두 가지를 제시했다. 하나는 추가 국제재판을 위해 계속 구금하는 것이다. 그렇게 되면 남아 있는 A급 전범은 국제재판소에서 재판을 받게 된다. 두 번째는 연합군 최고사령관이 B급, C급 전범과 같이 처리하는 것이다. 그러나 육군성은 맥아더의 제안을 받고도 아무런 반응이 없었다. 육군성은 이들 전범에 대한 정보를 갖고 있지 않았기 때문이다.

국제검찰국은 수감자들 중 19명에 대해서는 기소가 가능하지만 나머지 31명의 경우 증거가 불충분하므로 석방해야 한다고 밝혔다. 맥아더는 나

표 4-1. 피고인 명단

이름	경력
아라키 사다오荒木貞夫	육군대신, 문무대신
도히하라 겐지土肥原賢二	육군 항공총감, 싱가포르 제7방면군 총사령관
하시모토 긴고로橋本欣五郎	익찬회 발기인, 일본 청년당 통령
하타 슌로쿠畑俊六	육군대신, 중국 파견군 총사령관
히라누마 기이치로平沼騏一郎	국본사 총재, 총리, 추밀원 의장
히로타 고키廣田弘毅	주독일 대사, 외무대신
호시노 나오키星野直樹	기획원 총재, 내각 서기관장 겸 국무대신
이타가키 세이시로板垣征四郎	육군대신, 일본 제7방면군 총사령관
가야 오키노리賀屋興宣	대장대신, 화북개발주식회사 총재
기도 고이치木戸幸一	문무대신, 후생대신, 내무대신
기무라 헤이타로木村兵太郎	육군차관, 육군대장
고이소 구니아키小磯国昭	척식대신, 총리
마쓰이 이와네松井石根	상하이 파견군 사령관, 중국 방면군 사령관
마쓰오카 요스케松岡洋右	남만주철도 총재, 외무대신
미나미 지로南次郎	관동군 총사령관, 조선총독
무토 아키라武藤章	육군성 군무국장, 제14방면군 총참모장
나가노 오사미永野修身	해군대신, 연합함대 총사령관
오카 다카즈미岡敬純	해군성 군무국장
오카와 슈메이大川周明	남만주철도 동아연구소 소장
오시마 히로시大島浩	주독일 대사
사토 겐료佐藤賢了	육군성 군무국장
시게미쓰 마모루重光葵	주소련 대사, 외무대신
시마다 시게타로嶋田繁太郎	해군대신, 해군 군령부 총장
시라토리 도시오白鳥敏夫	주이탈리아 대사
스즈키 데이이치鈴木貞一	기획원 총재, 내무대신
도고 시게노리東郷茂徳	주독일 일본 대사, 외무대신
도조 히데키東條英機	관동군 헌병사령관, 총리
우메즈 요시지로梅津美治郎	육군차관, 관동군 총사령관

머지 31명을 즉시 석방했고, 19명의 명단을 육군성에 제출했다. 키넌은 19명에 대해 후속 재판으로 이어가는 것은 반복적이고, 교육적 효과도 없다고 밝혔다. 키넌은 이들에 내해 B급, C급으로 조사해서 재판할 것을 제안

했다.

1948년 4월, 중간보고서가 맥아더에게 제출되었다. 보고서의 명단에 진주만 공습에 가담한 8명의 각료와 1명의 군인, 1명의 민간인이 있었다. 8명의 각료는 전쟁범죄와 인도에 반하는 범죄를 하기로 결정하는 데 참여했고, 직접 혹은 부하를 통하여 잔혹행위를 하였으며 일본군에 대한 잔혹행위를 막지 못하였다는 것이 혐의 사실이다. 명단에 든 군인 도요다 소에무豊田副武는 1945년에 연합함대 사령관이었다. 그의 부하는 인도양에서 침몰한 배의 생존자를 죽이고, 의료선박을 고의적으로 폭파하였다. 민간인 사사카와 료이치笹川良一는 대중을 선동하고 중국에서 전쟁과 관련된 사업을 했다. 이들에 대한 조사는 이후 계속되었다. 이윽고 법무감실에서 진주만 내각을 제의하고 모든 재판을 1948년 10월 31일까지는 시작하기로 계획을 세웠다.

석방자들 중 기시 노부스케岸信介는 도조 내각에서 산업통상대신이었는데, 정계에 복귀해서 1957년 총리가 되었다. 그리고 1960년 미일 안보조약을 개정하는 데 힘썼다. 교섭 상대는 바로 미국의 드와이트 아이젠하워Dwight Eisenhower 대통령이다.

히로히토와 맥아더

앞서 언급한 대로 히로히토는 1945년 9월 27일 미 대사관으로 맥아더를 찾아갔다. 이때의 일을 맥아더는 《회고록》으로 남겼다. 여기서 맥아더는 히로히토에게 미국산 담배를 건넸으며, 그 즈음 맥아더는 워싱턴에 히로히토를 전범으로 처벌하면 100만 명의 군인이 필요할 것임을 경고했다고 적고 있다. 그리고 히로히토는 회담 자리에서 자신이 전쟁에 따른 책임이 있는 사람으로서 모든 결정을 맥아더에게 맡긴다고 말해서 크게 감동받았다고 적고 있다. 그러나 일본의 정치학자이자 법학교수인 도요시타 나라히코豊下楢彦는 《회고록》에는 진실과 거짓이 섞여 있다고 주장한다. 100만 명의 군인이 필요하다는 경고는 1946년 11월에 한 것이고, 히로히토는 평소 담배를 싫어했다고 한다. 당시 천황 측근은 천황을 면책하려고 노력하였으며, 모든 책임을 도조 히데키에게 떠넘기기로 하였다. 히로히토의 방문은 이런 정세에서 이루어진 것이다. 당시 맥아더는 히로히토의 전쟁책임 문제는 미뤄두고, 히로히토를 정치적으로 이용하고, 상호 협력하는 것이 중요하다는 점을 명확히 하는 데 뜻이 있었다. 맥아더는 도쿄재판을 앞두고 여러 경로와 언론을 통해, 전쟁은 군벌과 국민의 의사였고, 히로히토가 반대했다면 무사하지 못했을 거라는 얘기를 퍼트렸다. 이를 통해 천황은 면책하는 것이 정당하다는 점을 각인시켰다(豊下楢彦, 2009).

맥아더는 1947년 1월 25일, 미 합동참모본부에 편지를 보냈다. 여기서 맥아더는 천황을 기소하면 일본인에게 큰 충격을 가지고 올 것이라고 주장했다. 그리고 일본 사회에 혼란과 무질서가 생겨 100만 명의 병력이 상당 기간 주둔해야 할 것이라고 말했다. 또한 맥아더는 천황이 꼭두각시에 불과하다고 주장했다. 맥아더는 히로히토는 완벽한 꼭두각시에 불과하므로 그를 기소하는 것은 논리에 맞지 않는다고 주장했다. 히로히토를 기소에서 제외하자 다른 황족들도 기소하기 어렵게 되었다. 천황 혼자 면책시킬 수 없기 때문이다. 이 때문에 난징대학살의 지휘자 중 한 사람인 아사카 왕자[2]도 무사하게 되었다(Behr, 2010).

2 아사카노미야 야스히코朝香宮鳩彦: 일본의 황족이며, 난징대학살 때 마쓰이 이와네 장군 밑에 있었다.

히로히토의 면책

일본이 항복하자 히로히토는 곧 자신에게 닥칠 안위를 걱정했다. 천황직의 박탈이나 추방, 전범으로 기소 등이 예정된 수순이었다. 따라서 천황의 생존은 기적에 가깝다는 것이 일본 역사학자들의 공통된 평가이다. 호주와 뉴질랜드, 소련과 네덜란드, 중국은 히로히토를 전범으로 기소해야 한다고 주장했다. 프랑스는 유보적인 입장에 있었고, 영국은 미국의 뜻에 따른다고 했다. 호주 정부가 작성한 전범 명단에 히로히토는 7번째로 올라가 있었다(Behr, 2010). 도쿄재판에서 천황이 면책되지 않고 재판을 받았더라면 재판기록을 통해 후일 재검증도 가능했다. 미국은 일본의 점령 통치를 원활하게 하기 위해 정치적 판단에 따라 천황을 면책했다. 군주국인 영국도 이런 미국의 정책에 동조했다. 호주만 일관되게 천황을 기소해야 한다고 주장했다.

천황을 전범으로 처리할지는 '연합국 전범위원회'의 결정에 달려 있었다. 그리고 워싱턴에 설치된 연합국으로 구성된 '극동위원회'에서도 결정할 수 있었다. 호주는 1946년 1월 '전범위원회'에서 히로히토를 전범으로 처벌해야 한다고 요구했다. 그러나 1946년 4월 3일 위원회는 일본 천황에 대해 아무런 언급을 하지 않았다. 그리고 미 합참본부는 맥아더에게, 특별한 지시 없이는 천황을 전범으로 처벌하는 어떤 조치도 하지 말라고 지시했다(박원순, 1996). 1946년 4월 8일 검사회의 때 호주 검사 맨스필드는 천황을 기소해야 한다고 주장했다. 그러나 토론한 후 천황을 기소하지 않기로 합의했다. 중국은 공산주의 확산을 막기 위해 천황의 존재가 필요하다는 입장에 섰다. 소련 검사들은 1946년 4월 13일 도쿄에 도착했다. 소련 검사들은 5명의 피고인을 추가로 선정할 것을 요구했지만 여기에는 천황의 이름이 없었다.

천황을 면책하기로 하자 검사는 공소장에 군벌이 침략전쟁을 공동으로 모의했다고 적었다. 결국 도쿄재판에서 천황을 정점으로 한 일본의 침략전쟁의 구조가 밝혀지지 않게 되었다(田中宏 외, 2000). 당시 도쿠다가 일본 대중당 수석과 일본 노조총연맹 수석고문인 미즈타니 다케사부로水谷丈三郎는 히로히토 천황을 처벌하고 천황제를 폐지하자고 요구했다. 그러자 맥아더는 이들을 회유하였고, 천황은 인간선언을 하여 처벌을 비껴갔다. 그러나 당시 많은 일본인들이 황자 아키히토[3]를 천황으로 내세우고 히로히토의 동생들이 대리 섭정하는 방안을 검토하였다. 이렇게 되면 맥아더가 우려했던 일은 결코 일어나지 않았을 것이다.

천황을 옹호하는 사람들은 천황이 강압에 못 이겨 전쟁을 피할 수 없었고, 전쟁 초기부터 통솔이 불가능한 일본군에 의해 무고한 사람이 희생되었다면서 이를 통탄했다고 주장한다. 그러나 이는 히로히토가 전쟁에 책임이 없다는 것을 꾸민 각본 중 일부이다. 히로히토는 치밀한 작전 계획까지 손수 챙겼지만 겉으로는 무관한 것처럼 행동했다. 예를 들면, 1936년부터 시작된 중일전쟁에서 병원균에 감염된 쥐를 공습 살포하는 일이 자주 발생했다. 히로히토는 이 부대의 설립을 명령하는 문서에 천황의 옥새를 찍었다(Behr, 2010).

천황의 면책론은 두 가지 모순된 가설을 전제로 한다. 첫째, 정부의 모든 권력은 천황에게 귀속되며, 모든 정부기관은 천황의 조언자일 뿐이다. 둘째, 천황은 신으로, 이러한 신성에 따라 책임을 지지 않는다. 전능한 천황이 책임을 지지 않는다는 모순은 천황에게 조언한 자가 책임자라는 것으로 해결된다. 천황이 조언을 따르면 천황이 아닌 조언자가 책임을 진다. 신성에 따른 책임 없음을 유지하기 위해 천황은 항상 조언자의 말을 따른다고 본다. 이 이론에 따르면 천황에게 모든 권력이 있지만 항상 조언에 따른

3 이키히토(明仁): 1989년 1월부터 2019년 4월까지 제125대 일왕.

다는 것이 된다(Horwitz, 1950). 사실 이런 '꼭두각시 이론'은 행위를 한 당사자에게 형사책임을 지우는 근대 형법의 원칙에도 반한다. 형법은 의사능력이 전혀 없는 심신상실자 등의 경우 외에는 행위를 한 자에게 책임을 묻기 때문이다. 천황은 정신이상이 심한 심신상실자가 아니라 전쟁을 계획하고 개시하고 실행하는 모든 단계에서 최종 결정권자였으므로 이런 가설은 잘못된 것이다.

면책된 전범들

관동군 방역급수부대 전경

중일전쟁은 생화학무기가 대규모로 사용된 첫 번째 시험장이었다. 중일전쟁 이후 콜레라가 창궐하자 해외에 파견된 육군사단에 분대 규모의 천황의 직할부대(관동군 방역급수부대)가 주둔했다. '731부대'로 알려진 이 부대의 중요한 임무는 생물학 전술의 개발에 있었다. 이 부대는 이시이 시로石井四郎의 아이디어로 탄생했다. 그는 교토대학교 의학부 병리학과 출신으로 군의관으로 근무하다가 1928년부터 2년 간 독일에서 세균전 연구 현황을 둘러보았다. 그리고 귀국한 뒤 육군성 간부들에게 세균전의 필요성을 역설했다. 1932년에는 도쿄 육군 군의학관 내에 '방역연구소'를 세웠다. 1936년 8월 천황의 명으로 '관동군 방역부'가 설치되었고, 8월에 '관동군 방역급수부'로 명칭이 바뀌었다(박원순, 1996).

부대는 북만주 하얼빈에서 남부 25km에 있는 핑파오(平房)에 주둔하였고, 1939년에는 연구원들이 3,000명에 이르렀다. 이 부대에서 전쟁포로들을 마루타(丸太: 포로를 이용한 인체실험도구)로 하여 실험했다. 마루타에게 이질을 감염시키고, 파상풍균을 주입하였으며, 청산가스를 뿌려대기도 했다. 극한의 영하에 방치하기도 하고, 추운 만주벌을 행군하게 해서 죽게 했다. 일본은 1937년 괴뢰국 만주를 세웠고, 중국 북동쪽에서 남쪽으로 진격했다. 그리고 베이징과 상하이, 난징을 차례로 점령했다. 그러나 중부에서 저항이 계속되어 전쟁은 정체에 빠졌다. 난관을 타개하기 위해 관동군에 특명이 내려졌다. 이시이는 목표하는 곳에 감염된 쥐를 살포하였다(Behr, 2010).

이시이는 우메즈 요시지로 장군의 든든한 지원 아래 비밀무기를 개발하였다. 일본 정부 내에서는 아라키 사다오, 도조 히데키와 같은 이들이 지지하였으며, 히로히토는 이 부대를 설립하는 문서에 옥새를 찍었다. 일본 육군 나라시노 학교의 교재 《지나사변에서의 화학전 사례집》이 발견되자 일본군이 중국 대륙에서 대규모 독가스전을 전개했다는 사실도 드러났다(Guillemin, 2017).

일본이 항복하자 이시이는 일본으로 잠입했고, 미국 경찰에 체포되어 스가모 형무소에 구금되어 있었다. 중국 검사 샹저쥔向哲浚이 이시이를 조사했다. 이시이는 다음과 같이 진술했다. 인간을 실험대상으로 삼았고, 독가스 실험대상은 2,450명이다. 그중 562명이 러시아인이고, 254명이 한국인, 나머지는 모두 중국인인데 이들 중 살아남은 자는 한 명도 없다. 비행기로 페스트균을 살포했고, 포로수용소의 포로들에게 장티푸스균과 파리티푸스균을 주사한 빵을 먹인 다음 사방으로 전염병을 옮기게 했다. 이로 인해 187,000명이 넘게 죽었다. 그리고 비행기로 독가스탄을 965차례 살포했고, 이로 인해 사망한 중국인은 358,600명이다. 또한 일본이 항복할 때까지 538번의 화학전을 진행했고, 그로 인해 214,300명이 사망했다.

이시이는 세균과 독가스 세균에 관한 자료를 소각하였고, 자신의 머릿속에 감추어 두었다고 진술했다.[4] 그러자 미 육군 세균학전 연구소인 터틀릭 연구소의 세균학 박사 에이튼은 트루먼에게 세균과 독가스에 관한 이시이의 연구가 매우 뛰어난 과학적 업적이라고 설득했다. 그리고 맥아더는 지식을 보호하는 것은 인류의 책임이라며 그를 살려 주기로 결심한다(黃鶴逸, 1999).

전후 일본의 세균전에 대한 조사는 미국 법무관 머레이 샌더스Murray Sanders 육군 대령이 맡았다. 그는 미국 세균전 본부에서 근무하던 세균학자이다. 그는 1946년 3월 초, 이시이가 연합군 총사령부 참모부에 구속된 사실을 알게 되었다. 그는 검찰국이 이시이를 조사할 수 있도록 해달라고 요청했지만, 참모부는 거절했다. 이런 사유로 검찰국은 이시이 등 세균전 부대 관계자를 조사할 수 없게 되었다. 한편 소련은 1947년 1월 국제검찰국을 통해 연합군 총사령부 참모부에 이시이 등 3명의 731부대 간부에 대한 조사를 요구하였으나 역시 거절당했다. 토마스 머로우Thomas Murrow 중령은 국제검찰국에 소속되어 일본의 중국 침략을 조사했다. 그 역시 이시이를 기소할 것을 주장했지만 받아들여지지 않았다(田中宏 외, 2000).

731부대장인 이시이는 종전을 나흘 앞두고 생체실험 중인 40명의 마루타에게 청산가리를 주입하고 화장시키라고 명령했다. 그러므로 A급 전범으로 맨 먼저 지목되어야 할 장본인은 바로 이시이이다. 일본이 항복하자 이시이는 하얼빈에서 조선을 통해 도쿄로 돌아갔다. 숨어 지내던 이시이는 샌더스 대령에게 731부대가 가지고 있던 모든 자료를 넘겨줄 테니 대신 면죄부를 달라고 요구했다. 맥아더는 이를 수락했다. 미국은 생체실험을 할

4 이와 같이 이시이 시로는 주요 자료를 태웠다고 말했지만 그가 자료를 태운 것이 아니라 빼돌렸다고 추측하는 이도 있다(박성호, 2016).

수 없어 이 자료를 보고라 여겼다.

이시이가 면책되자 731부대원들도 모두 면책되었다. 종전 후 731부대를 조사하기 위해 도쿄에 파견되었던 샌더스 대령은 이렇게 회고했다. “도쿄에서 일본군 대령 나이코 로이内藤良一를 조사했더니 731부대 도표를 전부 보여 주더군요. 조직의 정점에는 천황이 있었습니다.” 1986년에 작고한 샌더스 대령은 이렇게 말했다. “맥아더가 731부대의 자료를 받고 대신 이시이에게 면죄부를 주기로 합의했습니다. 맥아더에게 이시이를 기소하지 말라는 통보를 받았습니다.” 그래서 이시이를 비롯한 731부대 관계자 모두가 도쿄 재판에 서지 않게 된 것이다(Behr, 2010).

그러나 이후 소련은 731부대 관계자 12명을 하바롭스크 군사재판에 회부했다. 그리고 1950년 세균전과 관련된 재판자료를 공개했다. 세균전이 면책된 과정은 쓰네이시 게이이치常石敬一의 《표적 이시이標的イシイ》에 자세히 기록되어 있다. 그는 미국이 731부대의 연구 성과를 독점하려고, 재판에서 이러한 사실이 공개되는 걸 막기 위해 세균전 관계자를 면책했다고 주장했다.

한편 1993년 멜버른 대학교 교수 다나카 도시유키田中利倖는 《알려지지 않은 전쟁범죄—일본군은 호주인에게 무슨 짓을 했나》에서 일본군의 인육식 문제를 다루었다. 제2차 세계대전이 끝나갈 무렵 일본군은 필리핀과 뉴기니아 전선에서 보급이 끊기면서 기아 상태에 빠져 인육식을 하게 된다. 다나카는 호주의 자료를 수집하고 분석해서 뉴기니아 전선에서 벌어진 인육식 실태를 조사했다. 인육식의 대상이 된 것은 호주 병사와 아시아인 포로, 뉴기니아 원주민과 일본군 병사였다. 윌리엄 웨브은 1944년 3월부터 세 차례에 걸쳐 ‘전쟁범죄 조사위원회’의 위원장으로 보고서를 제출했다. 여기에도 일본군의 인육식 사례가 적혀 있다.

제2차 세계대전이 끝니자 호주는 ‘전쟁범죄법’을 제정해서 호주 군사재판소에서 호주 국내외를 막론하고 자국 거주민과 연합국 국민에게 저질러진 전쟁범죄를 처벌할 수 있도록 했다. 여기에도 인육식이 전쟁범죄에 포함되어 있다. 도쿄재판에 인육식이 문제화되지 않은 것에 대해 다나카는 이 문제의 제기가 가져올 파장 때문이라고 추정한다. 즉 전몰자 유족에게 줄 또 다른 충격에 따른 파장 등을 염려했으리란 추측이다. 결국 인육식 문제는 도쿄재판에서 관심의 대상이 되지 못한 채 끝나고 말았다(田中宏 외, 2000).

면책된 전범 이시이 시로

이시이 시로(石井四郎, 1892. 6. 25.-1959. 10. 9.)는 일본 치바 현에서 태어났고, 교토

제국대학 의학부를 졸업했다. 이후 대학원에서 세균에 관한 연구와 실험을 하였다. 1928년부터 2년 동안 독일 등에 체류하며 생화학무기의 현황을 둘러보았다. 이후 소령(소좌)으로 승진하여 육군군의학교 교관으로 임명된 뒤 세균전 부대의 창설을 제안하였다. 1932년에는 만주에서 하얼빈 교외에 관동군 방역부(비밀명은 731부대임)를 설립하였다. 731부대가 발족된 후 1938년부터 1942년 사이에 베이징과 난징, 관동(광저우), 싱가포르에도 방역급수부가 설립되었다. 731부대는 1940년부터 1942년에 걸쳐 중국 중부지역을 생화학 무기로 공격했으며, 살아 있는 인간을 상대로 생체실험을 하였다. 이시이 시로는 1941년 육군 군의소장으로 승진하였고, 1945년에는 관동군 급수부장으로 취임하였다.

일본이 항복하자 1945년 8월, 731부대는 증거 인멸을 위해 시설 등을 철저히 소각하였다. 그리고 이시이 시로와 대원들은 400여 명의 생체실험 대상자(마루타)를 태워 죽인 뒤 일본으로 귀국했다. 이시이 시로는 도쿄재판에서 면책된 후 치바를 떠나 신주쿠에서 여관을 경영하다가 1959년 63세의 나이로 사망하였다. 한편 소련 국경 가까운 지부에 있던 일부 731부대원들은 소련에 의해 체포되어 하바롭스크에서 재판을 받았다. 이들은 모두 유죄판결을 받았다.

5

재판이 열리다

뉘른베르크와 도쿄

뉘른베르크재판과 도쿄재판에서 '평화에 반하는 범죄'를 다루었다. 당시 국제 사회는 침략이 불법이라는 것에 대해서는 동의했다. 그렇지만 침략한 자를 처벌할 수 있는지에 대해서는 합의가 이루어지지 않았다. 따라서 뉘른베르크 판결과 도쿄 판결은 여기에 대한 선례가 된다. 침략전쟁이 위법하다는 생각은 이미 국제조약과 협약에 나타나 있었다. 1899년의 '헤이그 협약Hague Convention(네덜란드 헤이그에서 열린 제1차 만국평화회의 때 채택된 협약)'의 당사국들은 국제분쟁이 발생하면 무력이 아닌 평화적인 해결책을 강구하기로 했다. 1907년의 헤이그 협약(1907년 헤이그에서 열린 제2차 만국평화회의에서 채택된 협약)에서도 같은 내용으로 조약을 체결했다. 그리고 제1차 세계대전 후의 1919년의 국제연맹의 조약에서는 국제분쟁을 해결하는 수단과 관련해서 좀 더 상세하게 정하고 있었다.

일본 정부는 이러한 조약과 협약에 서명하고 조인했다. 제2차 세계대전 전인 1928년에 체결한 '부전 조약General Treaty of Renunciation of War'이 있다. 이를 흔히 '켈로그-브리앙 조약'이라 부른다. 여기에서 무력을 사용해서는 안 된다고 선언하고 있다. 일본을 포함하여 8개국이 조약에 서명하고 인준했다. 그리고 이후 56개국이 인준했다. 진범 재판의 징책 입안자들은 부전조약에서 침략전쟁을 범죄라고 규정하고 있으므로 나치전범들을 국제법에 따라 처벌할 수 있을 것으로 보았고, 뉘른베르크헌장에 이를 명시했다. 도쿄헌장도 뉘른베르크헌장을 따라 침략전쟁이 국제법을 위반하는 범죄라고 규정하였다.

그리하여 일본의 수도 한복판에 국제형사재판소가 설립되었다. 정식 명칭은 '극동국제군사재판소International Military Tribunal for the Far East'이다. 나치전범 재판은 독일의 뉘른베르크에서 열렸다. 뉘른베르크는 히틀러의 권력이 연출된 곳이고, 제3제국 전당대회가 열렸던 곳이다. 그리고 나치 퍼레이드가 이곳에서 펼쳐졌다. 유대인들을 말살시키기 위한 법도 '뉘른베르크'라는 지명을 따랐다(Sagenschneider, 2003). 도쿄재판소는 뉘른베르크재판소를 따라 전시의 지도자를 기소했다. 도쿄헌장은 뉘른베르크헌장을 따라 재판소의 관할과 개인의 책임, 그리고 피고인의 권리와 증거법, 소송절차에 대한 규정을 제정했다. 이에 따라 뉘른베르크재판소와 도쿄재판소 모두 피고인들에게 사형을 선고할 수 있고, 모두 최종심이다. 그리고 모두 통상의 전쟁범죄와 평화에 반하는 범죄, 인도에 반하는 범죄를 재판의 대상으로 삼는다.

그렇지만 다른 점도 많다. 뉘른베르크에서는 승전한 4개국이 협의하여 헌장을 제정하였지만 도쿄에서는 연합군 최고사령관인 맥아더가 헌장을 공포하였다. 뉘른베르크와 달리 도쿄에서는 모든 권한과 책임이 맥아더에게 집중되어 있다. 헌장에 따르면 맥아더는 각국이 추천한 판사 후보 중에서 판사를 임명할 권한이 있다. 그리고 맥아더는 재판장을 선택해서 임명할 권한이 있고, 각국이 추천한 검사 중에서 검사장을 임명할 수 있다. 그에 비해 뉘른베르크에서는 판사들 사이에서 재판장을 선출하였다. 뉘른베르크에서는 참가국 4개국에게 동등한 권한을 부여했지만, 도쿄재판에서는 이 모든 권한을 맥아더에게 집중시켰다. 뉘른베르크에서는 4개국에게 동

표 5-1. 뉘른베르크재판과 도쿄재판 비교

공통점	-특별국제군사재판소 -사형을 선고할 수 있음 -통상의 전쟁범죄, 평화에 반하는 범죄, 인도에 반하는 범죄를 대상으로 삼음 -최종심임 -검사와 판사가 같은 국가에서 파견됨	
차이점	뉘른베르크	도쿄
	승전 4개국이 헌장을 제정함	연합군 최고사령관이 헌장을 공포함
	평화에 반하는 범죄에 주력하지 않음	평화에 반하는 범죄에 주력함
	승전 4개국이 4명의 판사를 지명함	11개국이 11명의 판사를 지명함
	4명의 수석검사	1명의 수석검사
	공소장에 4개의 공소사실이 기재됨	공소장에 55개의 공소사실이 기재됨

등하게 판사를 임명하고 교체할 권한을 주었다. 그리고 각 나라에서 1명의 검사를 임명할 수 있다. 이에 반해 도쿄에서는 한 명의 수석검사가 검찰국을 구성할 수 있다. 그리고 뉘른베르크에서는 형량을 조정하는 권한(관할관의 심의권)도 4개국 정부가 대표하는 국제조직인 '연합국 감독위원회The Allied Control Council'에서 하였다. 그러나 도쿄에서는 연합군 사령관인 맥아더가 하였다.

이와 같이 도쿄헌장은 맥아더에게 매우 폭넓은 권한을 부여하고 있다. 그리고 도쿄재판에서는 평화에 반하는 범죄에 주력하였으나 뉘른베르크 재판에서는 그렇지 않았다. 뉘른베르크에서는 승전 4개국이 4명의 판사를 지명했지만 도쿄에서는 11개국이 11명의 판사를 지명했다(Totani, 2008). 뉘른베르크의 공소장을 살펴보면 공소사실이 4개이다. 그러나 후술하겠지만 도쿄재판의 공소사실은 55개나 된다.

공소장이 작성되다

공소장은 43쪽에 이르고 공소사실은 총 55개로, 36개의 평화에 반하는 범죄, 16개의 살인죄, 3개의 인도에 반하는 범죄와 통상의 전쟁범죄로 구성되어 있다.

평화에 반하는 범죄의 공소사실은 36개인데, 4개는 공모에 대한 것이고 나머지는 사실관계에 대한 것이다. 공모의 공소사실의 요지는 피고인들이 1928년부터 1945년까지 아시아·태평양 지역에서 침략전쟁을 벌이기 위해 계획하고 공모했다는 것이다. 나머지 31개의 공소사실은 피고인들이 침략범죄를 범하였다는 것이다. 범죄 사실은 침략전쟁의 계획과 준비, 개시, 도발이라는 3개의 단계로 나누어 볼 수 있다.

국제 검찰국은 28명의 일본 지도자들에 대한 책임의 근거를 밝히고, 증거를 수집했다. 9명은 민간인이고, 19명은 직업군인이다. 이에 반해 뉘른베르크에서는 22명의 피고인 중 17명이 민간인이다. 일본의 군사 지도자들은 정부를 장악했지만, 독일에선 히틀러와 그의 일당이 군을 장악했다는 점이 다르다. 21명의 피고인들은 만주의 침략으로 시작된 중국에 대한 침략전쟁을 계획하고 개시한 혐의로 기소되었다. 오카와와 시라토리를 제외한 모든 피고인들은 헤이그 협약과 제네바 협약을 위반한 통상의 전쟁범죄나 인도에 반하는 범죄로 기소되었다.

사건의 핵심은 피고인들이 국제협약을 위반하여 침략범죄의 도발에 공모하였다는 데 있다. 이러한 공소사실을 뒷받침하는 국제법규가 있느냐에 대해서는 논란이 있다. 영미법에 따르면 범행을 하기로 공동모의하면 비록 실행행위에 가담하지 않더라도 처벌할 수 있다. 이러한 공동모의, 다시 말해 공모는 반드시 한 장소에서 이루어질 필요가 없고, 순차적으로 이루어져도 된다. 공모이론은 내부 구조를 파악하기 어려운 조직범죄 등에 잘 대처할 수 있다. 그리고 이 이론은 영미법에만 특유한 것이 아니다. 독일이나 프랑스 등의 대륙법에서도 공모이론을 채택하고 있다. 당시 미 학계에서는 공모이론이 일반적인 이론으로, 도쿄재판에서 채택한 공모이론은 적절하고, 독일과 프랑스, 일본의 법에서도 공모이론을 채택하고 있다고 보고 있었다. 공모이론에 따르면, 전시의 일본 지도자들이 침략범죄의 논의에 가담하거나 그런 모임에 끼이게 되면 전쟁범죄를 도발하기로 공모한 것이 될 수 있다. 그리고 공소장에 주요 인물이 빠진 것이 논쟁이 되었다. 극우 비밀결사의 지도자와 헌병 지휘관, 재벌 기업가와 천황에 대한 기소가 없었다.

언론은 주요 인사가 누락되었다면서 연일 이를 다루었다. 소련 검사 골룬스키는 언론과 가진 인터뷰에서 재벌 기업인들이 일본의 정치계에 막대한 영향력을 행사했고, 이들이 노략질을 한 범인이라고 성토했다. 천황을 빠트렸다는 비난에 대해 키넌은 천황이 꼭두각시 역할을 했다고 주장했다. 사실 히로히토가 주범임에도 도쿄재판에서는 마치 도조가 주범인 것처럼 그려졌다. 공소장은 일본 언론의 전면을 장식했다(Brackman, 1987). 공소장은 각국을 대표하는 검사가 서명했고, 국제 검찰국은 1946년 4월 29일 재판소에 공소장을 제출했다. 공소장 첫머리에 '극동국제군사재판소 제1호 공소장'이라고 적혀 있다. '제1호'란 말에서 28명의 피고인들에 대한 재판이 끝나면 후속 재판이 계속 있으리란 사실을 드러내고 있다. 공소장의 요지는 〈표 5-2〉와 같다(김철우, 2016).

1928년 1월 1일부터 1945년까지 일본의 군벌이 내각의 정책을 장악하고, 지휘했다. 국민에게 조직적으로 민족의 우월성을 심었고, 정치적으로는 나치당, 파시스트당과 같은 조직으로 의회를 만들어 침략을 도구화했다. 경제적으로는 자원의 대부분을 전쟁에 동원했다. 정부에 대한 군의 장악을 강화하고, 익찬회翼贊會를 설립해서 국가주의 팽창정책을 가르쳤고, 언론을 엄격하게 통제하여 침략전쟁에 대비하도록 하였다.

표 5-2. 공소사실의 요지

번호	죄명	공소사실
공소사실 1-5	평화에 반하는 죄	피고인들 전체의 전체 침략전쟁에 대한 공동의 계획, 음모, 실행행위에의 참가
공소사실 6-17	〃	피고인들 전체의 중국, 미국, 영국, 호주, 뉴질랜드, 캐나다, 인도, 네덜란드, 프랑스, 태국, 소련에 대한 침략전쟁의 계획과 준비
공소사실 18-26	〃	피고인 일부의 침략전쟁의 개시
공소사실 27-36	〃	피고인들 전체, 혹은 일부의 침략전쟁의 개시
공소사실 37-52	살인죄 (통상의 전쟁범죄)	피고인 일부의 통상의 전쟁범죄(살인죄)의 가담행위
공소사실 53-55	통상의 전쟁범죄, 인도에 반하는 죄	피고인들의 통상의 전쟁범죄와 인도에 반하는 범죄행위

나치 독일과 파시스트 이탈리아 지도자와 함께 침략을 통해 세계를 지배하고 착취하려고 공모했으며, 국제조약을 위반하고, 침략전쟁을 계획하고 준비하고, 개시하고 실행하였다. 세계적으로 분쟁을 일으키고 침략전쟁을 일으켰으며, 포로를 학대하는 등 전시법을 위반하고 민간인에 대하여 잔혹행위를 하였다.

재판이 개시되다

도쿄재판은 어떤 절차로 진행되었을까? 도쿄헌장 제15조에서 재판절차를 간략하게 밝히고 있다. 헌장에 따르면 재판 절차는 〈표 5-3〉과 같다.

드디어 1946년 5월 3일, 세계의 이목이 도쿄로 집중되었다. 화사한 봄날이었다. 붉고 흰 철쭉은 이치가야 언덕을 따라 흐드러지게 피어 있었다. 방청객은 이른 시각부터 몰려들었고, 모두들 역사적인 장소에서 좋은 자리를 차지하리라 기대했다. 과거에는 육군사관학교가, 전시에는 육군성 참모

표 5-3. 도쿄재판 절차

절차	내용
공소장 낭독	검사가 피고인들에 대한 공소사실이 적힌 공소장을 낭독함
기소인부	피고인들에게 유죄, 무죄에 대한 답변을 들음
검사의 모두진술	수석검사가 사건의 개요와 증거를 설명함
검사의 증거 제출	증거를 제출하기 전에 개요를 설명하고, 증거물(서증 등)과 증인을 신청하고 신문함
변호인의 증거 제출	변호인이 검사의 증거를 반박하는 증거를 제출함
검사의 반박증거 제출	검사가 변호인이 제출한 증거에 대한 반박 증거를 제출함
변호인의 반박증거 제출	변호인이 검사의 증거에 대한 반박 증거를 제출함
검사의 최후논고	검사가 주장과 증거를 정리하여 설명하고 논고함
변호인의 최후변론	변호인이 주장과 증거를 정리하여 변론함
판결의 선고	재판부가 판결을 선고하고 판결문을 낭독함

본부가 사용했던 건물에서 국제형사재판이 열리게 된 것이다. 피고인들 중 26명은 스가모 형무소에 계속 수감되어 있었고, 나머지 2명은 이 날 방콕에서 도쿄로 이송되어 오기로 되어 있었다. 26명의 피고인들은 아침 일찍 식사하고 차창을 가린 버스를 탔으며, 오전 8시 30분 법정 마당에 들어섰다. 오전 8시 42분, 흰색 헌병 지프가 앞뒤로 호위하는 대형 버스가 정차했다. 피고인들은 차례로 버스에서 내렸다. 재판은 10시 30분에 열리기로 되어 있었지만 판사들은 도쿄의 교통체증을 피하려고 모두 이른 시각 법정에 도착했다(Ju-ao, 2019).

높은 천장에 매달린 샹들리에 조명 아래의 바닥에는 카펫이 깔려 있었다. 10시에 내빈석은 만석이 되었다. 미8군 사령관 마이클 바커Michael Barker 중장과 대일이사회 중국 대표 쭈쉬밍朱世明 준장이 내빈석 가운데에 자리 잡았다. 그 뒤로 대일이사회 의장인 미국인 애치슨 공사가 앉았다. 10시 30분에 기요세 이치로를 비롯한 변호사들이 입실해서 착석했다. 건장한 헌병 옆으로 30명의 변호사가 자리했다. 정면에 가장 높은 곳이 판사석이고, 그 뒤에 각국의 국기가 걸렸다. 판사들이 등장하자 모두가 이들을 바라보았다. 판사들은 리무진에서 내렸다. 그러나 필리핀 판사 하라니야와 인도 판사 팔은 아직 도쿄에 도착하지 않았다(Brackman, 1987).

10시 30분, 법원 참여관이 큰 소리로 외쳤다. "극동국제군사재판소가 개정합니다. 법정에 제출된 증거를 살펴볼 준비가 되었습니다." 이렇게 재판은 시작되었다. 옛 육군성 강당은 국제형사재판을 위해 잘 단장되어 있었다. 그러나 언론은 뉘른베르크는 검소하지만 도쿄법정은 마치 헐리우드 영화관처럼 휘황찬란하다고 꼬집었다(Minear, 2001). 그도 그럴 것이 뉘른베르크 법정은 도쿄 법정에 비해 매우 협소하다. 나치의 주요 도시였던 뉘른베르크에 국제전범 재판이 열렸는데 그곳은 오늘날 '전범 재판 기념관'이 되어 일반인에게 공개하고 있다. 기념관 2층에 있는 법정 600호는 국제형사재판정치고는 매우 작다.

개정 시각이 되기 몇 분 전, 법정은 방청객이 떠드는 소리로 시끌벅적했다. 언론석은 기자들로 만원을 이루었다. 이때 흰색 장갑과 흰색 헬멧을 착용한 헌병이 입장했다. 이어 헌병과 함께 피고인들이 입장해서 착석했다. 작은 체구의 도조 히데키가 맨 먼저 법정에 들어섰다. 누런 군복을 입고 안경을 썼는데, 고개를 들더니 천장을 바라보았다. 오카와 슈메이는 상의로 남색 운동셔츠를 입었고, 하의로 검정색 바지를 입었다. 양말도 신지 않은 채 게다를 신고 있었다. 게다가 상의를 벗어버려 흰색 셔츠를 드러냈으며, 팔짱을 껴서 등 뒤로 맞잡았다. 그리고 법정에 들어서기 전에 신고 있던 게다마저 벗어 버렸다. 나머지 피고인들은 무난한 옷을 입었다. 대부분 검정색이나 회색 양복을 걸치고 넥타이를 매었다(Brackman, 1987).

흰 턱수염이 인상적인 미나미 지로는 당당한 걸음으로 들어섰고, 고개를 들더니 11개국의 국기를 보고 이내 고개를 떨구었다. 마른 체구에 단정한 용모를 가진 하타 슌로쿠는 꼿꼿한 걸음으로 법정에 들어섰다. 희끗희끗한 턱수염의 마쓰오카 요스케는 지팡이를 짚었고, 폐결핵 때문인지 연신 기침

했다. 얼굴은 창백하여 핼쑥해 보였다. 시게미쓰 마모루는 한쪽 다리가 의족이어서 지팡이에 의지해서 걸었으며, 외교관답게 단정한 검정색 긴 외투를 입었다. 사토 겐료는 메달과 훈장을 단 제복을 입었다. 한국의 호랑이라 불린 고이소 구니아키도 지팡이를 짚고 등장했다. 히라누마 기이치로는 긴 얼굴로 인해 우울해 보였다. 나가노 오사미는 휘장과 배지를 두른 제복을 입었다. 기도 고이치는 어딘가 불편해 보였다. 도고 시게노리는 외교관 특유의 알 수 없는 표정을 지었다. 오시마 히로시는 나비 넥타이에 행커치프를 잘 갖추어 입었다. 스즈키 데이이치 장군은 예의 군인다운 권위적인 표정을 지었다(黃鶴逸, 1999).

예정된 10시 30분이 되자 웨브를 비롯한 판사들은 판사실에 모여 두 피고인들이 도착하길 기다렸다. 법정 경위는 이타가키 세이시로와 기무라 헤이타로를 실은 항공기가 공항에 도착했고, 이들을 태운 차량이 전속력으로 달려 법정으로 오고 있다고 보고했다. 이후 40분이나 기다렸지만 아무런 소식이 없자 판사들은 기다리는 방청객들을 위해 법정으로 가기로 했다. 검사들은 개정 시각이 한참 지난 후에 변호인석 맞은편에 앉았다. 11시 13분이 되자 벨이 울렸고, 순간 법정은 바빠졌다. 법정은 크고 천장은 높았으며 회랑은 길었고, 판사들은 긴 법복을 입어 법정으로 이동해서 착석하는 데에만 10분이 걸렸다. 출입구의 커다란 문이 닫혔고, 헌병들이 차렷 자세로 정위치했다. 판사들이 법정에 들어서자 법정 경위가 "조용하세요. 일동 기립!"이라고 외쳤다. 모두가 일어섰고, 판사들도 뒤따라 자리에 섰다. 법정의 높은 곳에 판사들이 자리하였고, 맞은편에 피고인들이 있었다. 그 사이에 변호인과 검사, 법원 참여관이 자리 잡았다. 방청객들은 발코니에 앉았다. 법정 공식 언어가 영어와 일어여서 모두 이어폰을 꼈다. 판사들이 자리에 앉자 법정 경위가 "일동 착석! 국제극동군사재판소가 개정되었으며, 기소된 사건을 시작하겠습니다"라고 외쳤다(Brackman, 1987). 재판장석에 웹

브가 앉았고, 그 왼쪽에 중국 판사 메이루아오가 앉았고, 그 옆에 소련 판사 자랴노프가 앉았다. 자랴노프는 영어에 서툴러서 이어폰을 통해 통역을 들었다. 그 다음이 프랑스 판사 앙리 베르나르이다. 그리고 왼쪽 끝 필리핀 판사 델핀 하라니야의 자리가 비어 있었다. 웨브 오른편에는 미국 판사 존 히긴스가 앉았고, 그 다음에 영국 판사 로드 패트릭이 앉았다. 그 다음이 캐나다 판사 에드워드 맥두걸이고, 그 다음이 네덜란드 판사 베르나르트 뢸링이다. 오른쪽 끝에는 인도 판사 라다비노드 팔의 자리이지만 비어 있었다. 웨브는 몇 분 동안 개정연설을 했다(김철우, 2016).

> 일본 땅 여기에 모인 본 재판소의 판사들은 법에 따라 아무 두려움 없이 공정하게 외부의 영향을 받지 않고 심판할 것임을 서약한 공동서약서에 서명하였다. 우리의 책임이 얼마나 막중한지 잘 알고 있다. 우리는 옛날 정치가 페레스,[1] 혹은 헤이스팅스[2] 등을 탄핵하기 위하여 소집된 상원 또는 귀족원의 의원이 아니며, 각국의 최고법원에서 선발된 일반 사람으로서 이 법정을 구성하고 있다. 현재 기소되어 이 법정에 출두한 피고인들은 한낱 변방의 사람이 아니라 과거 10여 년간 일본의 국운이 왕성하던 시절 지도자의 지위에 있던 자들로, 내각 총리, 대신, 장군, 참모, 총장 기타 일본 정부에서 최고의 지위에 있던 자들이 포함되어 있다. 기소되어 있는 범죄 사실은 세계평화, 전쟁법, 인도人道와 관련한 범죄이거나 이러한 죄를 범하려고 음모한 죄 등이다.
>
> 피고인들이 지금까지 중요한 지위에 있었다 하더라도 그로 인해 받는 처우는 가장 가난한 일본인 사병과 다르지 않다. 그러나 기소된 죄의 내용 및 횟수, 성격에 따라서 본 법정에 제출된 증거와 적용할 법령에서는 변함이 없다. 신중히 재판할 것임을 피고인들에게 약속한다.

1 1세기 로마 집정관. 부패로 인해 고소되어 키케로의 변론에 따라 추방되었다.

2 18세기 영국의 정치가. 그의 인도에 대한 식민지 정책이 탄핵당하여 7년간 재판을 받았다.

검사는 범죄 사실에 한 점 의심의 여지가 없도록 입증할 책임이 있다. 본 재판소는 공정하고 신속하게 재판하여야 하나 2개 국어를 사용하는 관계로 재판을 함에 있어 시일이 걸리는 것은 불가피하다.

피고인석 가운데 도조 히데키가 앉았고, 도조 뒤에 오카와 슈메이가 앉았다. 오카와는 파자마 차림과 맨발에 게다를 신었는데, 잠시도 가만히 있지 않았다. 그는 일본 우익사상의 리더였다. 태평양전쟁 때에는 대동아 전쟁을 옹호하는 활동을 하여 극우파 지식인으로 이름을 날렸다. 오카와는 공소장을 펼쳐보는 듯하다가 머리를 긁더니 이내 머리를 떨구었고, 눈물을 흘렸음에도 닦지 않았다. 그리고 콧물을 줄줄 흘리고 고개를 들더니 합장했다. 대부분의 피고인들은 사뭇 긴장된 표정을 지었다. 이어 수석검사 키넌이 자리에서 일어나서 판사들에게 각국을 대표한 검사들을 한 사람씩 소개하였고, 통역인이 선서하였다. 11시 40분에 재판장 웨브가 두 피고인들이 도착할 때인 오후 2시 30분까지 휴정한다고 선언하였다(김철우, 2016).

오후 2시 30분에 재판이 재개되었고, 방콕에서 도쿄로 온 이타가키와

법정 전경. 오른쪽이 판사석이고 왼쪽이 피고인석이다

도조 히데키 뒤에 앉은 오카와 슈메이

기무라가 법정에 도착했다. 키넌 검사의 공소장 낭독의 요청이 있자 법원 참여관 반미터 대위가 큰 소리로 공소장을 낭독하였다. 반미터 대위가 공소사실 22항의 "피고인들은 1941년 12월 7일 국제법과 협약, 조약을 위반하여 영연방에 대한 침략전쟁을 개시하였다"라는 부분을 읽어 가고 있을 때였다. 도조 바로 뒤에 있던 오카와는 묘한 표정을 짓고 가만히 있는 듯하더니 어느새 손을 앞으로 내밀어 도조의 앞에 놓인 노트를 집어 들여다보았다. 이어 상의를 벗고 합장했다. 그리고 손가락을 가지런히 모은 손바닥으로 앞자리에 앉은 도조의 벗겨진 머리를 한 대 후려쳤다. 조용한 법정에서 찰싹하는 소리는 의외로 크게 들렸다. 얻어맞은 도조는 쓴웃음을 지었고, 이어 오카와는 히라누마에게 말을 건네다가 헌병에게 주의를 받았다. 그리고 큰 소리를 내어 웃기 시작하였다. 상의 단추를 풀려고 하여 켄와지가 다시 채우자 그에게 말을 걸었다. 켄와지가 샤프를 건네주자 뭔가 적었다. 오카와는 잠시도 가만히 있지 않았고, 옆자리에서 미동도 않고 있는 히라누마와는 좋은 대조가 되었다. 공소장을 펼쳐보다가 머리를 긁었고, 고개를 숙이자 콧물이 줄줄 새어 나왔다. 오카와가 도조를 두 번째 후려칠 때 헌병이 달려와서 제지했다. 그러자 오카와는 미소를 머금었고, 법정 밖으로 끌려 나가면서 "도조를 죽여 버릴 거야"라고 영어로 외쳤다. 그리고 "조국을 위해서라면 할 거야"라고 외쳤다(김철우, 2016).

3시 30분에 휴정이 되어 사진기자들이 몰려와서 사진을 찍자 오카와는 다시 도조의 대머리를 내리쳤다. 켄와지가 말렸으나 그는 법정에서 나가는 판사들을 향해 "인디안스 코멘지[3]"라고 소리치더니 "이놈들, 빨리 가거라" 라고 일본말로 소리를 질렀다. 그리고 "앉아"라고 영어로 말했다. 3시 50분에 재판이 재개되었다. 재개되었을 대 오카와는 열외로 앉혀졌고, 헌병이 바짝 붙어 오카와의 행동을 감시하였다. 변호인 오하라 신이치大原信一가 "어제 제출한 피고인 오카와의 신청서를 고려해 주십시오"라고 변론했다. 오카와가 정신이상 증세를 보이니 감정을 받게 해달라는 취지였다. 웨브 재판장은 "추후 절차를 밟으십시오"라고 말했다. 헌병이 미친 듯이 날뛰는 오카와를 제지하자 공소장 낭독이 계속되었다. 재판장 웨브가 다음 날 9시 30분에 다시 개정한다고 선언하여 이날 4시 40분 재판을 마쳤다.

다음 날인 토요일 오전 9시 30분에 공판이 재개되었다. 법원 참여관이 공소사실을 다시 낭독하였고, 단락마다 통역인이 통역하여 무척 지루한 시간이 이어졌다. 그러자 사람들의 시선은 자연스레 판사들과 피고인들로 향했다. 피고인석 앞줄에 앉아 있는 도이하라 겐지의 토실토실한 얼굴이 유독 눈에 띄었다. 그는 만주와 중국에서 일본군의 여러 공작에 관여하여 '만주의 로렌스'라 불리던 인물이다. 그렇지만 양복을 입어서 그런지 그런 책략가의 풍모는 묻어나지 않았다. 도조 히데키는 웨브 재판장과 정면으로 마주보고 있었다. 굳은 표정을 짓고 있었으며, 손수건을 꺼내더니 '흥' 하고 코를 풀었다. 일본어로 번역된 공소장에 연필로 메모하였으며, 조금도 흐트러진 자세를 보이지 않았다. 아라키 사다오는 백발의 긴 턱수염으로 인해 멀리서도 자신의 존재감을 드러내고 있었다. 대부분의 피고인들은 자존감이 상실되어 영웅적인 풍모는 찾아볼 수 없고, 여느 평범한 사람과 같았다 (Ju-ao, 2019).

오카와의 변호인은 오카와에게 정신이상이 있으므로 재판에서 배제해서 정신과 병원에서 검사를 받도록 해달라고 요청했다. 웨브는 신청을 받

3 "인도인아, 오거라"라는 의미인 듯하나 영어와 독일어를 섞어 쓴 말이다.

아들이고, 검사받도록 했다. 정신감정을 받기로 하자 오카와는 불만스러운 표정으로 일어서더니 "나는, 나는 생각한다"라고 영어로 외치고는 사라졌다. 법정은 다시 잠잠해졌고, 법원 참여관은 공소장 낭독을 계속했다. 오카와는 스가모 형무소에서 미국 육군병원으로 후송되었다. 이후 그는 도쿄에 있는 마쓰자와(松澤) 병원으로 옮겨졌다. 스가모 형무소에서 나올 때 오카와는 유창한 영어로 자신이 열심히 일했으나 도조가 방해했고, 도조를 엄벌에 처해 주길 바라며, 맥아더에게 담판하러 간다고 말했다.

11시 30분에 영어와 중국어로 공소사실에 대한 공소장 낭독을 마쳤다. 그렇지만 부속서가 있어 공소장 낭독은 이제 3분의 1을 한 것이었다. 그러자 법정에서는 지루해서 견디기 힘들다는 분위기가 퍼져 갔다. 재판장 웨브는 변호인들에게 부속서의 낭독을 생략하는 데 동의하는지 물었다. 변호인들은 회의를 거쳐 대답하겠다 하였고, 웨브는 다음 주 월요일 9시 30분에 변론을 재개한다고 선언했다.

기피 신청을 하다

1946년 5월 6일 월요일 오전 9시 30분에 재판이 다시 열렸다. 수석검사 키넌은 인도 검사를 소개했으며, 변호인단 부단장인 기요세 이치로는 변호인들을 소개했다. 기요세는 여든 살가량으로 일본 사람 평균의 체격을 지녔다. 말할 때마다 겸손한 미소를 띠었다. 그리고 강하지는 않지만 분명한 어조로 말했다. 재판장이 피고인들에게 기소인부를 물으려 할 때 기요세 이치로는 "판사에 대하여 기피 신청을 합니다"라고 말했다. 그는 "정의와 공평의 견지에서 볼 때 윌리엄 웨브 경이 재판을 진행하는 것은 타당하지 않다고 봅니다. 윌리엄 웨브 경은 뉴기니아에서 일본군의 잔혹행위를 수사했습니다"라고 말했다. 기요세는 웨브 재판장이 과거 뉴기니아에서 일본군의 전쟁범죄를 조사해서 호주 정부에 보고한 적이 있으므로 공정한 지위에 있지 않다고 주장했다. 순간 법정에서는 소란이 일었고, 법정 경위는 방청객을 향하여 조용히 해달라고 소리쳤다. 이윽고 웨브는 "나는 뉴기니아나 그 밖의 지역에서 내가 한 보고와 지금 재판장으로 있는 것과 관계가 있다고 생각하지 않습니다. 당 재판은 휴정을 선언합니다. 그리고 정당한 시기에 다시 개정을 선언하겠습니다"라고 말했다(Ju-ao, 2019).

잠시 후, 뉴질랜드 판사 노스크로프트Sir Erima Harvey Northcroft가 임시 재판장이 되어 다시 재판을 열었다. 노스크로프트는 다음과 같은 결정을 낭독했다.

"휴식시간 중에 판사들은 웨브 재판장을 제외시키고 의논하였습니다. 판사들은 저에게 그 결과를 발표하도록 하였습니다. 당 재판소의 판사들은 판사를 상대로 한 기피 신청을 허락하지 않기로 결정했습니다. 재판소 헌장 제2조에 의하면 판사는 최고사령관인 맥아더가 임명하도록 되어 있습니다. 따라서 당 재판소는 판사 누구도 기피시킬 수는 없습니다."

그러자 웨브는 다시 재판장석으로 돌아와서 자신의 입장을 설명했다.

"저는 당 재판소의 판사직을 수락하기 전에 저의 전력을 신중하게 검토했습니다. 저는 저의 전력이 판사직을 수락함에 있어 아무런 문제가 되지 않을 거라는 많은 이들의 조언에 따랐습니다."

그렇지만 이렇게 설명하면서도 웨브는 왠지 위축된 모습을 보였다(Brackman, 1987).

기소인부를 하다

영미법에서는 본격적으로 재판에 들어가기에 앞서 기소인부 절차arraignment를 밟는다. 피고인이 유죄를 인정하면 양형절차로 들어간다. 그러나 피고인이 '무죄'라고 다투면 재판으로 진행한다. 5월 6일 오전 10시, 기소인부 절차가 있었다. 피고인 이름의 알파벳 순서로 진행되었다. 먼저 아라키 사다오가 일어섰다. 웨브 재판장은 "이제 피고인들의 인부를 듣겠습니다. 아라키 사다오, 어떻게 인부합니까? 유죄인가요 아니면 무죄인가요?"라고 물었다.

덥수룩한 수염이 인상적인 아라키는 긴장된 표정으로 "거기에 대해서는 변호인이 대답하겠습니다"라고 말했다. 그러자 재판장 웨브는 피고인 자신의 일이므로 본인이 직접 대답해야 한다고 말했다. 그러자 아라키는 "공소장을 읽어 보니, 평화, 전쟁, 인도에 대한 죄에 대해서는 아라키 칠십 일생에 있어 (…) 승낙할 수 없습니다"라며 자신의 입장을 장황하게 설명하였다. 그러자 웨브가 "피고인은 유죄인지, 무죄인지만을 간단히 말하면 됩니다"라고 주의를 주었다. 그러자 아라키는 "무죄"라고 대답했다. 그리고 나머지 피고인들도 모두 무죄라고 대답했다. 대부분 일본어로 대답했지만 전직 외교관인 마쓰오카 요스케만 "I plead (…) guilty(사실 'not guilty'란 뜻이었다) on all (…) and every count(모든 공소사실에 대해서 무죄입니다)"라고 영어로 대답했다(김철우, 2016). 도조 히데키는 "공소사실 모두에 대하여, 무죄를 주장합니다"라고 말했다. 피고인들이 모두 무죄라고 답변하자 재판소는 휴정기를 가지고 1주일 뒤 다시 개정했다.

관할권 논쟁

5월 10일, 변호인단은 재판소의 관할권에 대하여 이의를 제기했다. 변호인단은 피고인들의 행위는 단지 민사상으로 불법행위책임을 지는 것에 불과한데 사후입법으로 형사처벌을 하는 것은 소급효 금지 원칙에 위반되는 것이라고 주장했다. 군사재판소의 관할은 국제법상 전투지역에서 행해진 행위에 대해 형벌을 부과하는 것으로 국한되는데, 재판소의 관할이 시간적으로 이렇게 광범위해도 되는지에 대해서도 의문을 표시했다. 그리고 침략전쟁이 평화에 반하는 범죄를 포함하는 것인지, 인도에 반하는 범죄가 국제법으로 인정될 것인지에 대해서도 의문을 제기했다. 기요세는 무조건 항복을 선언한 독일과 달리 일본은 항복하기 전에 포츠담선언을 수용한다고 밝혔는데, 통상의 전쟁범죄만 처벌하는 것으로 알았다고 주장했다. 그리고 인도에 반하는 범죄와 평화에 반하는 범죄는 당시 국제법에 존재하지 않던 범죄라고 주장했다.

그러자 수석검사 조지프 키넌은 변호인들의 신청이 기각되어야 한다고 변론했다.

"재판장님, 국제군사재판소 판사님들, 11개국을 대표해서 법정과 검찰단이 구성되었고, 이들은 지구상의 2분의 1 내지 3분의 1가량의 시민을 대변합니다. 우리는 살인, 약탈 등의 침략범죄로 인하여 헤아리기 어려운 인명과 자원의 손실을 입었습니다. 이런 전 세계적인 재앙에 책임이 있는 자를 기소해서 처벌할 수 없다는 게 말이 됩니까? 11개국은 침략전쟁을 무력으로 종식했는데, 침략전쟁의 책임자를 아무 일도 없었던 것처럼 그대로 두란 말입니까?"

또한 키넌은 포츠담선언과 항복문서를 설명하면서 항복의 조건이 적절하게 발효되었고, 연합군 사령관으로 하여금 집행하도록 했는데, 이러한 적절한 조건에는 전범 재판도 포함된다고 주장했다. 호주 검사 맨스필드는 변호인이 주장한 소급효 주장에 대해 반박했다. 맨스필드는 켈로그-브리앙 조약에서 전쟁을 불법이라고 규정하고 있다고 강조했다. 일본도 서명한 이 조약에서 전쟁은 더 이상 예방적 차원의 권리가 아니라고 변론했다(Brackman, 1987).

변호인 블레이크니는 공소장이 소급효 금지 원칙에 위배되며, 전쟁은 국가의 행위이지 개인의 행위가 아니라고 주장했다. 그러나 영국의 검사 코민스 카는 다음과 같이 반박했다. 국제법은 국제 관습과 조약, 통념 등을 기초로 이루어진 관습법인데, 이러한 국제법을 위반하여 개시한 전쟁은 불법이자 범죄를 구성한다. 그리고 이러한 불법전쟁을 준비하고 개시한 책임이 개인에게 있다(김철우, 2016).

이러한 법적 논쟁은 며칠 동안 계속되었다. 이와 같이 개정 첫 주에 변호인들은 포츠담선언과 항복문서에 따른 재판소의 합법성에 대해 다투었다. 변호인들은 침략범죄가 국제법에 의할 때 범죄가 되는지, 개인이 국가행위에 대해 책임을 지는지에 대해 의문을 제기하였다. 5월 17일, 드디어 인도 판사 팔이 처음으로 판사석에 앉았고 이 날 재판소는 변호인의 신청을 모두 기각했다.

6

검사의 모두진술

검사의 전략

일본 정부는 항복을 선언하고 연합군이 일본에 상륙하기 전에 광범위하게 증거를 파괴하였다. 많은 전시 기록물이 태워졌거나 대대적으로 파괴되었다. 이로 인해 검사는 일본의 침략과 개인 사이의 연결고리를 찾기 어렵게 되었다. 일본 정부는 한국과 대만 등지에 있는 일본군에게는 '전쟁포로를 잘못 다루어 반감을 산 사람은 흔적도 남기지 말고 본국으로 신속하게 송환하라'고 지시했다. 그리고 적군의 손에 넘어가서 좋을 것이 없는 서류나 비밀문서는 모두 없애버리라고 지시했다. 이런 사실을 파악하게 된 수석검사 키넌은 입증할 만한 서류 대부분이 없어졌다고 보고 주로 전범 혐의자를 조사하거나 증인을 확보하는 데 주력했다.

검사들은 점령지에서 포로와 민간인에 대한 부당한 처우가 매우 광범위하게 이루어졌으므로 '점령지에서 군 수뇌부가 전쟁범죄의 수행이라는 임무를 부여받았다'고 추론했다. 검사들은 일본군이 점령한 지역에서 행해진 부당한 처우는 어느 한 지휘관이나 군인에 의해 이루어진 것이 아니라 일본 정부와 군의 정책에 따라 이루어진 것으로 보았다.

일본군의 전쟁범죄 형태는 공소장의 별지 목록에 상세히 기재하였다. 그중 9개는 전쟁포로와 군의무내원, 질병이나 부상당한 사람, 억류된 민간인에 대한 것이다. 이들은 혹독한 환경에서 살해되거나 고문당했고, 강간당하거나 폭행당했으며 불법적인 처벌을 받고, 노예노동을 강요당했다. 일본군은 이들에게 식량이나 물, 의복을 주지 않았고, 화장실 등 편의시설을 제공하지 않았다. 나머지 5개는 육지와 해상에서 저지른 불법적인 전쟁행위이다. 일본은 중국에서 독가스를 살포했다. 그리고 적의 재산을 파괴하고 몰수하고, 침몰한 선박의 생존자를 죽였다. 군의무선의 권리를 무시했고, 중립 선박을 공격했다. 그리고 시민을 상대로 잔혹행위를 했다. 점령지의 무수한 시민들을 살해하고, 고문하고 강간하고 학대하며, 체포하여 구금하고, 강제징용에 보내고, 재산을 약탈하고 파괴했다(Totani, 2008).

키넌의 모두진술

6월 4일 수석검사 키넌이 모두진술을 하였다. 모두진술에서 키넌은 입증할 내용을 총괄적으로 밝혔다. 대부분의 형사재판에서 검사는 모두진술에서 사건과 제출하려는 증거의 개요에 대해서 간략하게 설명한다. 그렇지만 이 날 키넌의 모두진술은 무척 길었다.

> 극동국제군사재판소 재판장님과 판사님들, 헌장에 따라 명예로운 재판소를 창설하고 각국에서 참여검사를 지명하여 파견하였고, 수석검사로서 재판에 관련된 법리의 개요와 공소장에 적시된 피고인들의 범행이 유죄임을 입증하는 사실관계에 대해 설명하게 되어 막중한 책임감을 느낍니다. 본 재판은 역사상 가장 중요한 재판 중 하나가 될 것입니다. 각 정부를 구성하고 지구 인구의 절반 이상을 차지하는 11개 대표국에게도 중요합니다. 세계 안보와 평화에 지대한 영향을 미치는 재판이기에 다른 모든 국가와 미래 세대에게도 중요합니다. 재판을 시작함에 있어 검사

의 목적이 무엇인지 명확히 해야 합니다. 우리의 궁극적인 목적은 정의의 집행에 있습니다. 우리의 구체적인 목적은 침략전쟁에 따른 참화를 막는 데 기여함에 있습니다.

이어 키넌은 전 세계를 파괴하려는 세력에 대항해서 단호하게 문명을 지키는 전쟁의 일환으로 재판을 시작하려는 것이라고 말했다. 그리고 전 세계를 지배하려는 야심으로 세계를 전쟁으로 몰아넣으려는 개인이나 단체의 궁리와 계획에 의해 이러한 위협이 생긴 것이라고 강조했다. 모든 피고인들은 헤드폰으로 통역을 들었으며, 도조 히데키는 고개를 뒤로 젖힌 채 듣고 있었다. 도조와 시게미쓰는 멍하니 앞을 바라보고 있었으며, 대부분의 피고인들은 미동도 하지 않았다. '승자의 정의'란 논란에 대해 키넌은 다음과 같이 주장했다.

> 우리의 목적은 예방과 억제에 있습니다. 복수나 보복이라는 하찮은 것과는 아무런 상관이 없습니다. 우리는 인류 공동의 적으로서 인류에게 참화를 일으킨 자들을 기소하고 적정한 절차에 따라 처벌하여 장차 같은 형태의 침략전쟁과 같은 일이 일어나지 않도록 억제하는 것이 가능해지기를 원합니다. 그러므로 우리의 구체적인 목적은, 공적인 지위에 있는 개인이 국가 간의 조약과 협약에 위배하여 침략전쟁을 계획하는 것이 처벌되고, 살인과 강도, 해적질과 약탈이 모든 나라와 시대에서 처벌되어 온 것과 같이 이미 오래전에 승인되어 온 규칙을 확인하는 데 있습니다.

소급효 금지에 위배된다는 논란에 대해서 키넌은 피고인들에 대한 공소사실은 국제법이 오랫동안 범죄로 승인해 오던 것이며, 평화에 반하는 죄는 이미 국제법에 존재하던 죄라고 주장했다. 키넌은 1907년 헤이그 협약과 1919년 베르사유 조약, 1928년 켈로그-브리앙 조약을 언급하면서 침략 전쟁을 개시하는 것은 범죄라고 주장했다. 이어 개인의 책임에 대해 언급했다. 한 국가의 법률과 제도를 따르겠다고 선서한 것이 처벌을 면해 줄 수 없으며 수백만 명의 목숨을 앗아간 전쟁을 한낱 사고로 보거나 이야깃거리라고 치부할 수 없다고 말했다. 그리고 개개인이 자신이 처한 처지에서 의무 이행 여부를 해석하는 것이므로 국가적인 열망에 따른다고 정당화될 수 없다고 주장했다. 소급효 금지를 위반하는지에 대해 국제법에서 점차 결정화되었고, 법원의 판결에 의해 승인되어 왔다고 주장했다(Brackman, 1987).

키넌은 일본이 만주를 침략한 것과 아무런 통지나 사전 경고 없이 진주만을 공습한 사실을 언급했다. 그리고 일본은 전쟁법과 관습법을 무시하고 침략전쟁을 도발했다고 말했다. 그리고 이런 사실을 입증하는 일본의 잔혹행위를 열거했다. 그리고 난징대학살과 바탄 죽음의 행진, 버마-시암 죽음의 철길 사건을 열거했다. 그리고 인도네시아 방카섬 호주 간호사 학살 사건(1942년 2월 호주의 공군 간호사 21명을 집단학살한 사건), 베트남의 랑손의 프랑스와 베트남 전쟁포로 학살 사건, 필리핀 리파의 학살 사건, 만주 리아모닝의 중국인 살인 사건 등도 열거했다. 이러한 학살이 우연이거나 어떤 한 개인의 잘못으로 인한 것이 아니라 계획된 국가정책의 결과물이라고 주장했다. 키넌은 전쟁이 비록 합법이라고 하더라도 이러한 학살은 그 자체로 불법이며, 역사가 증인이 될 것이라면서 모두진술을 마쳤다.

우리의 견해가 타당하다면 합당한 판결이 내려질 것이고, 이 판결은 인류의 지속성과 목적을 결정하는 것이 될 것입니다. 만약 우리의 주장이 지나치다고 생각하는 사람이 있다면 우리는 끔찍한 시대에 살고 있는 거라 생각합니다. 정확하고 잘 확립된 선례가 있어야 한다는 사람이 있다면 이것은 새 시대가 요구하는 사고가 아니라고 말하겠습니다. 선사시대부터 중세를 거쳐 현재에 이르기까지 침략전쟁을 도발한 자들을 처벌하는 절차가 늘 있었습니다. 국제재판소를 설립하고 전범에게 방어와 무죄를 다툴 기회를 제공하는 것은 문명의 사고와 관용성이 축적되어 구체적으로 나타난 것입니다.

모두진술을 하는 조지프 키넌

커다란 겸손과 진지함으로 오는 우리에게 맡겨진 사명을 감당할 것입니다. 중요한 목적을 위해 여타의 것에도 소홀함이 없도록 할 것입니다. 우리 검사들이 우리에게 맡겨진 임무를 위한 진지한 노력을 경주하는 데 실패하고, 세상을 파괴시키는 세력을 종식시키는 이 모든 합당한 일들이 실패한다면 이는 용서할 수 없는 범죄가 될 것입니다. 우리는 우리에게 주어진 일을 잘 감당할 수 있는 능력이 부족하다는 사실만 두려워합니다. 그렇지만 우리에게 지워진 책무는 막중합니다. 우리에게 지금 역사가 우리의 증인이 될 것입니다.

비평가들은 키넌의 모두진술에 모순이 있다고 지적했다. 키넌은 일본이 민주주의와 그 핵심 가치인 자유와 인간의 존엄을 파괴하고, 국민에 의한, 국민을 위한 정부 체계를 없애는 대신 새로운 질서를 세우려고 했다고 주장했다. 그러나 검사들은 제국주의 국가인 영국과 프랑스, 네덜란드 출신들이다. 그리고 당시에 여전히 식민지를 지배하고 있었다. 그리고 점차 전체주의 모습을 드러내고 있는 소련도 있었다(Brackman, 1987).

키넌의 모두진술에 대해 많은 사람들이 관심을 보였고, 특히 일본 언론은 대대적으로 보도했다. 키넌의 모두진술에 대해 피고인들의 반응은 다양했다. 선처해 주길 바란다고 말하는 이들도 있었고, 자신의 신념을 버리시

않겠다고 말한 이들도 있었다. 도조 히데키는 평소와 같이 키넌의 모두진술을 받아 적었고, 여기에 대해 반박하겠다고 말했다. 모두진술에서 키넌은 천황에 대해 직접 언급하지 않았지만, 언제 증인으로 부를지가 초미의 관심사가 되었다.

기소되지 않은 피고인, 마쓰오카 요스케

유죄 인부 절차에서 피고인들 중 유일하게 영어로 답변한 마쓰오카 요스케는 이틀 후, 스가모 형무소에서 검사를 받았다. 마쓰오카를 검사한 감정의는 마쓰오카가 결핵으로 재판을 받기에 적합하지 않은 상태라고 판단하였다. 마쓰오카는 1941년부터 병원에 드나들었고, 폐결핵이 있어 스가모 형무소에서 미군 병원으로 이송되었다. 마쓰오카의 변호인들은 그를 도쿄 제국대학교 격리병동으로 이송하고 공소를 기각해 달라고 신청했다. 검사는 이러한 질병이 공소를 배제하는 사유가 되지 않는다고 반박했다. 재판소는 변호인의 신청을 기각했지만 마쓰오카의 병세는 급격하게 악화되었고, 1달이 채 지나지 않아 사망했다.

마쓰오카는 1880년 해운업체 사장의 아들로 태어났지만 가세가 기울어 11살 때 미국으로 건너갔다. 미국에서 성장한 그는 오리건 대학교 법학부를 졸업했고, 일본 외교관 시험에 합격해서 외교관으로 근무를 시작하였다. 그리고 외교관 생활의 대부분을 중국에서 보냈다. 1920년 총선거에서 중의원으로 당선되었으며, 1931년 만주사변이 발발하자 일본은 마쓰오카를 국제연맹의 전권대표로 파견했다. 국제연맹에서 마쓰오카는 일본으로 하여금 도발과 분쟁 확대를 택하도록 하였고, 결국 일본은 국제연맹에서 탈퇴하였다. 1933년 마쓰오카는 국제연맹 총회에 참석한 뒤 이탈리아에 들러 무솔리니와 회담하였다. 그리고 1935년 남만주철도의 총재로 부임했고, 일본의 화북 진출을 꾀했다. 1940년 제2차 고노에 내각이 설립되자 마쓰오카는 고노에와 친한 사이가 아님에도 외무대신에 임명되었다. 1939년 독일은 제2차 세계대전을 일으켰고, 마쓰오카는 일본과 독일, 이탈리아 삼국의 군사동맹을 체결하는 데 힘썼다. 그리고 1941년 모스크바에 들러 일소 중립조약을 체결하였다. 마쓰오카가 추진하려고 했던 외교전략은 미국과 영국이 주도하는 국제질서를 해체하고, 반소반공을 하며 대미 충돌을 회피하려는 양립정책이었다. 그러나 이러한 정책은 미국과 타협하려는 고노에 총리와 남진정책을 추진하려는 군부와 충돌하였다. 이로 인해 그는 정부 내에서 고립되었다.

일소 중립조약 체결 당시 스탈린(좌)과 마쓰오카 요스케(우)

실의에 빠진 마쓰오카는 폐결핵으로 쓰러져 투병생활을 하다가 종전을 맞이했다. 그는 1910년에 이렇게 말한 적이 있다. "예언컨대 1930년이나 1940년대 아니면 1950년대 일본은 서구를 상대로 전쟁을 벌일 것입니다. 필사적으로 싸우겠지만 결국 연합세력에 의해 완전히 궤멸될 것입니다." 이런 예언이 적중했는지 일본은 서구를 상대로 전쟁을 일으켰지만 결국 연합국에 의해 패배하였다. 1946년 6월 27일 아침, 마쓰오카는 사망했다. 그날 마쓰오카에 대한 공소는 기각되었다. 다수의 판사가 공소 기각에 찬성했지만 소련 판사 자랴노프는 반대했다(Brackman, 1987).

기소되지 않은 피고인, 오카와 슈메이

오카와 슈메이는 민간인으로는 유일하게 도쿄재판소에 섰다. 그러나 재판 첫날, 예사롭지 않은 복장으로 등장했다. 파자마를 걸치고 게다를 신고 있었다. 그리고 피고인석에 앉아 상의를 벗었다 걸치기를 반복하였으며, 바로 앞에 앉아 있는 도조 히데키의 머리를 후려쳤다. 그리고 괴상한 말을 하고 고함을 지르는 등, 이상 행동을 보였다. 오카와는 일본의 사회 운동가이다. 앞선 뉘른베르크 재판에서 나치의 이론가인 로젠베르크 박사Alfred Rosenberg(독일의 정치가이자 나치의 이론 선전가)가 기소되어 사형에 처해졌고, 도쿄재판에서는 이런 선례를 따라 오카와를 기소한 것이다.

오카와는 매우 흥미롭고 이채로운 경력의 소유자이다. 그는 도쿄 제국대학교에서 인도 철학을 전공하였다. 그리고 법학박사 학위도 취득하였다. 여러 종교 연구에 심취하였고, 우연히 들린 서점에서 인도에 관한 책을 읽고 식민지 인도에 대해 알게 되어 식민지에 관심을 갖게 되었다. 박사학위 논문도 〈특허식민회사제도의 연구特許植民会社制度の研究〉이다. 이후 남만주철도 주식회사에 입사하여 근무하다가 척식 대학에서 식민사를 강의하였다. 오카와는 1931년 '3월 사건'과 '10월 사건'에 참여하여 쿠데타를 꾀했지만 모두 실패했다. 이후 신무회神武會를 결성하고 대중운동을 도모하였다. 그는 1932년 해군 청년장교를 중심으로 한 쿠데타 사건인 5·15 사건에도 가담하였다. 사건은 진압되었지만 정당정치 시대에 종지부를 찍고 군부의 입김이 커지는 계기가 되었다. 그 일로 오카와는 재판을 받고 수감생활을 했다.

제2차 세계대전 때 일본은 미국, 영국과 개전하게 된다. 오카와는 전쟁의 목적과 당위성을 국민에게 설득하기 위해 강연 활동을 했다. NHK 라디오에서 12차례에 걸쳐 강연했으며, 강연록은 책으로도 출판되어 베스트

셀러가 되었다. 오카와는 우익 사상가였으며, 그의 사상은 매우 독특하다. 그는 충효가 곧 도道라고 주장하였으며, 충효, 도, 생명을 통합하여 '도의道義'라고 주장했다. 쉽게 풀이하면, 신을 믿는 인간의 마음은 동서양을 떠나 모든 인간의 의식 속에 있으며, 그 의식이 드러난 것이 '도의'라는 것이다. 그는 도의를 국가 통합 이데올로기와 연결시켰다. 그렇지만 종교적 신앙심을 천황제와 연결시켜 전쟁이라는 국가의 폭력을 오히려 정당화시킨 결과를 낳았다.

오카와는 5월 3일, 검사받기 위해 미군 정신병원으로 이송되었다. 미군 보고서에서도 오카와에게 환영증세가 있고, 그가 예수, 모하마드, 부처, 하느님이 되는 체험을 했다고 적고 있다. 오카와는 지상낙원에 가기 위해서 황제에 등극해야 한다고 주장했다. 그리고 이를 이루기 위해 미국 시민권을 취득해야 한다고 말했다. 도조를 왜 때렸는지 질문하자 도조를 사랑했으므로 그의 가족이 재판으로 수치감을 느끼지 않도록 하기 위해 죽이려 한 것이라고 대답했다. 미군 정신과 의사는 오카와가 꾀병을 부린 게 아닌지 의심했다. 일본인 정신과 의사도 오카와의 정신이상 증세에 의문이 있다고 밝혔다. 재판소의 명을 받고 도쿄 제국대학교 교수 우치무라 박사가 오카와를 검진했다. 우치무라도 오카와의 증세에 의구심을 가졌다.

검사는 오카와의 정신상태는 공소를 기각할 사유가 되지 않는다고 반박했다. 재판소는 오카와의 정신이상이 일시적인지 아니면 영구적인지에 대해 다시 검사받으라고 명했다. 다시 검사한 우치무라 박사는 오카와의 얘기가 농담인지, 아니면 어떤 의도를 가지고 한 것인지에 대해 의구심이 든다고 밝혔다. 그러나 미군 정신과 의사들은 오카와에게 망상과 환영 증세가 있고, 판단력 결핍이 있다고 보았다. 그러나 정신이상 상태는 영구적이지 않았다고 보았다. 오카와는 매독성 수막염으로 오른쪽 무릎 반사기능에 상애가 있었고, 왼쪽 발로 느릿느릿 걸었다. 그러나 이런 매독 증세는 젊

정신병에서 벗어난 오카와 슈메이

은 시절 그가 사창가를 드나들다 생긴 것이다. 정신과 의사들은 선서한 조서에서 오카와가 사물의 시비를 가리지 못하고, 자신을 방어할 능력이 없다고 보고했다.

6월 3일, 변호인들은 오카와에 대한 공소는 기각되어야 하고, 치료시설에서 치료를 받아야 한다고 주장했다. 재판소는 오카와에 대한 공소를 기각하고 병원에서 치료를 받으라고 명했다. 오카와는 스가모 형무소에서 미군 병원으로, 그리고 마쓰자와 병원으로 이송되었다(Brackman, 1987). 그런데 오카와는 훗날 남긴 《안락의 문安樂の門》에서 병원으로 이송되는 몇 개월 동안 이상한 꿈(정신병을 가리킨다)을 꾸었는데, 마쓰자와 병원으로 옮김과 동시에 꿈에서 깨어났다고 적었다. 원래 정신병이란 장기간 지속되고, 쉽게 나을 수 있는 병이 아니다. 따라서 이렇게 쉽게 정신병에서 나은 것으로 볼 때 형을 면제받기 위해 꾀병을 부린 게 아닌가 하는 추측을 낳는다.

오카와는 병원에서 퇴원하여 농촌에서 살며 농촌 발전을 계획하고 농사법 개선에 힘썼다. 그리고 학원도 개설해서 강의하였다. 1948년 재판소가 피고인들에 대하여 선고한 지 며칠 후, 오카와의 변호인들은 연합군 최고사령부가 오카와에 대해 추가적으로 조치할 것인지 질의했다. 그러나 최고사령부는 오카와에 대한 공소가 기각되었으므로 달리 기소하지 않을 것이라 회신했다. 오카와는 1949년 12월 25일 크리스마스 때 심장마비로 사망했다.

수석검사 조지프 키넌

조지프 키넌(Joseph Berry Keenan, 1888. 1. 11.-1954. 12. 8.)은 미국의 정치인이자 검사이다. 그는 1888년 로드 아일랜드 주 포터킷에서 태어났다. 1910년 브라운 대학교를 졸업하고, 1913년 하버드 대학교 로스쿨을 졸업하여 변호사가 되었다. 제1차 세계대전 때 참전하여 프랑스에서 근무하였다. 1919년 오하이오주 검찰총장의 특별보좌관으로 근무하면서 조직범죄를 수사했다. 1933년 법무부 장관 호머 커밍스Homer Stille Cummings에 의해 장관 특별보좌관이 되었다. 키넌은 이 시기에 미 전역을 휩쓸던 갱단 소탕에 힘썼다. 1934년 프랭클린 루스벨트 대통령은 키넌을 법무부 형사국장으로 임명했다. 그는 백악관과 의회 사이의 여러 현안, 특히 유괴와 조직범죄의 입법에 대한 현안 문제를 조율하는 역할을 수행했다. 그리고 연방유괴법을 입안하는 데 크게 역할했다. 1945년 해리 트루먼 대통령은 그를 도쿄재판의 수석검사로 임명했다. 키넌은 도쿄재판에서 전범의 수사와 공판을 지휘하였고, 도쿄재판을 마친 후 귀국하여 1954년 노스캐롤리나 주 애시버러에서 사망했다.

7

검사의 입증

변호인이 사임하다

변호인들은 재판 초기부터 어려움에 처했다. 재판소의 지원도 미미했으며, 마땅한 사무소를 구하기도 어려웠다. 번역인도 세 명뿐이었으며, 재판소가 지원에 나설 때까지 비서나 속기사도 없었다.

플로이드 마티스Floyd J. Mattice는 미시간 로스쿨을 졸업한 뒤 검사로서 경력을 쌓았다. 이후 미국 검찰총장 특별보좌관으로 근무했고 인디아나 로스쿨에서 형법을 강의했다. 그는 이타가키 세이시로와 마쓰이 이와네의 변호인으로 선임되었다. 마티스는 일본 변호사나 의뢰인과 대화하려면 평소보다 훨씬 많은 시간이 들고, 여러 관공서에 사실조회를 하면 회신을 받을 때까지 많은 시간이 걸린다면서 변론하는 데 어려움이 있다고 호소했다.

6월 3일, 키넌이 모두진술을 하기 전에 마티스는 재판장에게 변론을 준비하기 위해서는 시간이 필요하다고 말했다. 재판장 웨브가 "얼마나 시간이 필요한가요?"라고 묻자 마티스는 솔직히 그 문제에 대해선 변호인들 사이에 아직 합의가 안 되었다고 대답했다. 어떤 이는 2주가 필요하다고 하고, 어떤 이는 12주나 필요하다고 했다. 마티스는 1946년 도쿄재판의 변호인이 되었는데, 그 기간 동안 그의 비서가 그의 활동을 담은 자료를 스크랩북 형태로 수집했다(Mattice, 1950). 이를 마티스의 손녀가 보관해 오다가

변호인 조지 야마오카

2015년 인디아나 대학교에 기증하여 현재 디지털 형태로 일반인에게 공개되고 있다. 스크랩북에는 일본으로 가기 위한 비자와 활동사진, 신문 기사와 변론과 관련된 문서, 수기로 작성한 메모 등이 있다. 결국 여러 문제가 겹쳐 마티스는 사임하게 되었고, 그의 자리를 조지 야마오카George Yamaoka가 이어받았다. 그는 일본어와 영어에 두루 능통했다. 이로 인해 그는 일본 팀과 미국 팀을 연결하는 가교 역할을 잘 하리란 기대를 받았다.

조지 야마오카는 1903년 미국 시애틀에서 태어났다. 그의 부모는 모두 일본인계 미국인이다. 워싱턴 대학교를 졸업한 후 조지타운 대학교에서 법학을 전공했다. 이후 뉴욕으로 이주하여 뉴욕에 있는 일본 총영사의 비서관으로 근무했다. 일본어와 영어에 능통한 그는 1930년 런던해군회의 때 일본 대표단의 일원으로 참석하였다. 1931년 뉴욕 주 변호사로 합격한 뒤 법률회사에서 근무하였으며, 굵직한 소송에서 승소하여 이름을 알렸다. 1946년 일본 정부의 요청으로 도쿄재판에서 변호인으로 활동하게 되었다(Mattice, 1950).

검찰 내 소동

변호인단 내에서 플로이드 마티스가 사임할 무렵 검찰국 내에서도 한바탕 소란이 있었다. 모두진술을 마친 키넌은 도쿄를 떠나 워싱턴으로 가서 그곳에서 몇 주씩이나 머물렀다. 소식통에 의하면, 그는 그 기간 동안 미국에서 정치활동을 하였다고 한다. 이런 일이 있자 검사들은 연합군 최고사령관인 맥아더에게 달려가서 키넌을 수석검사직에서 사퇴시키라고 요구했다. 그 일에 영국 검사 코민스 카가 앞장섰다. 코민스는 도쿄 검찰국에서 막강한 영향력을 행사하고 있었다. 외교적인 수완력이 있어 그야말로 도쿄 검찰국을 주무르고 있었다. 국제 검찰국 내에서 조지프 키넌의 경쟁자는 바로 코민스 카였다. 검사들은 키넌의 음주 습관과 이기주의 성격, 공격적인 성향과 무례한 법정 태도 등을 나열하며 불만을 털어놓았다. 그러나 맥아더는 자신이 이러한 요청을 들어줄 수 있는 자리에 있지 않다고 말했다. 그리고 검찰국은 수십 개 나라를 대표하고 있고, 설령 키넌에게 문제가 있더라도 조직력과 외교력이 있다고 말했다. 이후 공식적으로 키넌을 면직시키라고 요구하는 일은 없었다. 하지만 일본으로 돌아온 키넌이 이런 소동이 있었던 사실을 알고 이전보다 더 험악하게 말했다고 한다. 이로 인해 총대를 멘 코민스 카는 힘든 고초를 겪었다고 전해진다(Donihi, 1992).

하라니야의 도착과 히긴스의 사임

판사가 재판하고 있는 사건의 피해자라든가 사건의 관계자이면 어떻게 될까? 그런 경우에는 공평한 재판을 기대하기 어렵게 될 것이다. 이런 경우에 판사를 재판에서 배제시키게 되는데, 이를 '제척'이라고 한다. 이런 사유가 있는데도 판사가 계속해서 재판에 관여하면 판사를 재판에서 제외시켜 달라고 신청할 수 있다. 이를 '기피'라 한다. 그리고 판사 스스로가 이런 사유가 있다고 판단해서 재판에서 탈퇴할 수 있는데 이를 '회피'라 한다. 이런 제척과 기피, 회피는 공평한 재판을 하기 위해 반드시 필요하기에 대부분의 나라에서 채택하고 있다. 다만 세부적으로 들어가서 어떠한 사유가 여기에 해당한다고 볼런지, 그리고 절차를 어떻게 구성할 것인지에 대해서는 나라별로 다를 것이다. 그런데 도쿄헌장에는 여기에 대한 규정이 없다. 결국 이 문제가 불거질 경우 논쟁이 될 불씨를 남겨둔 셈이다. 그리고 만약 이러한 사유로 판사가 재판에서 탈퇴할 경우에 대해서도 도쿄헌장에는 아무런 규정이 없다.

6월 8일, 필리핀 판사 델핀 하라니야Delfin Jaranilla가 도쿄에 도착했다. 히로타 고키의 변호인 데이비드 스미스David Smith는 하라니야가 바탄 죽음의 행진에 참가했고, 일본군의 포로로 있었다는 사실을 알게 되었다. 그러자 스미스는 하라니야를 재판에서 제외시켜 달라고 신청했다. 6월 12일, 스미스는 바탄 죽음의 행진은 검사가 제출하는 여러 증거 중 하나이고, 하라니야가 피고인들에 대해 편견과 선입견을 갖고 있으므로 공정한 재판이 어렵다고 주장했다. 이 신청에 대해 재판장 웨브는 재판소가 여기에 대해 재판할 아무런 권한이 없다고 말했다. 그러자 스미스는 물러서지 않고 어떤 나라든 재판부 구성원에 대해 제척권과 기피권이 있다고 주장했다. 그리고 하라니야의 과거의 경험이 사실을 판단하는 데 영향을 미칠 것이라고 주장했다. 그러나 재판장 웨브는 "판사가 사퇴한다면 결위를 보충할 수 없습니다. 결국 재판은 오랫동안 연기될 것이고 이는 전체 판사에게 불공정한 것이며, 제척 신청은 이유가 없습니다"라면서 스미스의 신청을 기각했다(Brackman, 1987).

미국 판사 존 히긴스

그 즈음, 미국 판사 존 히긴스John Patrick Higgins는 매사추세츠 주대법원장 자리로 돌아가야 한다면서 사임하겠다는 의사를 워싱턴에 통보했다. 히긴스는 미 검찰총장 톰 클라크Tom C. Clark 추천으로 도쿄재판의 판사로 지명되었다. 그러자 히긴스 지명에 반대하던 조지프 키넌은 발끈하였다. 히긴스는 도쿄재판이 이렇게 장기화될 줄 몰랐고, 매사추세츠 대법원장의 직위가 막중하다면서 사임하게 된 동기를 밝혔다. 그러나 히긴스는 딸에게 보낸 편지에서, 키넌에게 조직 장악력이 없고, 키넌이 검사들과 협력하여 업무를 수행하는 것이 서툴며, 다른 검사들과 소통에 있어 문제가 있다는 것도 사임하게 된 한 가지 이유라고 밝혔다. 그래서 재판이 어떻게 될지 막막하다면서 자신의 심정을 드러냈다.

충격에 휩싸인 워싱턴은 즉시 그 소식을 키넌에게 알렸다. 키넌은 이를 맥아더와 육군 법무감 마이런 크레이머Myron Cady Cramer에게도 알렸다. 다음 날은 7월 4일인데, 재판소는 휴정했다. 재판장 웨브는 미국 독립기념일이라고 사유를 밝혔다. 7월 5일, 키넌은 긴급 검사회의를 개최했다. 필리핀 검사 페드로 로페스와 영국 검사 코민스 카를 제외하고 모두 참석했다.

회의에 참석한 검사들은 맥아더에게 판사를 교체할 권한이 없다고 말했다. 도쿄헌장에는 판사는 6인 이상 11인 이하로 구성된다고만 적혀 있다. 10명이면 충분하다는 이도 있고, 도쿄재판소를 5대 강국이 책임져야 하므로 미국 판사가 반드시 있어야 한다고 주장하는 이도 있었다. 5개국 대표들은 맥아더에게 히긴스의 후임을 선임할 권한이 있다고 보았다. 초기에 맥아더는 프랑스 판사 앙리 베르나르 대신 앙리 리임버거를 임명했다. 여기에 모든 검사들이 동의했다. 그러나 검사들은 재판이 열린 지 1달도 안 되어 이렇게 판사가 사임하는 것은 모양새가 좋지 않다고 말했다(Totani, 2008).

영국 검사 코민스 카는 호주 검사 앨런 맨스필드와 함께 맥아더에게 달려가서 히긴스의 사임을 수락해서는 안 된다고 말했다. 그러자 이들 역시 키넌에게 문제가 있다고 말했다. 그러나 맥아더는 히긴스의 후임을 정하는 것은 오직 워싱턴이 정할 일이라고 잘라 말했다. 7월 6일, 히긴스는 맥아더를 만났다. 맥아더는 사임하려는 히긴스를 설득했다. 설득에 실패하자 맥

히긴스 후임인 마이런 크레이머 판사

아더는 히긴스에게 1주일만 시간을 달라고 말했다. 맥아더는 워싱턴의 뜻에 따라 크레이머를 후임으로 임명했다(Crowe, 2018).

크레이머는 7월 22일 도쿄에 도착해서 히긴스의 자리를 물려받았다. 여기에 대하여 변호인들은 맥아더가 헌장을 위배했다고 다투었다. 헌장에는 판사의 교체에 대해 아무런 규정이 없다. 헌장에 따르면 맥아더는 11명의 판사만 임명할 수 있는데, 크레이머는 13번째 임명된 판사라는 것이다. 그리고 사임을 이렇게 자꾸 받아주면 앞으로 계속 사임하는 사태가 벌어질 것이며, 승전국인 미국 장군이 재판하는 것은 공정하지 않다고 주장했다. 그러나 웨브 재판장은 "다수결에 의해 크레이머 장군은 미국의 대표로서 재판부 구성원이 될 수 있다고 결의했고, 신청을 기각합니다"라고 선언했다.

마이런 크레이머는 코네티컷 주 포틀랜드 출신의 인물이다. 하버드 로스쿨을 마치고 변호사가 되어 보험회사에서 수습 변호사로 근무하다가 워싱턴 주검사로 임명되었다. 이후 워싱턴 주방위군에 합류하여 군검찰관으로 근무했고, 워싱턴 주 군판사와 군사법 교수를 역임하였다. 제2차 세계대전 때에는 육군 준장이자 육군 법무관으로 있었다. 1942년에 검찰총장인 프랜시스 비들Francis Biddle과 함께 군사위원회에서 독일 유보트 정보원에 대해 재판했다.[1] 이후 제2차 세계대전이 끝나자 예순세 살의 나이로 군에서 은퇴했다. 그는 갈색 머리에 회색 눈을 가졌다.

1946년 히긴스가 갑자기 사망하자 국방부는 그에게 도쿄재판에서 판사

1 독일의 잠수함 유보트가 미국 해안을 감시하면서 수송선을 격침시키는 사건이 있었고, 수송선에 대한 항로 정보를 정보원들이 제공한 사건.

로 일해 볼 의향이 있는지 의사를 타진했다. 크레이머는 1946년 9월 20일 도쿄에 왔고, 당시 그의 메모에 의하면 그 자신도 6개월이면 재판이 끝나는 줄 알고 있었다. 실제 뉘른베르크 재판은 1945년 11월에 시작해서 1946년 10월에 끝났다. 1947년에 들어서자 크레이머는 그해 말이면 도쿄재판이 끝날 것으로 기대했지만 재판은 1948년 11월에야 끝이 났다(Borch, 2009).

트루먼은 도쿄재판의 판사를 추천하는 일에 무관심한 듯했다. 트루먼은 미국 판사로 매사추세츠 주대법원장인 존 히긴스를 추천했다. 그러나 히긴스는 뉘른베르크재판의 미국 판사와 비교할 때 경력에서 한참 모자랐다. 뉘른베르크재판에서 미국 판사로 지명된 프랜시스 비들은 루스벨트 대통령 때 검찰총장을 지낸 인물이다. 그리고 비들을 대체한 판사는 연방항소법원 부장판사인 존 파커John Parker였다. 이와 같이 도쿄 판사와 뉘른베르크 판사는 법조 경력에서도 큰 차이가 났다.

증거를 제출하다

6월 4일, 키넌은 모두진술을 하면서 입증할 내용을 총괄적으로 밝혔다. 이후 증거서류('서증'이라고 한다)를 제출하고, 증인을 신청하였다(증거는 크게 증거인 문서와 증인 두 가지로 나뉜다). 그리고 1주일 후, 28명의 피고인들에 대한 증거를 제출했다. 검사는 사건을 15개로 나누어 증거를 제출하였다. 대부분은 평화에 반하는 범죄에 대한 것이고, 4개는 통상의 전쟁범죄에 대한 것이었다. 검사는 사건별로 입증하려는 내용이 무엇인지와 증거에 대하여 설명하였다. 검사가 증거를 제출하면 피고인 측은 여기에 대해 반박하였고, 검사가 증인을 신청하면 피고인 측은 증인에 대하여 반대신문을 하였다.

6월 12일까지 휴정하였고, 6월 13일 변론을 재개하였다. 이 날 맨스필드

검사가 헤이그 협약과 일본 헌법, 일본의 성省, 관제官制 등, 국제 조약과 일본의 정치조직을 밝히는 증거서류를 제출하였다. 이어 캐나다 놀런 검사가 일본의 정부조직과 피고인들의 경력을 설명하였다.

6월 17일, 한맥크 검사는 모두진술을 하면서 일본이 전쟁을 어떻게 준비하였는지 개괄적으로 설명하였다. 한맥크 검사는 일본이 침략전쟁을 준비하기 위해 학교에서 군사훈련을 시키도록 하고, 신문과 출판물, 영화와 라디오를 검열했다고 주장했다. 그리고 선전을 통하여 침략전쟁을 미화하고, 미국과 영국에 대해 적개심을 키우도록 했으며, 이러한 정부 정책에 따르지 않는 언론에 대해서는 검열 등의 통제 수단을 강구했다고 밝혔다.

이후 연합군 총사령부 민간정보 교육국장인 뉴젠트 중위가 증인으로 나왔다. 이어 6월 18일부터 19일까지 가이고 도키오미海後宗臣, 오나이 헤이주쓰大内兵衛, 다키카와 유키토키瀧川幸辰 세 명의 교수가 증인석에 섰다. 다음으로 마에다前田 문무대신, 이토 노부후미伊藤述史, 나카이 긴헤이주쓰中井金兵衛, 오가타 다케토라緒方竹虎, 스즈키 도민鈴木東民, 고이즈미 고로오小泉語郎 등이 증인으로 나왔다.

다음 증인으로 당시 국무대신인 시데하라 기주로幣原喜重郎가 증인석에 섰고, 시미스 고노스케清水行之助, 도쿠가와 요시치카德川義親가 증인으로 나왔다. 6월 27일에는 후지타 오토코藤田男와 진보당 간사장인 이누카이 다케루犬養健가 만주에 대해 증언하였다. 이후 애국단체의 기록과 익찬회翼贊會의 관제官制 등이 제출되었다. 와카쓰키 레이지로若槻禮次郎와 우사미 로오宇佐美六郎, 우가키 가즈시게宇垣一成 등이 증인으로 나왔고, 7월 1일에는 사이토 후미오斎藤文夫가 증인으로 나왔다. 이어 만주사건에 대하여 달시 검사가 모두진술을 하였고, 매켄지 검사가 〈리턴보고서Lytton Report〉를 낭독하였다.

7월 2일에 오카다 게이스케岡田啓介가 증인으로 나왔다. 7월 3일에는 피고인 하시모토 긴고로의 '청년 제자에게 고함', '키소오라木戶候 일기' 등을 증거로 제출하였다. 이어 다나카 이요시田中陸吉와 모토元陸 군성軍省 병무국장이 증인으로 나왔다. 검사는 만주사변과 일본의 만주 지배에 대해 입증하려고 하였으나 무더위로 휴정하였다가 7월 22일 재개하였다. 이날 쩌우더춘奏德純 중국 국방차관이 증인으로 나와서 나흘 동안 증언하였다. 7월 30일에는 가사카 요시아키笠根嘉明가 증인석에 섰고, 다시 펑텐영사인 모리시마 모리도森島守人, 마에다 다몬前田多門이 증언하였다. 그리고 〈비상 시 일본〉이란 영화를 상영하였다.

8월 5일, 중일전쟁에 대해 존 바우엘John Bauel이 증언하였다. 7월 30일에 가사카 요시아키의 진술서가 증거로 제출되었다. 8월 7일에는 모로 검사가 중국 침략에 대해 모두진술을 하였고, 왕랑치이王冷齊와 다다 하야오多田駿 참모차장, 도란스, 미국 기자 존 게티 등이 증인으로 나왔고, 미국 무관 바레트의 진술서가 제출되었다. 난징대학살에 대해 여러 증인들이 증언하였고, 마지막 중국 황제 푸이가 등장하자 언론과 시민들의 관심이 집중되었다(김철우, 2016).

검사는 1946년 8월 15일부터 일본군이 중국에서 저지른 잔혹행위에 대한 증거를 제출하였다. 주임검사는 샹저쥔으로 중국인 헨리 슈Henny Chiu의 도움을 받았다. 인도의 주임검사 고빈다 매논과 세 명의 미국 변호사 데이비드 서튼David Sutton, 아서 샌더스키Arthur Sandusky, 존 험멜John Hummel이 이와 다른 증거를 제출하였다.

맨스필드가 요약하다

미국 검사들은 중국에서 벌어진 전쟁포로와 민간인 억류자에 대한 일본

호주 검사 앨런 맨스필드

군의 잔혹행위에 대한 증거를 제출했다. 그리고 태평양 중부 지역의 도서와 필리핀 지역에서의 미국인에 대한 학대를 다루었다. 프랑스의 주임검사 로베르 오네토 팀은 인도차이나 지역에서 벌어진 전쟁범죄에 대한 증거를 제출했지만 앞선 팀에 비해 증거가 적었다. 이것은 이 지역에서의 프랑스의 조사가 미흡했고, 다른 지역에 비해 이 지역에서 전쟁범죄가 덜했기 때문이다. 다음으로 러시아 검사가 증거를 제출했다. 증거가 많지 않은 것은 러시아가 일본과 벌인 전쟁이 많지 않았기 때문이다. 나머지 태평양 지역에서의 전쟁범죄와 관련하여 필리핀 검사 페드로 로페스는 공식적으로 인도에 반하는 범죄에 대한 증거를 제출하기로 되어 있었다. 그러나 실제로는 주로 통상의 전쟁범죄와 관련된 증거를 제출했다. 미국 검사 솔리스 호위츠가 로페스를 돕긴 했지만 대부분은 필리핀 검사 로페스가 했다.

엿새 후 앨런 맨스필드가 1941년부터 1945년까지 사이에 필리핀을 제외한 태평양 지역의 일본의 전쟁범죄에 대한 증거를 제출했다. 호주와 캐나다, 프랑스와 네덜란드, 미국 검사들이 팀을 이루어 증거를 제출하였다. 맨스필드의 지휘에 따라 각국의 검사는 증거를 제출했다. 네덜란드 검사는 동남아시아 네덜란드령에서 벌어진 일본의 잔혹행위에 대한 증거를 제출했다. 로페스와 맨스필드, 울워스는 1946년 11월 10일부터 1947년 1월 17일까지 6주 동안 증거에 대해 설명했다(Totani, 2008).

재판이 길어지자 키넌은 증거의 제출과 설명을 대폭 줄이자고 제안했다.

이에 따라 증거를 요약해서 설명하였으므로 조서의 번역 작업도 간소화할 수 있었다. 맨스필드는 처음에 이런 방법으로 하더라도 10주가 족히 걸리리라 예상했다. 맨스필드는 일본이 1942년에 제네바 조약에 조인했음에도 조약에 따라 포로들을 대우하지 않았고, 아무런 권리도 인정하지 않았으며, 인도적인 고려를 하지 않았다고 주장했다. 그리고 중국과 버마, 타이, 보르네오, 방카 섬, 뉴기니아, 나하에서의 잔혹행위는 결코 점령군 개인이나 일개 부대에서 이루어진 것이 아니라 전쟁정책을 결정하거나 지휘하는 상관의 지시와 묵인하에 이루어졌다고 주장했다(박원순, 1996).

8

만주 침략

검사의 입증전략

검찰은 일본의 전쟁 지도자들에게 책임을 묻기 위해 입증전략을 세웠다. 그 입증전략이란 다음과 같다. 피고인들이 일본으로 하여금 경찰국가로 나아가도록 했고, 군국주의자들이 자신들의 세력을 넓히기 위해 책동을 벌인 사실을 입증한다. 그리고 피고인들이 침략전쟁을 선동하였다는 사실을 밝힌다(Brackman, 1987).

그런데 위톈런俞天任은 전쟁 지도자에게만 책임을 묻는 것은 잘못이라고 지적한다. 그는 상하이에서 태어나서 일본으로 건너갔고, 일본에서 기계회사의 직원으로 근무하면서 일본에 대해 많은 글을 썼다. 《대본영의 참모들》에서 그는 일본 사람들이 기고만장해서 상사를 우습게 알고 부하를 속이며, 자신만이 옳다고 생각하는 사람을 '대본영 참모'라 부른다고 밝히고 있다.

그는 도쿄재판은 미국이 주도해서 진행했지만 미국은 일본의 문화는 물론이고, 일본의 지휘계통을 잘 이해하지 못했다고 본다. 군정軍政 계통에 있는 육군성과 해군성의 지도자만 추궁했으며, 이원화된 일본군 내의 군령軍令 계통에 있는 대본영 참모본부와 군령총부의 지도자를 전혀 기소하지 않았다는 것이다. 그에 의하면 이들이야말로 전쟁을 기획하고 일으킨 장본인들이다.

일본군의 지휘체계는 이원화되어 있는데, 군사행정은 군정軍政에서, 작전과 용병 등 구체적 업무는 군령軍令에서 했다. 군정은 육군성과 해군성에서 관장하고, 군령은 육군의 참모본부와 해군의 군령부에서 관장했다. 일본의 군대는 군정과 군령이 완전히 분리된 이원체제로 되어 있어 참모장을 지휘하는 사람은 지휘관이 아니라 그 윗급의 참모장이다. 위톈런에 의하면 전범으로 기소되어야 할 사람은 바로 이들 참모들이다(俞天任, 2014).

그렇다면 이런 지적은 옳을까? 결론부터 말하자면 일리는 있지만 정확한 진단은 아니다. 후술하는 만주사변에서 관동군 작전참모인 이시와라 간지가 그 주모자였다. 물론 검사들도 이런 사실을 파악하고 이시와라를 조사하였다. 그렇지만 도쿄재판에서 그는 전범으로 기소되지 않았다. 도쿄재판에서는 일본의 전쟁범죄를 가장 비중 있게, 그리고 가장 상징적으로 대표하는 인물을 피고인으로 선정하였으므로 이들 참모가 여기에 포함되지 않았던 것이다. 만약 후속재판이 계속되었더라면 이들도 기소 대상으로 올랐을 것이다.

전쟁 전 일본은 겉으로 보기에는 근대 민주국가의 형태를 갖추고 있었다. 헌법은 프러시아의 헌법을 모태로 해서 영국과 프랑스 체계를 가미했다. 그러나 실제로는 군사정권 혹은 경찰국가였다. 군과 경찰이 국가를 장악하였고, 전쟁 때에나 평화 때에도 군이 통괄했다.

이와 관련해서 캐나다 검사 브리가디르 놀런은 전쟁 전이나 전쟁 중에 경찰에게 내린 지령을 증거로 제출했다. 경찰은 의심이 가는 사람에게 행선지와 체류지를 물을 수 있었으며, 혐의가 가는 사람에 대해서는 증거 없이도 조사할 수 있었다. 경찰의 허락 없이는 집회를 개최할 수 없고, 경찰은 집회를 중단시킬 수도 있었다. 경찰은 책과 신문, 출판물을 검열했고, 신문사에 무엇을 발간해서는 안 되는지를 지시하는 공문을 내려보냈다. 이렇게 군국주의에 반대하는 사상과 행동의 자유를 통제하자, 언론은 군국주의 정책을 정당화하고 찬양하는 도구가 되었다.

검사는 경찰 고위직이었던 고로 고이즈미를 증인으로 세웠다. 고이즈미는 "(이러한) 정책과 검열법으로 인해 신문과 출판물, 서적과 영화, 연극과 공연, 대중연설과 대중 집회가 검열의 대상이 되었고, 검열법을 위반한 사람은 구속되었습니다"라고 증언하면서 아무도 전쟁에 반대하는 의견을 낼 수 없었다고 증언했다.

검사는 증인을 통해 피고인들이 장악한 전쟁 전의 일본이 독재국가였음을 입증했다. 도쿄 제국대학교 교수 오우치 효에大內兵衛는 중국 침략에 반대했다가 숙청되어 스가모 형무소에 수감되었다. 오우치는 먼저 선서진술서를 통해 1938년 각 대학에서 군사교육이 강화되었고, 기도가 문부대신으로 있을 때 중국 침략에 반대하는 논문을 제출했다가 권고사직 당했다고 밝혔다. 오우치는 변호인이 반대신문을 하자 만면에 미소를 머금은 채 침착한 태도로 답변했다. 그리고 기도가 중국 침략을 비판하는 교수들을 숙청하는 데 앞장섰다고 증언했다.

아사히 신문의 편집장인 마에다 다몬前田多門은 1928년 이후 일본이 강한 군국주의와 국수주의 색채를 띠었다고 증언했다. 그는 종전 후 문부대신을 역임했다. 마에다는 일본 신문사가 심하게 검열받았다고 말했다. 마에다는 육군이 신문기사나 사설을 검열하고 저술가나 신문사를 방문하여 경고했고, 고분고분 따르지 않는 자는 폭력단체를 통해 억압했다고 말했다. 그는 1936년 독일 방공협정이 체결되자 독일 나치와 연대를 강화하는 것은 나머지 세계와 고립되는 것이라는 사설을 썼다. 그러자 두 명의 대령이 신문사를 방문했는데, 이들은 앞으로 우호적인 관점에서 사설을 써 줄 것을 요구했다고 한다(Brackman, 1987).

만주사변

제1차 세계대전 후 군축이 진행되면서 일본군 내부에 불만이 쌓여 가고 있었다. 이 틈을 타서 극우주의자들은 위기 탈출을 위해 특단의 조치가 필요하다고 부추기고 있었다.

1927년 다나카田中 내각이 들어서자 군은 만주에 대해 적극적인 정책을 펼치도록 정부를 움직였다. 그리고 1927년 5월 만주에 출병하였고, 이듬해 5월에도 출병하여 일본은 만주에 대한 실질적인 권리를 얻었다. 만주 군벌 장쭤린張作霖은 1928년 6월 4일 국민당의 북벌군이 진격하자 둥베이東北로 철수하였다. 원래 만주에 주둔하고 있던 관동군은 일본이 운영하는 남만주철도를 방어하는 목적으로 설립된 부대였다. 그렇지만 호전적인 군부는 이를 빌미로 점차 세력을 확장하였다(김철우, 2016).

초기에 일본과 장쭤린의 관계는 우호적이었다. 장제스는 1927년 4월 12일 공산주의자들을 공격했고, 며칠 후 난징을 임시 수도로 정했다. 일본 군부는 러시아와 완충지대로 만주와 몽골을 장악하기로 계획했다. 그래서 장쭤린에게 만주로 돌아가라고 충고했다. 장제스는 일본을 방문해서 장쭤린과 거래를 끊는다면 일본이 만리장성 북쪽의 지역을 장악해도 개의치 않는다는 뜻을 내비쳤다. 그즈음 베이징에 주재하는 외교관 요시자와는 장쭤린에게 베이징을 조용히 떠나면 일본이 그를 보호할 거라고 말했다.

그런데 1928년 6월 4일, 장쭤린이 탄 열차가 베이징을 떠났다. 그리고 열차가 펑텐奉天 교외 황구툰皇姑屯(라오닝성에 있음) 부근에 이르자 폭파 전문가 고모토河本 소령이 훈련시킨 관동군은 장쭤린이 탄 열차를 폭파시켰다. 그러자 일본인들 사이에서는 장쭤린의 폭파 사건은 일본 육군의 계획에 따른 것이라는 소문이 파다했다.

다나카 총리는 미네 고마쓰峰小松 장군에게 사건을 철저하게 수사하라고 명령했다. 그러자 미네는 산적의 소행이라는 허위 보고서를 제출했다. 결국 장성 한 명과 고모토 소장에게 근무 태만의 책임을 지우는 선에서 사건은 흐지부지 종결되었다. 그렇지만 천황 히로히토는 사건에 연루된 자들이 누구인지, 사건의 전모가 어떠한지 모두 파악하고 있었다. 장쭤린은 일본의 후원으로 군벌로 성장했고, 일본 역시 그를 이용해서 동북으로 진출하려고 꾀했다. 그러나 그가 동북을 넘어 전국 규모의 군벌로 성장했고, 미국 등과 연계하려고 하자 살해한 것이었다(장쭤린 폭사 사건).

일본 내에서는 극우주의자들에 의한 군사 쿠데타가 이어졌다. 그리고 전쟁과 파시즘을 예고하는 징후가 나타났고, 국민은 정당정치를 불신하였다. 1930년 대공황이 시작되었지만 내각은 사태에 잘 대처하지 못했다. 경제가 어려워지자 남만주철도 사장은 공공연히 일본인에게 만주로 이주하라고 독려했다. 당시 남만주는 일본인에게 엘도라도로 그려지고 있었다.

하마구치 총리는 군비감축조약에 서명하고 해군의 예산을 삭감했다. 그러자 우익은 그를 제거하기로 마음먹었다. 1930년 11월 14일 하마구치가 기차를 타려는 순간 우익 분자 사고야 도메오가 총격을 가하여 현장에서 체포되었다. 그러나 수사는 흐지부지되었고, 사고야의 단독범행이라고 결론지었다(11월 사건).

군부 독재정치에 의한 국가 개조를 도모하는 이들은 1931년 3월 군사 쿠데타를 기도했다(3월 사건). 이 사건은 소수의 군인들이 내각 건물과 방송국, 의회를 장악하고, 의회를 해산시키고 정당제의 폐지를 기도한 사건이다. 하시모토 긴고로 중령을 비롯한 벚꽃회 장교들은 우익의 오카와 슈메이, 사회민중당 의원 등과 함께 쿠데타를 계획했다. 군대를 동원해서 의회를 점령하고 우가키 육군대신을 총리로 하는 정권을 수립하려 한 것이다. 그러나 1931년 3월에 오카와 박사 등이 주도한 소규모의 데모가 있었을 뿐, 의회로의 행진이나 군의 움직임은 없었다. 그러자 오카와 박사는 쿠데타에 쓰려고 한 수류탄을 안전가옥으로 옮기고 음모의 주동자들에게 돈을 요구했다.

도쿄재판 때 미국 검사들이 사건을 조사했지만 오카와가 돈을 요구한 사실은 밝히지 못했다. 3월 사건은 육군대신 우가키에 대한 불신임이 그 동기였다. 후일 우가키는 조선의 총독으로 있다가 제2차 세계대전을 끝내자는 주화파에서 중심 역할을 하였다. 당시 정부는 주모자를 처벌하지 않고 사건을 마무리하였다(Behr, 2010).

그리고 그 해 10월에는 의회의 해산과 군사정권을 도모하는 쿠데타가 발생했다(10월 사건). 벚꽃회의 하시모토 긴고로 등이 오카와 슈메이 등과 연대하여 10월 21일을 기하여 보병 10여 개 중대, 폭격기 10여 기를 동원하여 총리 등 각료를 죽이고, 아사키 사다오淺木貞夫 중장을 총리로 하는 군사정권을 세운다는 계획을 세웠다. 그러나 사건이 발각되어 미수에 그쳤다. 그러나 정부는 주모자인 하시모토에게 근신 20일만 주는 등 형식적으로 처벌하였다. 이와 같이 3월 사건과 10월 사건은 모두 미수에 그쳤지만 주모자들에 대한 대응은 매우 미온적이었다.

이후 관동군 사령관으로 혼조 시게루가, 참모장으로 이타가키 세이시로가 임명되었고, 이시와라 간지가 작전참모가 되었다. 이시와라 간지는 참모장 이타가키 세이시로와 공모하여 만주를 장악하려는 계략을 꾸몄다. 1931년 7월 2일 이시와라 공작원들은 중국인 농부들에게 돈을 주어 조선 이주자들의 농지에 수로를 만들게 하여 조선 이주자들과 중국 농부들 사이에 갈등을 일으켜 유혈 사태를 촉발시켰다. 이 사건을 빌미로 이시와라는 일본군을 조선과 만주의 국경에 파견했다(만보산 사건).

강경파의 혼조 시게루와 이타가키 세이지로, 이시와라 간지는 만주철도 폭파를 계기로 관동군을 출동시킨다는 계획을 세웠다. 관동군이 만주에서 전쟁을 일으킨다는 소문이 있자 아카쓰키 총리는 관동군 사령관에게 일절 군사 행동을 자제하라는 편지를 보내기로 했다. 그런데 그 일을 맡은 다테카와 요시쓰구建川美次 중장은 3월 사건에 가담한 인물로, 일본군의 만주 개입을 옹호하던 자였다. 일본 정부는 1931년 9월 14일 다테카와를 만주에 파견하여 이를 저지하기로 했다.

다테카와는 명령에 불만을 품고 비행기 대신 기차를 타고 느긋하게 출발했다. 그리고 조선을 거쳐 예정보다 사흘이나 늦게 펑톈奉天에 도착했다. 그러는 사이 참모본부의 하시모토 긴고로 중장은 관동군에 다테카와가 펑톈에 도착하기 전에 거사를 실행하라는 비밀전문을 보냈다. 9월 18일 다테카와가 펑톈에 도착하자 이타가키 세이시로는 그를 요정에 데려갔다. 9월 18일 오후 10시 20분 펑톈 외곽 북쪽 7.5km 떨어진 류타오거우柳條溝에 관동군의 공작으로 남만주철도가 폭발했다. 그러자 이타가키 세이시로 대장은 펑톈을 공격하라고 명령했다(Behr, 2010). 그리고 순식간에 남만주 일대를 장악했다(류타오거우 사건).

이와 같이 일본의 군국주의자들은 선양瀋陽을 점령할 구실을 만들려고 남만주철도에 폭탄을 터트려 자작극을 벌인 것이었다. 그리고 이를 중국의 침공이라고 우기고 침략을 거듭하여 1932년에 상하이를 점령했다. 사실 관동군 참모 이시와라 간지는 사변이 발발한 1931년 9월 18일로부터 2년 전인 1929년부터 착실히 준비하고 있었다. 사변이 발발한 9월 18일 밤 만주군벌 장쉐량張學良은 베이징에 있었다. 당시 장쉐량이 거느린 동북군은 약 19만 명이었고, 그에 비해 관동군은 1만 명으로 압도적으로 열세였다. 그래서 일본의 특무기관(정보기관)은 화북華北 지방에서 장쉐량에 대한 반란을 부추겼고, 장쉐량은 반란 진압을 위해 본거지인 만주를 비웠던 것이다(加藤陽子, 2017).

9월 22일 각료회의에서 외무대신 시데하라 기주로는 만주사변이 육군의 계획된 행동이라고 비판했다. 그렇지만 내각은 미온적으로 대처했다. 내각은 더 이상 사태를 확대하지 말라고 할 뿐, 개입하지 않았다. 당시 중국과의 접경지대에는 최정예를 자랑하는 조선군이 배치되어 있었는데, 조선군사령관 하야시 센주로林銑十郎는 천황의 명령 없이 조선의 군대를 만주로 이동시켰다. 그럼에도 내각은 이를 저지하지 않고 묵인했다. 당시 일본 내각은 내각의 한 명만 사퇴해도 내각을 전부 해산해야 했으므로 사태에 적극 대응할 수 없었다. 그리고 1932년 1월 17일 제네바에서 개최된 국제연맹 이사회는 만주사태에 미온적으로 대처하는 등 무력감만 드러냈다. 그러자 일본은 1932년 3월 1일 청의 마지막 황제 푸이를 내세워 괴뢰정부 만주국을 설립하였다(Ferrell, 1955).

만주를 점령한 지 3개월도 안 되어 이타가키 대령은 사태를 보고하기 위해 황궁을 방문하였다. 여기에 대해 기도는 일기장에, 천황이 사소한 일까지 참견하는 게 두렵다고 적었다. 국제연맹은 영국의 귀족 리턴 경을 중심으로 하는 조사단을 파견했다. 리턴조사단은 만주국을 해체하고 만주에 대한 중국의 명목상 주권을 인정하는 대신 만주를 일본이 관할하는 비무장지대로 만들자고 제안했지만 일본과 중국은 모두 반발했다. 그리고 일본은 여기에 대한 대응으로 1933년 3월 27일 국제연맹에서 탈퇴했다.

만주사변이 일어난 이유에는 여러 가지가 있겠지만 다음과 같은 사정도 한몫했다. 1930년 정우회 소속 의원 마쓰오카 요스케는 만몽이 '일본의 생명선'이라고 말했다. 여기서 '만몽'이란 남만주와 동부 내몽골을 합한 지역을 일컫는다. 만주를 동북 3성(랴오닝성, 지린성, 헤이룽장성)이라 부르는데, 러일전쟁을 계기로 북쪽은 러시아가, 남쪽은 일본이 점령하였다. 당시 육군에서는 난징의 국민정부와 우호관계에 있고, 장쉐량 정권을 타도해서 만몽을 국민정부로부터 분리하자는 주장이 있었다. 만몽을 열강으로부터 인정받으려면 일본이 시설물을 설치하고 경영한다는 실적이 필요했다. 여기에 육군의 참모본부와 외무성, 상사가 가담했다. 당시 일본은 만몽을 생존권

1931년 9월 19일 일본군이 펑텐을 장악한 뒤 환호하는 모습

문제로 인식했다. 그래서 남만주철도를 설립했는데, 사실 정부가 관리하는 회사였다.

일본은 소련과의 전쟁을 지속하려면 중국이라는 병참기지가 있어야 한다고 생각했다. 육군은 중국이 조약에서 정하고 있는 일본의 권리를 지키지 않는다고 선동했다. 사실 이것은 기만이지만 1929년 10월에 세계 대공황이 시작되자 국민의 생활고를 해결해야 한다는 논리가 먹혀들기 시작했던 것이다(加藤陽子, 2017).

일본이 만주를 쉽게 침략한 것은 당시 국제정세와도 관계가 있다. 영국

표 8-1. 일본의 만주 침략 일지

사건	날짜	개요
장쭤린 폭사 사건	1928. 6. 4.	일본 관동군이 장쭤린이 탄 열차를 폭파시킨 사건
만보산 사건	1931. 7. 2.	일본의 술책으로 조선인 농민과 중국인 농민 사이에 벌어진 유혈사태
류타오거우 사건	1931. 9. 18.	관동군의 조작으로 류타오거우에 있는 남만주철도를 폭파시킨 사건
펑텐사변	1931. 9. 19.	일본이 류타오거우 사건 사건을 빌미로 군대를 동원하여 펑텐奉天을 장악함
만주국 건립	1932. 3. 1.	일본은 푸이를 내세워 만주에 괴뢰정부를 건립함

표 8–2. 일본 내 정치테러 사건

사건	날짜	개요
11월 사건	1930. 11. 14.	우익 사고야 도메오가 하마구치 총리를 저격한 사건
3월 사건	1931. 3. 18.	벚꽃회의 리더 하시모토 긴고로 등이 시도한 군사 쿠데타
10월 사건	1931. 10. 21.	벚꽃회가 주도하여 의회의 해산과 군사정권을 도모한 군사 쿠데타
이노우에 저격 사건	1932. 2. 7.	혈맹단 단원 오누마 쇼가 이노우에 준노스케 대장대신을 저격한 사건
단 다쿠마 저격 사건	1932. 3. 5.	히시누마 고로가 단 다쿠마 남작을 저격한 사건
이누카이 저격 사건	1932. 5. 15.	다치바나 고자부로가 이누카이 총리를 저격한 사건
내각 테러 미수 사건	1933. 7.	애국 근로당, 대일본 생산당의 회원이 내각, 정치인들을 소탕하려다 실패한 사건

과 미국 등 열강은 세계 대공황의 타격으로 사태에 대응할 여력이 없었다. 그리고 소련과 서구 열강과의 대립이 점점 심해졌다. 미국은 무력에 의한 현상 변경을 승인하지 않는다는 불승인주의를 채택했음에도 무력충돌에 개입하는 것은 피하고 있었다.

그리고 그 즈음, 일본 내에서는 정치테러가 이어졌다. 혈맹단血盟団은 이노우에 닛쇼井上日召라는 신도 개량주의가 창설한 단체다. 이노우에는 일본이 앓고 있는 모든 사회문제는 신성한 천황이 직접 통치하는 농촌경제로 전환시켜야 가능하다고 믿었다. 이런 목적을 달성하기 위해 암살도 서슴지 않았다.

1932년 2월 7일, 회원 오누마 쇼大沼正가 군비 증대에 반대한 대장대신 이노우에 준노스케井上準之助를 저격했다. 1932년 3월 5일, 암살자 히시누마 고로菱沼五郎는 "히로히토 만세"를 부르며 단 다쿠마団琢磨 남작을 저격했다. 남작은 국제연맹을 지지하고 있었다. 1932년 5월 15일, 이누카이 총리는 다치바나 고자부로橘孝三郎에게 암살당했다. 암살에 가담한 테러 집단은 애향숙愛郷塾 소속이었다. 이들은 야스쿠니 신사에서 참배하고 총리 관저로 달려가서 총리에게 총을 쐈다(Behr, 2010).

1933년 7월, 두 개의 비밀결사단체인 '애국 근로당'과 '대일본 생산당' 소속의 회원이 내각, 정치인들을 소탕하려는 음모를 꾸미다가 적발되었다. 당시 일본 국민들은 천황의 권위를 절대시하고, 상관의 명을 천황의 명을 떠받들 듯이 하였다. 국민은 하나같이 천황의 수족이라고 여겼으며, 군대는 이상사회이고 군대 밖의 사회는 한 단계 낮은 것(사바 지방)으로 취급받았다. 그래서 쿠데타를 단행할 때에도 군대의 힘과 권위를 빌려야 했다. 그러나 천황은 군부와 관료라는 지배기구 위에 얹혀 있는 존재이므로 '천황을 받들어 간신을 무찌른다(尊皇討奸)'라는 구호에는 모순되는 측면이 있다. 이상이 간략하게 살펴본 만주사변과 이와 관련된 사건의 줄거리이다.

이와 관련하여 검사는 오카다 게이스케岡田啓介를 증인으로 신청했다. 그는 1934년부터 1936년까지 총리를 지냈으며, 온건하고 평화를 지향하는 인물이다. 오카다는 다음과 같이 증언했다(김철우, 2016).

> 혼조 시게루本庄繁 장군의 관동군은 장쭤린과 협력해서 교섭하려는 다나카 내각의 정책에 불만을 품고 다나카 내각과 장쭤린의 교섭을 기다리지 않고 무력으로 만주를 점령하려고 기다리고 있었습니다. 일당은 장쭤린이 만주로 귀환하기를 기다려 그를 살해하려는 음모를 도모하였습니다.

이어 오카다는 다음과 같이 증언했다. 다나카 내각은 국민당의 통일 움직임에 맞서 만주의 실권을 장악할 사람이 바로 장쭤린이라고 보고 그를 지지했다. 그렇지만 육군은 내각의 이런 정책에 불만을 품고 장쭤린을 폭사시켰다. 내각은 장쭤린의 아들 장쉐량에게 아버지와 같은 역할을 기대했지만 장쉐량이 국민당에 입당하여 반일에 앞장서서 다나카 내각의 정책은 종지부를 찍게 되었다.

히로히토의 선친인 다이쇼 천황은 1925년 12월 25일에 사망하였다. 2년 6개월 뒤, 스무 살의 히로히토가 황위를 이어받았으나 대관식이 미뤄지다가 1928년 11월 10일에야 거행되었다. 말하자면 천황으로서 온전한 권위를 갖추지 못한 것이다. 오카다는 만주사변 이후 만주에 대한 정부 정책에 있어 군부의 입김이 많이 세졌다고 증언했다. 그리고 펑텐사변 이후 군부는 정부의 통제를 받지 않고 무소불위의 존재가 되었다고 밝혔다. 군부와 극우 세력이 자신을 암살하려고 여러 번 시도했고, 1936년 2월에도 암살을 기도하다가 처남이 대신 살해되었다고 말했다.

이어 검사는 기도의 일기를 증거로 제출했다. 기도는 1930년 고노에 후미마로의 추천으로 내대신 비서관장에 취임했다. 비서관장으로 재임하는 기간은 앞서 본 것처럼 만주사변과 여러 정변이 연이어 일어난 시기였다. 그가 쓴 〈기도 고이치의 일기〉는 도쿄재판에서 가장 중요한 증거 중 하나였고, 일본 근현대사를 연구하는 이들에게는 매우 중요한 사료이다.

일기는 그가 생존할 때 출간되었는데, 기도는 "전부 한 자도 바꾸지 말고 출판하기를 바란다"라고 말하여 일기의 원문을 그대로 수록하였다고 전해진다. 일기에서 기도는 자신이 속한 궁중 그룹이 때로는 군부의 압박에 대항하고 때로는 견제하기도 했지만, 일본이 만주사변을 거쳐 태평양전쟁으로 나아가는 대세를 막기에는 역부족이었다고 주장했다.

일기는 1931년 8월 7일로 시작한다. 기도는 일기장에, 군부를 통제할 수 없게 된 것이 후회스러우며, 군부의 힘이 점점 커지는 것이 불안하다고 적었다. 펑텐사변이 일어난 뒤에는 군부가 만주를 향한 정책을 강하게 밀어붙이고 있고, 중앙정부는 통제권을 상실했다고 적고 있다. 그리고 천황은 군부에 대해 영향력을 행사하려 했지만 군부는 꿈쩍도 하지 않았고, 군부를 억제할 유일한 방법은 군부를 이끌어 가는 것이라고 밝혔다(Brackman, 1987).

군벌이 무력으로 국내 정치를 장악하려고 1931년 3월 18일에 실행하려던 쿠데타 음모가 있었다. 이를 '3월 사건'이라 부른다. 3월 사건은 만주사변 이후 군부가 어떻게 정부를 지배하게 되었는지를 보여 준다.

벚꽃회櫻會도 만주사변과 관계가 깊다. 1930년 9월 하순, 참모본부의 하시모토橋本 포병 중령 등 20명이 모임을 갖고, 국내 개혁에 대한 연구회를 가지기로 하였다. 이 모임을 '벚꽃회'라 불렀다. 벚꽃회는 국가 개조를 목적으로 삼았으며, 필요한 경우에는 무력을 행사하는 것도 불사하였다. 회는 대위에서 대령에 이르는 제한된 회원으로 운영되었다. 처음에는 참모본부의 현역 영관급 장교로 출발했으나 차츰 연대급과 위관급 장교로 세를 확산했다. 그리고 1931년 10월에 이르자 회원은 수백 명으로 늘었다.

벚꽃회는 정치개혁을 추구했으며, 쿠데타를 통해 정당정치를 종식시키고 국가사회주의에 기초한 내각을 조직하려고 했다. 만주사변을 통해 만주를 일본의 영향력 아래에 두기 위해 일으킨 육군의 집단적인 행동에 있어서 벚꽃회는 중요한 역할을 했다. 앞서 본 것처럼 벚꽃회는 1931년에 두 차례에 걸쳐 군사 쿠데타를 일으켜 정부 전복을 꾀했고('3월 사건'과 '10월 사건'), 이 사건으로 지도부가 검거되자 조직은 해산되었다(Behr, 2010).

1931년 9월 18일 일본 육군 한 명이 소량의 다이너마이트를 남만주철도 연변에 매설했다. 그날 밤 10시 20분에 펑텐 북쪽에 있는 류타오거우 철도가 폭파되었다. 일본은 순찰하던 고모토 중위 등이 이를 발견하고 현장에 도착하자 중국군의 사격을 받고 전투에 돌입했다고 주장했다. 일본 정부는 중국이 철도를 차지해서 심한 교통체증을 유발했으므로 유사 전쟁행위라고 비난했다. 그러나 폭파된 지 몇 분 만에 펑텐행 기차는 아무런 문제없이 철길을 통과했다. 중국은 일본군이 계획적으로 벌인 사건이라고 반박했다. 폭발음을 듣고 달려온 중국 순찰대를 향해 일본군은 사격을 가했다. 그리고 수영장에 숨겨 두었던 대포로 중국군 유격대에 공격을 퍼부었다. 몇 시간 만에 일본군은 펑톈 일대를 장악했다. 다음 날인 9월 19일 펑톈은 완전히 일본군의 수중에 들어갔다.

검사가 증거로 제출한 〈리턴보고서〉에서는 다음과 같이 적고 있다(김철우, 2016).

> 9월 18일 저녁 10시부터 40분 동안 철도 선로에서, 혹은 부근에서 폭파가 일어난 것은 의심할 여지가 없으나 이로 인한 부상이 있었다 할지라도 창춘長春에서 남행 열차가 정시에 도착하는 데 지장이 있을 정도는 아니었다. 그래서 그것만으로 군사 행동은 정당하다고 하기에는 불충분하며, 한밤중의 일본군의 군사행동은 합법적인 자위조치로 인정할 수 없다.

〈리턴보고서〉는 장쭤린을 살해한 자에 대해 구체적으로 밝히고 있지 않다. 그렇지만 관동군의 음모로 사건이 발생하였음은 분명해졌다.

이와 관련된 증인으로 육군 소장인 다나카 류기치田中隆吉가 나왔다. 다나카는 장쭤린의 죽음이 당시 관동군 고위급 참모 고모토의 계획에 따라 실행된 것이고, 열차를 폭파한 것은 당시 조선에서 경성으로 와 있던 공병 제20연대 소속 장교와 군인들이라고 증언했다(保阪正康, 2016). 다나카는 '방위성 긴급서류'라고 적힌 비밀문서를 본 적이 있는데 여기에 관동군이 어떻게 장쭤린을 살해했는지가 적혀 있었다. 펑톈사변 역시 일본군의 음모라고 진술하면서 오카와 슈메이, 이타가키 장군, 하시모토 대령이 주모자라고 밝혔다. 다나카는 하시모토가 펑톈사변을 일으킨 것은 아시아를 부흥시키기 위해 만주를 기반으로 삼기 위함이라고 말했다고 증언했다. 다나카는 이타가키가 대포를 이동해서 중국군 비행장을 노렸으며, 9월 10일 설치가 완료되었고, 그로부터 8일 후 사변이 일어났다고 증언했다.

이러한 증언에 대하여 야마다 한조山田半造 변호인이 반대신문을 하였다.

그러나 다나카는 양심상 대답할 수 없다고 말했다. 재판장이 증인은 대답해야 한다고 주의를 주자 다나카는 "어느 쪽에서 폭파했는지 알 수는 없으나 그것을 계기로 펑텐사건이 발생했습니다. 일본 측은 중국 측이 폭파했다고 하고, 중국 측은 일본 측이 폭파했다고 합니다. 저는 여기에 대한 증거를 갖고 있지 않아 양심에 따라 어느 편에 책임이 있다고 대답할 수 없습니다"라고 말했다.

야마다가 "류타오거우 사건은 증인이 보기에 (중국의) 자작극으로 봅니까?"라고 질문하자, 다나카는 "태평양전쟁이 끝날 때까지 저는 일본인으로 국가에서 주장하는 대로 (중국의) 자작극으로 믿었습니다. 그러나 이 법정에서는 자작극으로 볼 것도 아니고 그렇다고 뭐라고 말할 수 없으므로 오직 판결을 기다릴 뿐입니다"라며 괴로운 심정을 내비쳤다.

검사는 〈리턴보고서〉를 토대로 류타오거우 사건이 일본이 계획적으로 일으킨 사건이라고 주장했다. 당시 일본은 포병을 파견하고도 마치 우물을 파고 있는 것처럼 위장한 후 중국 병영 사이에 있는 전략적인 곳에서 대기하고 있었다.

사케트 검사가 다나카에게 질문하자 다나카는 당시 관동군 참모부장 이타가키 대장이 자신에게 "9.18 사건 전 당시의 군사과장인 나가타 데쓰잔永田鐵山 대장의 제안으로 240밀리 포 2문이 도착하였다. 이걸 보병 병영에 설치하고 사건 발생과 동시에 1문으로 북대영北大營 병영에, 1문으로 펑텐 비행장에 포탄을 퍼부었다. 그런데 중국군은 그 위력에 놀라 아무런 전쟁도 하지 않고 펑텐을 버렸다. 그래서 초기는 매우 순조로웠다. 싸움이란 적의 의표를 찌르지 않으면 안 된다"라고 말했다고 한다.

다나카의 진술에 의하면 9월 10일을 전후하여 대포 설치가 완료되었으며, 극비리에 하느라 우물을 파는 것으로 위장한 것이었다.

그리고 《차이나 위클리 리뷰》의 특파원인 조 파우엘Joe Fowell이 증인석에

서서 증언했다(김철우, 2016).

> 혼조 시게루本庄繁 사령부에서 예전부터 알고 지내던 도이하라를 만났다. 광장에는 전날 밤 파괴된 파편들이 쌓여 있었다. 그것을 촬영한 사진도 보았다. 수수밭을 지나 현장을 가 보니 말끔하게 치워져 있었고, 새로운 레일과 침목 2개로 바뀌어져 있었으며, 중국 병사들의 시체가 레일로부터 45미터 또는 90미터 지점에 있었다. 이들 머리는 폭파 지점으로 향해 있었다. 동료 한 명이 사체를 살펴보았는데, 혈흔은 없었고, 상당 기간 방치된 것으로 보였다.

이어 검사는 시데하라 기주로幣原喜重郎를 증인으로 세웠다. 그는 1929년부터 1931년까지 외무대신으로 있었고, 1945년에는 총리를 지냈다.

시데하라는 "만주사변이 있기 직전에 외무대신인 저는 관동군이 군사 목적으로 대규모 군대를 동원해서 탄약을 수송한다는 믿을 만한 보고서와 정보를 접했습니다"라고 증언했다. 시데하라는 자신과 와카쓰키 레이지로(若槻禮次郎, 1886. 3. 21.-1941. 11. 20.: 일본 대장성 관료이자 정치가로 제25대, 제28대 총리를 지냈다) 총리가 군을 통제하고 영토 확장 정책을 저지하려고 시도했지만 실패했다고 증언했다. 그리고 와카쓰키 내각의 외교정책은 유연하고 대외적으로는 협력적이었는데, 군국주의자들은 이를 '약체외교'라며 호되게 비판하였다고 말했다. 군국주의자들은 만주에서 적극적인 정책을 펴라고 요구하고 이를 관철시켰으며, 내각은 이런 군을 통제하지 못하여 와해되었다고 밝혔다.

시데하라에 이어 고이소 구니아키 대장, 이타가키 세이지로 대장, 하시모토 긴고로 대령이 증인으로 나와서 오카와 슈메이가 정부를 장악하고 침략전쟁을 도모한 사실을 증언했다.

다음으로 오카와 슈메이의 제자였던 시미즈 고노스케가 증인으로 나왔다. 그는 1931년 3월 하시모토 대령과 오카와가 술자리에서 정부를 전복한다는 계획을 말한 사실이 있다고 증언했다. 이어 오카와의 지지자들이 내각 청사 밖에서 데모하고 있을 때 청사를 향해 폭탄을 터트리기로 계획했고, 오카와가 이들을 데리고 청사로 들어가서 정부를 전복하기로 했다고 증언했다. 그러나 전쟁성 소속의 군사령관인 고이소 장군이 속한 군부가 마음을 바꾸어 계획은 취소되었다고 한다(Brackman, 1987).

다음으로 도쿠가와 요시치카德川義親(일본의 정치인, 귀족원 의원)가 증인석에 섰다. 그는 내각을 전복하기로 한 음모가 실패했음에도 오카와는 정부를 통제하기 위해 군부에 속한 인물을 심겠다는 계획을 계속 추진했다고 증언했다. 고이소 장군은, 계획이 무산되었음에도 오카와가 폭탄을 돌려주지 않아 곤란한 처지에 있었으며, 폭탄을 되돌려주는 데 대한 대가를 바라는 것에 대해 불만을 털어놨다고 말했다고 한다.

와카쓰키 레이지로는 만주사변 때 총리였다. 그는 증언대에 서서 당시 상황을 전달했다. 전임 총리 하마구치 오사치濱口雄幸와 후임 총리 이누카이 쓰요시는 청사에서 살해되었다. 와카쓰키는 1929년부터 1932년 사이에 재임한 총리 중 유일하게 살아남은 사람이다. 그는 만주사변이 발발하자 내각이 전쟁대신인 미나미에게 즉시 멈추라고 말했다고 증언했다. 미나미는 동의했으나 다음 날 신문에는 관동군이 장악하는 영역을 확장하고 있다는 보도가 실렸다고 한다. 미나미는 내각을 향해 보호조치일 뿐이고 확장하는 일은 전혀 없을 것이라고 말했으나 관동군은 계속 만주를 장악해 갔으며, 이런 일이 계속 반복되었다고 한다.

9월 23일, 한국에 주둔하던 일본군이 만주로 향해 진격하여 관동군과 합류했다. 와카쓰키는 만주에서의 이런 조치들을 즉각 멈추라고 요구했고, 전쟁대신 미나미도 동의했지만 군대는 만주 점령을 계속했다고 증언했다. “매일 미나미 장군에게 지도를 펼쳐 보이며 일본군이 이 경계를 넘지 말라고 요구했지만, 매일 경계선은 무시되었고, 점령지역이 확대되고 있다고 보도되었습니다"라고 말했다. 그리고 미나미는 전쟁에 목말라 있었고, 아무도 말리지 못했다고 말했다.

증인으로 나온 우카키 가즈시게宇垣一成는 1931년 초, 오카와 슈메이가 내각에 대한 음모에 가담했다는 보고를 받았는데, 당시에는 그리 대수롭지 않게 여겼지만 군부가 자신을 앞장세우고 있다는 얘기를 알고 깜짝 놀랐다고 증언했다. 우카키는 즉각 계획을 멈추라고 말하고 내각에서 사직했다고 말했다.

총리 이누카이의 아들 이누카이 다케루가 증인으로 나왔다. 다케루에 의하면 이누카이 집안과 쑨원孫文은 절친한 사이였고 부친도 장제스와 친했다고 한다. 그는 부친이 만주사변의 확대를 반대하고 만주에서 일본군이 철수하길 원했으며 천황에게 만주에서 일본군이 철수할 것을 진언했다고 증언했다. 그리고 난징에 있는 장제스에게 비밀특사를 보내 류타오거우 사건에 대해 평화적인 해결을 교섭했지만 실패했다고 말했다. 1932년 5월, 이누카이 총리는 군국주의에 반대하는 연설을 했고 그로부터 1주일 후 테러분자들이 그를 저격했으며, 그로 인해 치명상을 입었다.

다케루는 "부친께선 몇몇 젊은 장교가 관저로 침입해서 그들 중 한 명이 총을 쏘았다고 말씀하셨습니다"라고 증언했다. 그리고 이들 테러분자들이 국새상서의 가택도 침범했다고 말했다.

다음 날 재판장 웨브는 다케루에게 천황이 만주에서 철군을 명령했는지 물었다. 그러자 다케루는 "재판장님도 아시다시피 일본 사람들은 천황의 이름을 들먹이는 것을 꺼립니다. 저 역시 대략 설명해 드릴 수밖에 없습니다"라고 대답했다. 다케루는 그의 부친이 직접 천황에게 철군을 진언했는지에 대한 대답을 회피하면서 천황은 군이 정치를 장악하는 걸 원치 않았다는 말을 부친에게 들었다고 말했다(Brackman, 1987).

표 8-3. 검사의 증거

증인, 증거	내용
오카다 게이스케	장쭤린 폭사 사건, 군부의 역할
기도의 일기	펑텐 사건, 만주사변
리턴보고서	펑텐 사건, 류타오거우 사건, 만주사변
다나카 유키	펑텐 사건, 류타오거우 사건, 만주사변
시데하라 기주로	군부의 역할, 만주사변
시미즈 고노스케	3월 사건, 만주사변, 천황의 역할
도쿠가와 요시치카	군부의 역할, 정치테러 사건
와카쓰키 레이지로	만주사변, 정치테러 사건
우카키 가즈시게	군부의 역할, 정치테러 사건
이누카이 다케루	만주사변, 이누카이 저격 사건, 천황의 역할

한편 만주사변의 주모자 이시와라는 1946년 5월 검사로부터 조사를 받았다. 조사를 받으면서 이시와라는 자신들이 만주사변에서 중심인물이라고 말했다. 이시와라는 《만몽문제해결책사안滿蒙問題解決策私案》을 썼다. 여기서 이시와라는 만주사변이 세계 최종전쟁의 1단계라고 말했다. 이와 같이 만주사변은 이시와라의 사상과 책략에 따라 벌어졌고, 이시와라는 이를 자랑삼았다. 그렇지만 주모자 이시와라는 처벌받지 않았다. 가담한 이타가키와 하시모토만 A급 전범으로 재판을 받았을 뿐이다. 이시와라는 조사받을 때 만주사변에서 중심인물이 자신들이라면서도 자신들의 책략으로 벌어진 것이 아니라고 주장했다. 단지 돌발적으로 일어난 사태에 군사행동을 취했을 뿐이라고 변명했다(保阪正康, 2016).

마지막 황제

일본은 1932년 장춘이라는 기찻길 교차로에 있는 작은 마을에 괴뢰국인

만주국 수도를 건설했다. 그리고 청나라의 마지막 황제인 푸이(선통제)를 꼭두각시로 세웠다. 푸이가 머물던 궁전은 중국의 건축 양식과 서양의 건축 양식이 결합된 독특한 양식으로 지어졌다. 지금은 '만주황국박물원'으로 개관하여 일반인들에게 공개되고 있다. 일본 기업은 이 만주국을 적극 활용했다. 닛산, 미쓰비시 등 일본 기업은 만주의 기업과 은행을 설립하고 전투기를 제작하고, 무역을 독점했다(Bruma, 2013).

푸이는 자식이 없는 광서제를 이어 1908년 세 살의 나이로 청의 황위에 즉위하였다. 중국에서 황색은 황제를 상징한다. 황궁의 마루와 기와는 황색이다. 보좌와 옷도 황색이고, 침실도 황색으로 장식된다.

즉위 3년째인 1911년 푸이는 신해혁명으로 궁중생활의 마지막을 맞았다. 쑨원은 1912년 중화민국 인민정부의 임시 대총통으로 취임하였다. 제1차 세계대전 동안인 1917년, 유럽이 온통 프랑스와 벨기에에 신경을 기울일 무렵, 푸이는 장쉰張勳, 보황당保皇黨에 의해 열두 살의 나이로 다시 황위에 올랐다. 그러나 돤치루이段祺瑞가 공화정을 무시한다는 명목으로 장쉰을 제거하면서 다시 퇴위를 선포하였다. 1924년 푸이는 베이징을 점령한 펑위샹馮玉祥에 의해 자금성에서 쫓겨나서 일본 영사관으로 피신했다(黃鶴逸, 1999).

이후 일본은 만주를 점령하고 푸이에게 만주국 집정을 요구했다. 1934년 푸이는 만주국의 황제가 되었지만, 모든 실권은 일본의 관동군 사령관이 장악하고 있었다. 일본이 패전하자 푸이는 일본으로 탈출하려고 시도하다가 소련군의 포로가 되어 하바롭스크 감옥으로 압송되었다. 이후 중공으로 이송되어 형기를 마친 후 평범한 시민이 되었다. 푸이의 굴곡진 인생은 영화로도 제작되었다. 베르나르도 베르톨루치 감독은 1987년 〈마지막 황제The Last Emperor〉에서 비운의 황제 푸이의 파란만장한 인생을 실감나게 연출해 냈다.

검사는 일본군의 만주 점령을 입증하기 위해 푸이를 증인으로 신청했다. 1945년 8월, 소련의 참전으로 일본 관동군이 괴멸하자 만주국은 붕괴되었다. 푸이는 소련군에 의해 체포되어 하바롭스크에 억류되었다. 스탈린도 푸이가 증언하는 걸 허락했다. 소련은 푸이가 증언을 마치면 다시 소련으로 호송하라는 조건을 달았다. 푸이를 증인으로 신청하자 맥아더 사령관은 당황하였다. 푸이가 증인으로 서게 되면 천황 역시 증인으로 세우라는 목소리가 커질 수 있기 때문이다.

푸이가 도쿄에 도착할 무렵, 검사는 만주가 일본의 위성국이라는 증거를 제출하였다. 그중 하나인 만주사변에 관한 기밀문서에 따르면 만주국 관료로 근무한 일본인들은 일본 시민권을 갖고 있었고, 일본 정부의 차관은 만주국 정부의 장관직을 겸임하였다. 만주국의 부서는 일본의 지시를 받았으며, 만주국에 속한 모든 관료는 관동군의 지시를 받았다. 만주인은 관동군의 명령에 복종해야 한다는 원칙을 세웠고, 정당과 정치세력은 일절 허용하지 않았다. 그리고 일본에서 실시하던 사상 통제에 관한 법률도 도입해서 외교부는 일본 대사의 승인을 받아야 조치를 취할 수 있었다.

1946년 8월 9일, 중국의 마지막 황제가 도쿄에 도착하자 모두가 주목했다. 그리고 그는 8월 16일 오전, 군청색 신사복에 회색 넥타이를 매고 증인석에 섰다. 법정에 있던 모든 사람들은 그를 주목했고 장내에는 긴장된 분위기가 흘렀다. 조지프 키넌 검사가 증인 푸이에 대해 신문했다. 푸이는 한 손에는 부채를 들었고, 예전의 권위 있는 자세를 취했다. 그러나 근 2년간 감옥에 있어서인지 창백하고 초췌해 보였다(Brackman, 1987).

푸이가 법정에 들어서자 피고인들의 얼굴은 굳어 갔다. 조지프 키넌 검사는 "다음 증인으로 푸이를 신청합니다"라고 말했다.

푸이는 베이징어로 "1906년 베이징에서 출생했고, 이름은 푸이라고 합니다. 만주식으로는 이름 앞에 애친각라愛親覺羅(만주족 부족명)를 붙입니다.

1909년에 청나라 황제로 즉위했습니다"라고 자신을 밝혔다. 이후 1911년 12월 쑨원의 주도로 중국혁명이 발생하자 다섯 살의 나이로 퇴위하였다. 중화민국이 출범한 후 국민정부는 중국혁명에 우호적이었던 황태후에 대한 감사의 표시로 푸이로 하여금 자금성에 계속 머물도록 했으며, 청조 황실로의 신분 유지를 인정받았다. 이후 쿠데타가 나자 그는 자금성에서 탈출하였으며 베이징과 천진, 여순을 전전하였다고 진술했다.

키넌 검사는 푸이에게 어떻게 만주국 황제가 되었는지를 물으면서 "이타가키[피고인 이타가키 세이시로, 당시 관동군 참모장]는 당시 뭐라고 했습니까?"라고 질문했다.

"약 2시간 동안 회담했는데, 그가 말하길 동삼성東三省[중국 동북 지방의 랴오닝, 지린, 헤이룽장 3성을 가리킨다]의 장쉐량 정권이 국민에게 악정을 저지르고 있으니 여러 사건이 잇달아 일어나 일본의 국익에도 나쁜 영향을 끼치고 있다고 말했습니다. 그러면서 군벌을 동삼성에서 쫓아내고 국민의 행복을 위하는 새로운 정권을 수립하고 싶다고 말했습니다. 그러고는 혼조 시게루 사령관의 명령이 있었다고 설명했습니다."

"어떤 역할을 하라는 것이었습니까?"

"제가 만주인이므로 새로운 정권의 영수가 되어 달라는 것이었습니다. 일본은 동삼성 영토에 야심이 조금도 없고, 완전히 독립된 정권을 수립한다고 말했습니다."

"당신은 승낙하였습니까?"

"거절했습니다. 이타가키가 새로운 정권에 일본인 관리를 채용하여 만주인과 동등한 권리를 주도록 요구했기 때문입니다."

"요청을 거절하자 이타가키의 태도는 어떠했나요?"

"매우 불만스러운 듯 보였습니다."

"저항할 의지는 있었습니까?"

"거절하고 싶었지만 무력 압박을 받고 있었고, 더구나 고문으로부터 생명에도 위협이 있으니 수락하라는 종용을 받아 어쩔 수 없이 수락했던 것입니다."

청의 마지막 황제 푸이

"이타가키란 피고인석의 이타가키를 가리키는 건가요?"

그러자 푸이는 피고인석의 이타가키를 힐끔 곁눈질하더니 무표정한 표정으로,

"그렇습니다."

"만주의 황제가 되길 거절했다면 생명에 위험이 있다는 협박은 직접 들은 건가요?"

"이타가키가 저에게 거절한다면 단호한 수단을 취하겠다고 말했고, 고문도 똑같이 말했으며, 관동군은 비밀이 드러나는 것을 두려워하고 있어 신변의 위협을 느꼈습니다."

푸이는 이타가키 장군이 만주국 황위를 제안했을 때 부인이 협박받고 있었다면서 개인인 자신 혼자서 저항하는 것은 불가능한 일이었다고 설명했다. 변호인들은 푸이의 증언을 탄핵하려고 푸이가 협박에 의해 증언했고 사실을 왜곡하고 있다고 주장했다(김철우, 2016).

만주국 황후 독살 사건

그날 오후 변론이 재개되었다. 키넌 검사가 만주국 황후였던 푸이의 부인에 대해 질문하였다.

푸이는 "저의 처는 당시 스물두 살이었는데 부부 금슬이 좋았습니다. 처

만주국 황후 완룽

도 중국을 사랑하는 한 사람이었습니다. 저에게 어려운 일이 있으면 참고 지내다가 다시 자유의 날이 오면 일본에게 만주를 되찾자고 말하곤 했습니다. 저의 처는 일본에 의해 독살되었습니다"라며 증언대를 두드리며 탄식하듯 말했다.

이어서 "하수인은 요시오카吉岡였습니다. 처음에는 중국인 의사가 돌보고 있었는데 나중에 일본인 의사를 소개하더군요. 처의 병은 위급한 상태였지만 죽을 정도는 아니었습니다. 의사가 진찰을 끝낸 후 의사와 요시오카는 3시간이나 밀담을 나누었습니다. 그날 밤 일본인 의사가 왔는데, 다음 날 아침에 처가 사망했습니다. 원래는 매 시각마다 포도당을 주사해야 하는데, 일본인 의사가 오면서부터 그 다음 날 아침까지 두 대밖에 놓지 않았습니다. 요시오카는 궁중에 머물면서 헌병과 간호사에게 보고받고 있었는데, 처가 운명했다는 얘기를 듣자마자 돌아갔습니다. 그리고 1달이 지나자 요시오카가 일본인 여자와 결혼하라면서 많은 사진을 보여 주었는데, 겉으로는 거절할 수 없어 결혼에서 사랑이 근본인데 누구를 불문하고 사랑할 수 있는 사람이라면 결혼하겠다고 대답했습니다. 후에 저는 젊은 중국 여인과 결혼했습니다. 젊은 여자를 택한 것은 일본 교육을 받지 않았고, 제 자신이 직접 가르치려고 생각했기 때문입니다"라며 부인의 죽음의 진상을 밝혔다(김철우, 2016).

만주사변의 책임자

다나카田中의 증언에 따르면 만주사변의 책임자는 다음과 같다. 참모본부 내에서 만주문제를 무력으로 해결하라고 가장 강력하게 주장한 사람은 제1부장 다테가와 요시쓰구建川美次이다. 같은 부서 내에서 1931년 봄부터 강력하게 주장한 사람은 하시모토 긴고로橋本欣五郎 중장과 조이사무長勇 대위이다. 관동군에는 이타가키 세이시로板垣征四郎, 이시하라 간지石原莞爾가 핵심 인물이다. 그 외 민간인으로는 오카와 슈메이 박사를 중심으로 한 단체이다(김철우, 2016).

9
중국 침략

중국에서의 학살

1929년 세계 대공황으로 일본의 경제는 어려움에 처했다. 그러자 일본의 군국주의자들은 만주를 식민지로 만들어 병참기지로 삼기로 했다. 이들은 중국에 있는 일본인을 보호한다는 명목으로 중국에 머물고 있던 관동군을 이용하여 남만주 철도를 파괴하고 이를 빌미로 펑텐 지역을 점령했다(만주사변).

이어 중국 동북부 만주 지역의 도시들을 하나둘씩 점령하기 시작했다. 그리고 텐진天津에 머물고 있던 푸이를 데리고 와서 1932년 3월 괴뢰정부 만주국을 세웠다. 이를 기반으로 일본은 중국을 향해 진격했다. 상하이를 침략하고 상하이와 난징 사이에 있는 비옥한 지역을 선전포고 없이 침략하여 약탈과 파괴를 일삼았다. 이곳에 사는 주민들은 고문과 폭행, 상하이를 당했고, 포로가 된 중국인들은 대량학살을 당했다.

한편 일본에서는 1936년 2월 26일 무력과 암살로 사회 정의를 바로세우겠다는 쿠데타가 일어났다(2.26 사건). 육군 내부에서 국가 개조운동을 추진하고 있던 청년 장교들이 천황을 정점으로 하는 군사정권을 수립해서 사회개혁을 하자는 군사쿠데타였다.

20명의 청년 장교와 1,500여 명의 병사가 참가한 대규모 사건으로, 혼조 장군의 사위 야마구치 이치타로山口一太郎도 참여했다. 9개 조로 조직된 쿠데타 세력은 육군대신과 시종장, 총리 등의 관저에 쳐들어갔다. 오카다 게이스케岡田啓介 총리는 변장하여 구사일생으로 목숨을 건졌다. 반란이 일어났지만 장성들은 반란군을 진압함에 있어 모호한 태도를 취했다. 그만큼 군에 불만이 팽배해 있었다. 천황이 반란군을 진압할 것을 명령하자 그때서야 폭도들은 순순히 항복했고, 반란은 진압되었다(Behr, 2010).

사태가 일어난 것은 경제적 어려움으로 인해 불만 세력이 늘었다는 데 있다. 군은 이런 사회 불만을 배경으로 부패한 세력을 척결하겠다고 나선 것이다. 신변의 안위에 위협을 받은 천황은 군의 불만을 잠재우는 길은 이들의 관심사를 외부로 돌리는 것이라는 사실을 깨달았다. 결국 이 사건은 일본이 중국 침략과 태평양전쟁으로 나아가는 계기가 되었다(Toland, 2019).

일본이 중국을 침략하자 미국과 영국, 네덜란드는 일본에 대해 원유 금수조치를 취했다. 일본이 중국과의 전쟁을 치르기 위해서는 다량의 원유가 필요했다. 2.26 반란 이후 국내에서의 반란을 잠재우고, 원유를 확보하기 위해 일본은 태평양으로도 전선을 확대할 필요가 있었다(Behr, 2010).

1937년 7월 7일 밤, 이탈리아의 탐험가 마르코 폴로가 '세계에서 가장 아름다운 다리'라고 칭송했던 루거우차오에서 일본군이 훈련하고 있었다. 이 다리는 베이징 남서쪽 교외에 있다. 그때 한 발의 총성이 울렸고, 일본군은 중국군이 공격했다고 우겨 중일전쟁이 시작되었다(루거우차오 사건).

일본 관동군이 수비하고 있는 루거우차오

일본군은 8월 13일 상하이를 공격하였다. 국민당 정부의 장제스가 수십만 대군을 투입하여 상하이를 지키려 하여 중일전쟁은 본격적으로 시작되었다. 1937년 11월 말, 일본군은 다시 상하이를 점령하였고 12월에는 장제스 국민당 정부의 수도인 난징까지 점령하였다. 일본군은 난징에 남아 있던 중국인들을 대량학살하였다. 이듬해 일본군은 중국의 남부 도시를 차례로 점령했다. 이로 인해 행방불명된 중국인은 100만여 명에 이르렀는데, 1,449,135명의 중국군이 전사하거나 행방불명되었다. 중국군의 통계에 따르면 다른 전사자를 포함할 때 사망자 수는 3,207,948명에 이른다. 일본은 미국의 항공모함에 포격을 가했고, 자동차에 탄 영국 대사에게 폭격을 가했다. 1941년 12월 8일에는 제3차 침공이 있었으며, 이때 미국인과 영국인도 포로가 되었다(김철우, 2016).

미국인 증인이 차례로 나와서 당시의 참화를 재현했다. 그리고 중국인 왕렌차이王仁财가 증인으로 나와서 당시의 상황을 전했다.

"루거우차오 사건으로 일본의 군국주의 행동이 시작되었습니다. 이 사건으로 일본은 중국 당국의 비준이나 허락 없이 자유롭게 중국 땅을 밟게 되었습니다"라고 증언했다.

일본군 지휘관 마쓰이 이와네 장군이 자신에게 전화하여 밤에 야간행군을 하고 있는 일본 군대를 향해 중국군이 사격했고, 일본 군인이 실종됐다고 말했다고 한다. 마쓰이는 왕렌차이에게 사건을 조사하라고 말했지만, 실종되었다는 군인은 발견되지 않았다. 당시 중국에 주둔하고 있던 미국 장군 조지프 스틸웰Joseph Stilwell[1]은 참모 데이비드 배럿David Barrett 대령에게 사건을 조사하도록 지시했다.

1946년 스틸웰은 도쿄재판소에 증인으로 나왔다. 스틸웰은 1942년 중장으로 승진하여 중국-버마-인도 지역에 파견되었다. 스틸웰은 이 지역 미군 총사령관이자 중국 국민당 정부 장제스의 군사 고문이기도 했다. 스틸웰은 일본군과 싸우고 있는 중국 국민당 정부와 연합하였고, 중국군의 개

1 제2차 세계대전 때 인도, 미얀마, 중국 전역의 미군 총사령관.

조지프 스틸웰 장군

혁에도 힘썼다. 1943년 스틸웰은 동남아시아 연합군 최고사령관으로 부임했고, 1944년에는 육군 대장으로 승진했다. 1945년에는 미 육군의 지상군 사령부를 책임지고 있었다.

"확실하게 말씀드릴 수 있는 것은 충돌은 매우 작은 규모였습니다. 그리고 일본이 진심으로 원한다면 쉽게 해결될 수 있었습니다"라고 증언했다.

스틸웰은, 1937년 7월 31일 배럿과 함께 베이징 외곽으로 다닐 때 수백 구의 시체를 목격했는데 길에 쓰러져 있었으며, 가까운 곳에서 중국군이 습격을 받는 것으로 짐작되었다고 말했다. 그리고 "일본군의 습격을 받은 수백 구의 시체가 작열하는 태양 아래에서 뒤범벅이 되어 썩고 있었습니다"라고 증언했다. 그 해 124,130명의 중국군이 죽고, 242,232명이 부상을 당했다. 민간인 피해는 집계되지 않았다. 대량살상은 1945년 일본이 항복할 때까지 계속되었다. 중국 주장에 따르면 320만 명이 죽거나 부상을 당했고, 일본군의 피해는 그에 비해 3분의 1가량이었다.

영국의 일간지 《데일리 텔레그라프The Daily Telegraph》[2] 특파원이던 존 고트John Goette가 증인으로 나왔다. 루거우차오 사건이 나던 날 고트는 스틸웰과 배럿, 주중 미국대사와 식사하고 있었는데, 일본군이 베이징 남서쪽으로 진격한다는 소식을 듣고 놀랐다고 한다.

검사가 "본 것을 간략하게 말해보시겠습니까?"라고 묻자 "저는 도시와 시골을 다녔습니다. 그중 한 곳은 공습으로 완전히 파괴되었습니다. 재산 피해를 입은 곳도 많았습니다. 가축이나 아무것도 남지 않았고, 죽음만이 마을을 휩쓸고 있었습니다. 저는 수많은 민간인이 손을 뒤로 한 채 총살을

2 1855년 창간되어 영국 등 세계 각국에서 발행되는 일간 신문.

당해 죽은 것을 보았습니다. 일본군이 중국 관료에게 일본군을 위한 여성을 요구하는 것은 다반사였습니다"라고 대답했다(Brackman, 1987).

난징대학살

1928년 중국 국민당은 수도를 베이징에서 난징南京(오·송·양의 도읍지. 양쯔강 연안에 있다)으로 옮겼다. 원래 난징의 인구는 25만 명이었지만 1930년 중반에 이르자 100만 명 이상으로 늘었다. 이들 중 다수가 일본군을 피해 온 피난민이었다. 당시 난징은 문화와 지식의 중심지였다.

일본은 1931년 만주사변을 시작으로 하여 중국을 침략했다. 그리고 1937년 7월에는 베이징 부근으로 침략을 개시했다. 전쟁은 중부와 북부 중국으로 확대되었고, 상하이가 일본과 장제스 군의 주요 전쟁터가 되었다. 장제스 군은 끈질기게 저항했고, 오송 전투('우쑹 전투'라고도 한다. 1937년 8월부터 9월까지 상하이에서 있었다)에서 일본군은 크게 피해를 입었다. 이로 인해 조기에 승전하리라는 일본의 기대는 무너졌다.

일본군은 조직을 재정비하고 중부 중국에 있는 부대와 상하이에 있는 원정부대를 합쳤다.[3] 참모본부의 만류에도 불구하고 일본군은 마쓰이 이와네 장군을 사령관으로 하여 장제스의 국민정부 수도인 난징으로 진군해서 장제스를 체포하려 했다. 일본군이 기세등등하게 진격하자 장제스는 당황하여 수십만 대군에게 퇴군을 명령했고, 군대는 뿔뿔이 흩어지게 되었다. 세계 각국은 일본의 이런 침략행위를 비난하면서도 실제로는 아무런 제재에 나서지 않았다.

1937년 10월 9일 상하이가 함락되고 전황이 갈수록 악화되자 장제스는

3 1937년 루거우차오 사건이 발발하자 북지나방면군, 중지나방면군, 남지나방면군이 설치되었다.

난징의 방어를 생각해야 했다. 고위급 각료회의를 열자 난징은 방어하기가 어려우니 소수 병력만 남겨두고 기회를 봐서 다시 공격하자는 의견이 많았다. 그런데 일본이 난징을 공격할 생각이 없다는 의견이 있자 장제스는 난징을 방어하기로 결심한다. 그리고 자신은 비밀리에 난징을 떠나 우한武漢으로 피신했다. 이어 난징이 전략적으로 의미가 없다고 보고 수도 난징을 버리고 충칭重慶(중국 남서부에 있는 도시)으로 수도를 옮겼다. 이때 난징 시민 절반가량이 피난갔다. 남아 있는 외국인들은 국제구조위원회를 결성하여 남은 피난민을 위한 국제안전지대를 구축했다(Yang, 1999).

일본군은 계속해서 난징을 향하여 진격해 오고 있었다. 상황은 악화되었고, 더 이상 난징을 방어하기가 어려워졌다. 남은 일부 지휘관은 일본군의 포위망을 뚫고 탈출할 계획을 세웠다. 그리고 난징을 버리고 재빨리 탈출했다. 성벽을 지키던 수비대는 필사적으로 저항하면서 주력부대가 퇴각하는 걸 도왔다. 일본군은 12월 12일 난징 점령작전을 개시했다. 결국 성벽으로 둘러싸인 난징은 13일 이렇다 할 저항 없이 일본군의 수중에 떨어졌다(周而復, 2015).

그런데 대학살이 있기 며칠 전에 히로히토는 황궁 안에 전쟁 상황실을 설치했다. 모든 전투 상황을 꼼꼼히 챙겨 보기 위함이었다. 그러므로 중국과의 전쟁 중에 가장 참혹한 사건인 난징대학살이 천황이 모르게 시작되어 마무리되었다고 보기 어려운 것이다.

일본군이 난징을 점령하자 일본 정부는 대대적으로 축하 행사를 열었다. 일본 전역이 전승 분위기에 들떠 있을 무렵, 난징에서는 일본군이 상하이에서 저지른 것과 같이 중국인을 대대적으로 살육하기 시작했다. 성벽을 넘어 난징에 진입한 일본군은 진지를 구축하였고, 병사들은 마치 철창에 갇혔다가 풀린 야수처럼 거리로 쏟아져 나왔다. 2,400년의 역사를 가진 고성 난징은 이렇게 야만인의 포획물이 되었고, 도처에 비명소리가 들렸다(周

而復, 2015). 일본군은 중국의 수도인 난징만 점령하면 곧 중국 정부가 굴복하리라 판단했다. 그래서 난징을 방위하는 중국군을 모두 죽이기 위한 섬멸작전에 돌입한 것이다.

그러나 병기를 버리거나 항복하는 적을 살상하는 것은 전시 국제법(헤이그 협약)을 위반하는 것이 된다. 그러함에도 일본군은 난징에 잔류하던 중국군이나 패잔병으로 몰린 남자들을 중국군 잔당을 수색한다는 명목으로 무참하게 살해하였다. 나아가 군기가 흐트러져서 중국 여성을 성폭행하고 식량과 물자를 약탈하고, 민가를 방화하고 파괴하였다(日本歷史教育者協議會, 2005).

당시 일본군은 육사 출신이 장악하고 있었다. 이들은 위계질서가 확립되어 있어 계급이 올라가기 위해서는 눈에 띄는 일을 해야 했다. 신임장교는 병사들 앞에서 겁쟁이가 아니라는 것을 보여주기 위해 만행을 저질렀다. 이를 저지하는 군의 규율은 기능이 상실된 상태였다. 전쟁이 말기에 이를수록 일본군은 광기에 사로잡힌 집단이 되었다. 그리고 일본에서 바닥생활을 하던 이들이 통제가 없는 상태에 이르자 제멋대로 행동했다(保阪正康, 2016). 난징대학살로 30만 명이 넘는 중국인이 잔혹하게 살해되었다. 육조六朝 시대의 고도 난징은 순식간에 생지옥으로 변했고, 양쯔강揚子江에는 피와 눈물이 하염없이 흘렀다. 7주 간에 걸친 학살과 파괴는 외국 언론에 널리 보도되어 '난징대학살'로 불렸다.

난징대학살은 일본 상부의 지시에 따른 것이다. 학살에 대한 소식이 중국인에게 공포감을 주어 저항 의지를 무너뜨리고 일본의 중국 점령을 당연한 조치로 받아들이게끔 한 것이다. 그리고 장제스의 지도력에 치명타를 가하려는 의도도 있었다. 전쟁 초기부터 일본군은 다른 야만적인 행위와 더불어 강간을 저질러 악명을 떨쳤다. 일본 군법 제86조 내지 제88조에는 강간할 경우 7년의 징역형부터 사형까지 선고하도록 규정하고 있다.

1937년 전쟁이 발발하자마자 일본군은 군사재판소에 많은 전범을 기소하였는데, 이를 보더라도 일본군은 광범위하게 많은 문제를 일으키고 있었다. 그러나 일본 군사재판소는 사태에 제대로 대처하지 못했다. 야전 지휘관들은 강간과 학살, 방화와 민가의 파괴를 용서하였다. 상관 역시 묵인하였으므로 이들은 공공연하게 군법을 어겼다. 난징이 함락되자마자 일본군은 훤한 대낮에 민간인을 상대로 만행을 저질렀다. 오랜 전쟁으로 지친 이들은 전투에 대한 보상으로 지휘관들이 눈감아 주리라 생각했다(Totani, 2008). 사건에 대하여 국제적으로 보도와 비난이 이어졌지만, 일본에서는 언론의 통제와 검열로 인해 전혀 보도되지 않았다.

난징대학살은 제2차 세계대전에서 태평양전쟁을 통틀어 가장 악명 높은 사건으로 기록된다. 1985년 중국 난징에 '난징대학살 기념관'이 완공되었다. 기념관 입구에는 거대한 조각상이 서 있다. 죽은 아이의 시체를 안고 무너질 듯 서 있는 여인의 조각상이다. 기념관은 인류가 과거에 무엇에 실패했고, 미래에 무엇을 추구해야 하는지에 대해 생각하게 한다(이재우, 2016).

아이리스 장Iris Chang[4]은 1997년 미국에서 《난징 능욕The Rape of Nanjing》을 출판했는데, 베스트셀러가 되었다. 그렇지만 일본 정부는 책이 출판되자 격양된 반응을 보였고, 일본 우익은 그녀에게 테러에 가까운 협박과 마녀사냥으로 일관했다. 반면 중국 정부는 그녀를 방어하는 데 나섰다. 지금까지 난징대학살을 다룬 여러 책이 발간되었지만 대부분 빙산의 일각을 다룬 정도이고, 역사적인 사실을 체계적으로 다룬 책은 보기 드물다. 난징대학살을 다룬 문헌들은 역사적이고 객관적인 서술보다는 이념적이고 독설적인 논조로 가득 차 있는 것이 많다.

4 제2차 세계대전 때 미국으로 이민온 중국 본토 출신의 부모 사이에서 태어났다. 그리고 작가로 명성을 쌓았다. 그녀의 동상은 난징대학살 기념관에 전시되어 있다.

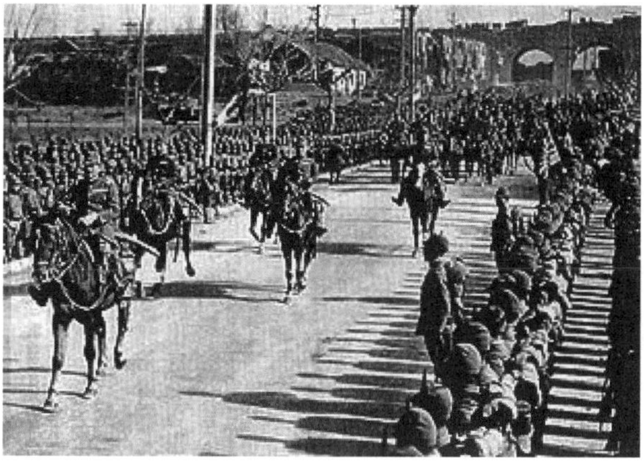

난징에 입성하는 일본군

난징대학살은 도쿄재판에서 가장 중요한 사건이었다. 다섯 명의 일본군 상관이 부하의 범행행위를 막지 않았다는 이유로 기소되었다. 난징대학살은 1937년부터 1938년까지 6주 동안 난징에서 일본군이 군인과 포로, 민간인을 무차별적으로 살해하고 강간하며 몰살을 일삼은 사건을 가리킨다. 2만 건의 강간이 있었던 것으로 보고되었고, 사망자 수는 최대 30만 명에 이른다. 일본의 태도는 여러 가지이다. 난징 사건이라고 축소하거나 난징대학살이라고 시인하는 이로 나뉜다. 어떤 이는 이를 아예 부정하고 환상으로 지어낸 것이라고 주장한다(Yang, 1999).

난징대학살을 둘러싼 가장 큰 논쟁은 희생자 수에 대한 논쟁이다. 아이리스 장은 가장 보수적으로 추산해도 사망자 수는 260,000명 내지 350,000명에 이르고, 강간당한 여성은 20,000명 내지 80,000명이라고 주장했다(Sedgwick, 2009). 난징대학살에 대하여 도쿄재판에서 다루어졌지만 아직까지도 일본인 사이에서는 이를 두고 의견이 분분하다. 도쿄재판에서 일본군의 대량학살의 야만성과 규모에 대해 밝혔다. 도쿄재판이 난징대학살에 대한 시금석이라는 견해도 있지만, 논리나 증거로 볼 때 실패한 재판이라고 비판하는 이들도 있다(Brook, 2001).

학살의 증인들

도쿄재판에서 중국 검사팀은 난징대학살을 가장 비중 있게 다루었다. 피해자나 목격자로부터 받은 많은 조서와 진술서를 제출했다. 중국에 있는 외국 대사관에서 작성한 공문서와 난징에 거주하는 외국인으로부터 받은 많은 기록도 제출했다. 수십 명의 증인들이 증인석에 섰는데 이는 이례적이었다. 대부분 증인 수를 줄이고 서류로 대체했다. 증인을 소환해서 질문하는데 시간이 많이 걸리기 때문이다.

일본군이 잔혹행위를 저질렀고 피고인들이 알고 있었다는 사실은 여러 정황에 의해 드러났다. 다음과 같다.

일본군은 난징을 점령하자마자 중국군의 저항이 끝났음에도 민간인과 비무장 군인을 대량학살하고 강간했다. 그리고 안전지대로 피신한 난민을 지속적으로 공격했다. 일본이 침공하기 전, 난징에 거주하던 외국인 교수와 의사, 사업가와 선교사들은 자발적으로 안전지대를 위한 국제위원회를 구성했다. 그러나 일본군은 이를 무시했으며, 거듭된 항의에도 불구하고 안전지대에 들어와서 난민을 죽이고, 강간했다. 검사가 제출한 증거에 의하면 각료뿐 아니라 군 지휘관들도 이러한 사실을 알고 있었다.

난징대학살에 가담한 것으로 기소된 피고인들은 중부 중국(중지나) 방면군 사령관 마쓰이 이와네, 마쓰이의 부사령관 무토 아키라, 외무대신 히로타 고키이다. 일본군이 난징대학살에 대한 증거가 제시되자 변호인은 크게 다투지 않고, 반대신문도 거의 하지 않았다(Totani, 2008).

검사는 미국인 의사 로버트 윌슨Robert O. Wilson을 맨 먼저 증인으로 신청했다. 윌슨은 중국 난징에 와 있던 미국인 개신교 선교사의 아들로, 하버드 대학교 의과대학을 졸업하였다. 이후 1936년 난징 대학교 외과의사로 근무하였다. 일본이 난징을 함락한 이후 몇 달 동안 유혈사태가 계속되었음에도 윌슨은 도시를 떠나지 않고 안전지대를 설립하는 데 앞장섰다. 윌슨과 그의 동료의 헌신적인 노력으로 인해 수많은 민간인의 목숨을 구할 수 있었다.

그가 증언한 내용을 요약하면 다음과 같다.

- 일본군이 난징에 입성했을 때 중국군은 무장해제당했고, 저항을 멈추었다. 그럼에도 부상당한 환자들이 무수히 병원으로 실려 왔다. 어느 날 마흔 살가량의 여인이 병원에 왔는데, 일본군의 칼에 목 근육이 베여 위험한 상태였다.
- 여덟 살가량 된 아이는 배에 관통상을 입었고, 한 남자는 우측 어깨에 총탄을 맞고 입원했다. 그 남자는 많은 사람들이 일본군에 붙잡혀 양쯔강으로 끌려가 강변에서 죽었고 시체는 강물 속으로 던졌는데, 자신은 죽은 척하다 어둠을 틈타 도망쳐 나왔다고 말했다.
- 한 중국 경찰관은 등이 창에 찔려 병원에 실려 왔는데, 많은 사람들이 성 밖에서 기관총으로 맞고 총검에 마구 찔렸다. 자신만 유일하게 구사일생으로 살아 돌아왔다고 말했다.
- 어느 날 오후, 점심을 먹다가 부근에서 일본군이 강간한다는 이웃 사람의 말을 듣고 달려가 보니 일본군 두 명이 중국 여성 두 명을 강간하고 있었다. 이후 그 여자를 난민 수용소로 사용하던 대학병원으로 데리고 갔다.
- 예순 살가량의 노인이 가슴에 상처를 입은 채 입원했다. 그는 피난민 수용소에 있었는데, 시내에 다른 친척을 만나러 갔다가 돌아오는 길에 일본군을 만났다. 일본 군인이 대검으로 가슴을 찔러 의식을 잃었다가 간신히 기어왔다고 말했다.

윌슨은 "전쟁법에 의하면 난징이 함락된 후 병원 의사와 간호사는 무서움에 떨 필요가 없습니다. 일본군은 12월 12일 밤 중국군 주둔지를 완전히 점령했고, 다음 날 자유롭게 난징에 입성했습니다. 그 즉시 병원은 환자로 가득 찼고, 계속 환자들로 넘쳐났습니다"라고 증언했다.

그리고 "이틀 동안 발생한 일부 사례에 대해 말씀드리겠습니다. 중국의 한 교직원 중 한 사람의 집에 침입하여 그의 친척인 두 명의 여성이 강간당했습니다. 16살가량 된 두 소녀가 난민안전지대에서 강간당했습니다. 8,000명의 난민이 있는 대학교 교정에서 일본군은 한밤중에 열 번이나 담을 넘어 음식과 의복을 훔쳤고, 만족할 때까지 강간했습니다. 그들은 여덟 살 된 어린 소녀들을 총검으로 찔렀습니다. 내장이 배 밖으로 나와 있었습니다"라고 말했다(Brackman, 1987).

이어 중국 철도국 직원 쑨위엔진孫沅震이 나와서 증언했다. "그들은 보이는 대로 쏘았습니다. 도망가거나 길에 있거나 돌아다니면 누구라도 쐈습니다"라고 말했다. 그리고 "일본군이 입성한 지 사흘이 지나자 거리에는 시체가 나뒹굴었으며, 어디에서든지 시체가 나뒹굴고 있었고, 시신은 심하게 훼손되어 있었습니다. 몇몇 시체는 죽은 상태로 그대로 있었고, 일부는 무릎을 꿇은 채로, 일부는 묶인 채로, 일부는 옆으로 누워 있었고, 일부는 다리와 팔을 벌린 채로 있었습니다. 대로에서 시작해서 시체를 헤아려 보니 500구가 넘었고, 도저히 헤아릴 수 없었습니다"라고 말했다.

이어 "일본군은 안전지대에도 들어와서 손에 굳은살이 있는 남자를 연행해 갔습니다. 잡힌 사람들은 10명 내지 15명 단위로 묶여 끌려갔고, 어느 날 1,500명의 남자와 소년들이 단체로 끌려갔습니다. 밤에는 안전지대에서 피난민들이 끊임없이 기관총 소리가 나는 걸 들었습니다. 여성은 더욱 가혹한 일을 당했지요. 일본군은 여성을 강간하길 즐겼습니다, 믿기 어렵겠지만요. 열세 살부터 마흔에 이르는 소녀와 여성들이 끌려가서 집단강간을 당했습니다. 한 집에 가 보니 두 명의 소녀를 포함하여 세 명의 여성이 강간당하고 있었는데, 소녀는 식탁에서 강간당했고 피가 흥건하게 그대로 있었습니다"라고 증언했다.

다음으로 중국인 쉬취앤인許传音 박사가 증인석에 섰다. 그는 난징 대학교를 졸업하고 미국 일리노이 대학교에서 박사학위를 취득하였다. 이후 중국 철도성에서 근무했으며, 당시 홍만회紅卍會 부회장이었고, 국제위원회 일원으로 난민 구제에 힘썼다.

그가 증언한 내용을 요약하면 다음과 같다(김철우, 2016).

- 국제위원회 주택위원장으로 난민에게 거주지를 제공하는 일을 하고 있었는데, 안전지대에 25곳의 수용소를 설치하고 난민을 수용하였다. 안전지대에 있는 중국 사람만 20만 내지 30만 명이었다. 시내를 조사했는데, 한 곳에서는 시체를 세다가 500구가 넘어 중단했다.
- 난징의 동서남북 각 지역에서 일본군은 중국인을 무차별 살해했다. 목격한 시체는 남녀노소를 가리지 않았고, 모두가 민간인이었으며 군복을 입은 사람은 눈에 띄지 않았다.
- 국제위원회에서는 안전지대에 무기를 소지한 사람이나 군인은 절대 출입하지 못하도록 했다. 어느 날 아침, 일본군 장교가 와서 안전지대에 중국인 병사가 숨어 있다고 하여 없다고 말하였으나 다음 날 안전지대위원회의 허락 없이 군인이라며 수많은 민간인들을 데려갔다.
- 어느 날 피난민에게 식량을 나눠주고 있었는데, 일본군이 와서 중국인들을 10명, 15명 단위로 묶어 1,500명을 연행해 갔다. 곧바로 국제위원회를 통해 항의했으나 일본군은 들은 척도 안 했다. 다음 날 아침 기관총 소리가 나서 조사해 보니 일본군이 연행한 사람들을 사살한 것이었다. 이후에도 일본군은 매일같이 수용소에 찾아와 시민들을 연행해 갔다.

– 어느 날 일본군이 석 대의 트럭을 몰고 와서 닥치는 대로 여자들을 강간했다.

–한번은 일본 대사관의 부영사인 후쿠다 도쿠야스福田篤泰와 같이 캠프에 갔는데, 일본군 세 명이 중국 여성을 강간하고 있었다. 이걸 보고 후쿠다는 일본병을 야단쳐서 쫓아내었다.

– 일본 군인이 러시아 공사관에 불을 지르는 것을 목격하였다. 그리고 YMCA와 같은 각 단체의 건물들이 차례로 불태워졌다.

난징 주민 샹더이尙德義가 증인석에 섰다. 그리고 자신의 체험을 진술했다(Totani, 2008).

“저는 난민지역에서 살고 있었습니다. 1937년 12월 16일 아침 11시였어요. 일본군이 저와 형, 사촌형과 5명의 이웃남자를 체포했습니다. 손목이 밧줄로 묶인 채 양자강 둑으로 끌려갔고, 그곳에는 1,000여 명의 중국 남자들이 끌려와 있었습니다. 일본군은 16부대의 지휘를 받고 있었던 것 같았습니다. 이 부대는 상하이 원정팀이었어요. 그날 오후 4시쯤, 일본군은 강둑에서 처형을 시작했습니다. 이들은 기관총을 발사했어요. 저가 살아남은 것은 총이 발사되기 전에 땅에 쓰러졌고, 시체가 저의 몸 위로 떨어져 저를 덮었기 때문이었습니다. 시체가 보호막이 되어 깔려 죽은 척했습니다. 얼마 뒤에 겹쳐 쌓인 시체들을 비집고 나와 간신히 도망칠 수 있었습니다”라고 증언했다. 변호인은 반대신문의 기회가 있었음에도 포기했다.

전직 경찰관이자 식료품 상인인 우장더伍長德가 증언했다.

“일본군이 침공할 때 안전지대를 위한 국제위원회에 도움을 요청해서 그곳으로 피신했습니다. 그러나 일본군은 강제로 다른 300여 명의 비무장 경찰관들과 함께 저를 서문 쪽으로 끌고 갔어요. 1,600여 명의 남자들도 끌려왔습니다. 일본군은 100명 단위로 해서 총검으로 찌르면서 서문 밖으로 끌고 갔습니다. 그곳에서 기관총으로 처형했습니다. 총에 맞은 시체들은 운하에 던졌어요. 저는 처형당하지 않으려고 엎드려 피신했지만, 일본 병사가 총검을 등에 찔렀습니다. 저는 죽은 척했고, 등의 상처는 깊었지만 치명적이지 않았습니다. 시체를 비집고 나와서 근처의 빈집에 숨어 있다가 윌슨 박사의 도움으로 치료를 받고 고향으로 돌아갔습니다"라고 진술했다.

변호인들은 이러한 증언에 대해서 탄핵(증거의 신빙성을 다툼)하려 했으나 여의치 않았다. 미국인 마이너 베이츠Miner Bates는 옥스퍼드 대학교를 졸업하고 예일 대학교에서 박사학위를 취득한 인물이다. 그는 1920년부터 난징 대학교에서 역사를 가르쳤다. 1937년 베이츠는 가족과 함께 일본으로 여행을 떠났다가 난징으로 돌아왔다. 그는 난징 안전지대 국제위원회의 지도자 중 한 사람으로, 일본군의 잔혹 행위로부터 난징 시민들의 안전을 지키기 위해 고군분투했다.

그는 "저는 아무런 이유도 없이 무고한 사람이 총살당하는 걸 목격했습니다. 저의 이웃에 사는 2명의 남자가 일본군이 체포하려 하고 그들의 처를 강간하려 하여 도망왔는데, 저의 집 연못 모퉁이에서 총을 쏘더니 연못으로 던져 버렸습니다. 일본군이 입성한 후 저의 집 근처 길과 골목에는 시민들의 시체가 나뒹굴었습니다. 학살이 너무 광범위해서 참상을 이루 다 말할 수 없습니다"라고 증언했다.

그리고 난징에 있는 일본 대사관에 가서 3주 동안 거의 매일 대량학살에 대한 보고서를 제출하고 항의했다고 말했다. 대사관 직원들은 동정심을 표시하긴 했으나 군을 두려워해서 그런지 실제 행동에는 나서지 않았다고 한다. 대신 대사관 직원들은 베이츠의 보고서와 항의서를 상하이에 있는 외교관을 통해 외무성에 전달했다. 그러자 변호인들은 베이츠의 보고서와 항의서를 과연 도쿄에 전달했는지를 다투었다. 그리고 일본 외무성과 외무대신은 보고서를 받지 않았다고 주장했다. 그러자 베이츠는 자신이 직접 도쿄에 전문을 보내는 걸 보았다고 반박했다(Totani, 2008).

베이츠는 후일 이런 말을 남겼다.

> 종교적 믿음이란 악으로 가득 찬 세상에서도 스스로를 위해서 선한 일을 할 만한 가치가 있다고 믿는 것을 말한다. 결코 국가의 총이나 국가의 신에 의해서도 인류가 구원을 받지 않을 것이지만 오직 진심으로만 구원을 받는 것임을 역경으로 확신하게 되었다.

변호인들은 마쓰이가 상하이 침공 때부터 난징 침공 때까지 군의 기강이 흐트러졌음을 염려했고, 난징을 점령한 후에야 군이 잔혹행위를 한다는 보고서를 받았으며 이를 승인한 사실이 없다고 주장했다(Behr, 2010). 그리고 마쓰이가 부하들에게 군의 기강을 세우라고 명령했고, 이러한 명령에도 불구하고 잔혹행위는 수그러들지 않았다고 주장하면서 상하이 역사관 직원을 비롯한 여러 증인을 신청했다.

검사는 세 사람, 즉 화중방면군 사령관인 마쓰이 이와네와 화중방면군 부단장인 무토 아키라, 외무대신인 히로타 고키가 난징대학살에 책임이 있다고 주장했다. 검사는 마쓰이가 지휘관으로서 부하들의 잔혹행위를 막을 책임을 다하지 않았다고 주장했다.

자그마한 키의 마쓰이는 이런 검사의 주장을 반박하기 위해 스스로 증인으로 나섰다. 마쓰이는 난징대학살 자체를 부인하면서 이렇게 말했다. 발생하지도 않은 일에 책임질 일이 없으며, 소수만 난징에 진입하라고 명령했고, 자신은 군기를 철저히 지키라고 지시하였다. 그리고 잔혹행위가 있었다는 사실을 당시에는 몰랐으며, 난징에서의 만행에 몸서리치며 잔혹행위를 막으려 했고, 관련자들을 처벌하려 했다. 마쓰이의 이런 상반된 주장에 따르면 사실 마쓰이가 잔혹행위를 알고 있었다는 사실이 드러나고 있다(Totani, 2008).

검사는 부사령관인 무토 아키라가 잔혹행위를 알고 있었음에도 이를 막기 위한 적절한 조치를 취하지 않았다고 주장했다. 그리고 총리이자, 태평양전쟁 때 침략전쟁의 정책 입안자인 히로타 고키가 난징대학살이 시작되면서부터 외무대신으로서 맨 먼저 보고를 받았고, 이후 육군대신에게 적절한 조치를 취하라고 요구했음에도 상황은 그대로였다고 주장했다. 그리고 이후 아무런 조치를 취하지 않았으므로 지휘관으로서 책임이 있다고 주장했다.

검사는 외무성 동아시아 국장과 난징 총영사를 지냈으며, 난징대학살 때 히로타의 부하 직원이었던 이시이 이타로石射猪太郎를 통해 히로타가 대학살을 보고받고 어떤 행동을 취했는지 입증하였다. 이시이는 일본군의 잔혹행위를 보고 외무성에 보고하였고, 당시 외무대신은 놀라워하였으며, 이후에도 외무성에 사태를 보고하였다고 증언했다. 그러함에도 히로타는 이 문제를 각료회의에 상정하지 않았다고 말했다(張連江·孫宅巍, 2019).

도쿄재판에서 검사는 난징대학살의 전모를 밝히려고 하였다. 그러나 증인으로 소환할 수 있음에도 증인을 조사한 조서나 진술서로 갈음할 수 없다는 소송 원칙('전문법칙'이라고 한다)에 따라 어쩔 수 없이 증인의 진술에 많이 의존하게 되었다. 이러한 진술로는 난징대학살이라는 방대한 사건의 전모를 밝히기에는 어려움이 있었다. 재판은 주로 증인의 진술을 듣는 방식으로 진행되었지만 간혹 진술서나 조서도 허용하였다.

검사는 방대한 역사적 사실인 난징대학살을 모두 공소사실에 기재할 수 없어 예를 들었다. 공소장에는 "일본군은 시가지로 몰려들어 많은 잔혹행위를 범했다. 그들은 야만인같이 닥치는 대로 도시를 약탈했다" 등의 방식으로 기재했다(Sedgwick, 2009).

다른 잔혹행위들

검사는 난징대학살에 대한 증거 외에도 중국 내 다른 지역에서의 전쟁범죄와 일본의 아편과 마약 거래에 대한 증거도 제출했다. 검사는 일본군의 강간과 강요된 성행위, 조직적인 성노예와 성적인 모욕, 중국인 여자 포로에 대한 성추행 등에 대한 여러 증거를 제출했다.

그중에는 일본군이 광시廣西에서 중국 여성들을 위안부로 삼은 사건도 있었다. 일본군은 전시에 여성에게 취업의 기회를 준다고 공고했다. 여성들이 공장에서 일하기 위해 모이면 이들을 시 외곽으로 보내고, 일본군을 상대로 매춘하도록 강요했다. 일본군이 민간인에게 노예노동을 시킨 사건도 있었다.

중국인 티수탕은 증인으로 나와서 자신이 겪은 일을 털어놓았다. 일본군은 자신과 같은 마을에 사는 네 명의 청년을 붙잡아 이미 체포한 무리에 투입했다. 이들은 일본군이 되거나 전쟁포로가 되었다. 일본군에 강제로 편성된 이들은 일본으로 끌려갔다. 강제노역에 회부된 이들은 참호를 파고, 바위를 깎았다. 그에 의하면 981명의 중국인이 강제징용되어 노역했는데, 이들 중 전쟁이 끝날 때까지 418명이 죽었다. 많은 이들이 혹독한 추위, 의복과 주거공간의 결핍, 과도한 노역과 질병, 굶주림과 여러 가혹행위로 인해 죽었다.

이 '하나오카 사건'은 전쟁이 끝난 후 많은 사람들의 관심을 끌었고, 그로 인해 카시마 건설회사의 직원 7명은 요코하마에 있는 미 군사재판소에서 재판을 받았다(Totani, 2008).

'하나오카 사건'은 '나나쓰다테 사건'이 시발이 되어 일어났다. 나나쓰다테 사건이란 일본 아키타秋田 현 오다테大館 시 하나오카花岡 광산에 강제연행된 조선인 징용자와 그 지역의 일본인 노동자가 생매장된 사건을 말한다.

전쟁을 위해 광업회사는 이들에게 계속해서 작업명령을 내렸고 그로 인해 하나오카 강 밑이 붕괴되어 한일 노동자들은 땅속에 파묻혀 희생되었다.

사건 이후 건설회사는 또다시 하나오카 강 수로 변경 공사를 위해 다수의 중국인 포로를 그곳에 배치했다. 1944년부터 1945년 사이에 세 차례의 강제연행이 있었고, 중국인 포로가 수로 변경 공사현장에 투입되었다. 중국인 포로들은 자신들을 괴롭히는 가혹한 노동과 학대에 항의하여 봉기했지만 1945년 6월 모두 붙잡혔고, 수백여 명이 목숨을 잃었다. 이것이 바로 '하나오카 사건'이다. 강제연행되어 가혹한 노동을 강요당하며 폭력과 굶주림에 시달리던 중국인들은 봉기하여 도주하였으나 모두 체포되었고, 잔인한 방법으로 살해당했다.

검사는 일본의 후원을 받은 아편과 마약 거래를 입증하였다. 일본은 군사 재정을 뒷받침하기 위해 아편과 마약의 사용을 진작시켰다. 아편과 마약은 일본의 재정에만 도움이 되었을 뿐, 중국 사람들은 정신적으로, 육체적으로 피폐해졌다. 일본은 중국에 있는 군대 지휘관과 민간 업체를 동원해서 잔혹행위에 대한 저항을 약화시키기 위해 아편과 마약을 투입하고 판매를 촉진시켜 중국인 사이에 널리 퍼지도록 했다.

증인으로 나온 로버트 윌슨은 일본군이 난징에 입성한 후 마약을 판매하는 모습을 종종 목격했으며, 일본군이 난징에 주둔한 지 1년이 안 되어 아편 중독자들이 급속도로 퍼져 나갔다고 증언했다.

앞서 언급한 마이너 베이츠는 중국 내의 아편 거래에 대해서 연구했다. 검사는 베이츠를 증인으로 신청했다. 베이츠에 의하면 난징이 점령된 후 1년이 안 되어 아편 거래가 급증했고, 일본군의 특별부서는 1달에 300만 달러에 달하는 아편과 헤로인, 몰핀을 거래했다. 베이츠는 보수적으로 보아도 50,000명이나, 일본이 점령한 도시 인구의 8분의 1가량이 아편에 중독되었다고 주장했다. 베이츠는 1939년에 도쿄를 방문했는데, 두 달간 중국을 다녀온 일본의 마약 밀수업자는 양자강 연안의 도시에서 심각한 중독을 보고 매우 충격을 받았다고 말했다고 한다. 베이츠의 연구에 의하면 1940년까지 베이징에만 600곳에 허가받은 아편거래소가 있었다.

베이츠는 "아편이나 헤로인은 점령되기 전 10년간은 공공연한 판매나 사용이 불가능했습니다. 그러나 점령된 후 1938년 여름부터 가을까지 행상인이 공공연하게 판매하였고, 그 후 마약 판매는 괴뢰정부의 영업이 되었고, 신문에도 광고가 나오게 되었습니다. 점령지에는 정부 업체, 허가받은 업체가 성행했습니다, 아주 매력적인 아편 광고도 있었고, 일본 군인은 아편으로 매춘료를 지급하기도 했습니다"라고 증언했다.

검사는 일본이 점령한 곳마다 아편 사용을 장려했고, 아편과 헤로인, 몰핀의 배포와 판매, 수익을 독점했다고 주장했다. 그러나 일본 군인이나 일본인의 사용은 엄격하게 제한했다.

검사가 제출한 증거에 의하면 관동군은 만주국을 건설하기 위해 아편을 독점하기로 결정했다. 여기에는 일본 기업은행이 만주국 건설에 필요한 재원을 마련하기 위한 계약서도 있었다. 계약서에는 아편 독점을 통해 수익금을 확보한다는 내용도 있었으며, 아편의 재료인 양귀비 재배 면적을 늘리기 위해 농인들에게 인센티브를 제공한 사실도 드러났다. 이에 따라 방대한 토지가 양귀비 밭으로 바뀌었으며 만주국에서는 인구 중 3분의 1이 마약중독자가 되었다(Brackman, 1987).

10
아시아에서 잔혹행위

삼국동맹

제2차 세계대전에서 미국과 영국, 소련 등의 연합국과 싸웠던 독일과 이탈리아, 일본은 국제동맹을 맺었다. 히틀러Adolf Hitler의 독일과 무솔리니Benito Mussolini의 이탈리아가 1936년 10월 25일에 우호협정을 맺은 것이 계기이다. 무솔리니는 두 나라가 유럽과 세계에 큰 변화를 일으킬 추축樞軸(중심축)이 될 것이라 선언하였고, 여기에서 '추축국樞軸國'이란 말이 비롯된다.

히틀러가 주도하여 1936년 11월 25일 독일과 일본은 소련에 대항하여 반코민테른협정(Anti-Comintern Pact, 방공협정)을 체결하였다. 그리고 1937년 11월 6일 이탈리아도 참여하였다. 그런데 1939년 독일과 소련이 불가침조약을 체결하자 일본은 여기에 항의하여 협정을 파기하였다. 1940년 9월 27일, 독일과 이탈리아, 일본은 다시 삼국 군사동맹Tripartite Pact을 맺었다. 이로부터 로마-베를린-도쿄가 국제정치에서 '추축'으로 불렸다.

오시마 히로시大島浩는 중일전쟁이 발발한 후 1938년에 중장으로 승진한 인물이다. 이후 주 독일대사가 되어 독일과 이탈리아, 일본 사이의 삼국동맹을 추진하였다. 오시마는 삼국동맹을 체결하는 데 중요한 역할을 하였다. 그는 기후 현 출신으로, 육군 대학을 졸업한 후 참모본부에서 근무하였다. 1921년에는 독일대사관의 무관보조관으로 파견되었으며, 1934년

오시마 히로시

에는 독일대사관의 무관으로 임명되었다. 1936년에 일독 방공협정의 실무자로 활동하였고, 나치 독일에 경도되었다. 그는 1938년 주 독일대사로 근무하였고, 1939년부터 1945년까지 다시 주 독일대사로 근무하였다. 그는 독일이 패전할 때까지 독일의 승리를 확신해서 일본으로 하여금 세계 정세를 잘못 판단하도록 하는 데 한몫했다.

검사는 공소장의 공소사실에 독일과 이탈리아, 일본이 전 세계를 군사적·정치적·경제적으로 지배하려는 공모를 갖고 있다고 적었다. 주요 근거는 바로 1940년 9월 27일 독일과 이탈리아, 일본이 서명한 삼국동맹이다.

베를린-도쿄 추축

삼국동맹의 체결은 일본으로 하여금 태평양전쟁으로 나아가게 하는 하나의 계기가 되었다. 검사는 모두진술에서 중일전쟁에 이은 방공협정의 체결, 이어진 삼국동맹의 체결과 태평양전쟁의 발발이라는 전개 과정을 설명하였다. 삼국동맹 중에서 도쿄재판에서는 베를린-도쿄 추축을 주로 다루었다. 독일과 일본은 모두 팽창주의와 인종주의를 추구했으며, 두 나라 모두 경찰국가였다.

마쓰오카 요스케는 외무대신으로, 독일, 이탈리아의 연맹을 진두지휘했다. 마쓰오카가 독일 외무장관 요하힘 폰 리벤트로프Joachim von Ribbentrop과 나눈 상세한 대화가 증거로 제출되었다. 마쓰오카는 리벤트로프에게 아시아 태평양 지역에서 일본이 외친 '새로운 질서'가 무엇인지 설명했다. 마쓰오카가 말한 '새로운 질서' 안에는 프랑스령 인도차이나와 태국, 버마와 말레이시아, 네덜란드령 동인도가 포함된다. 일본이 이 지역에 대한 통제를 공고화하면 호주와 뉴질랜드도 새로운 질서에 점차 편입될 것이라고 말했다. 마쓰오카는 천황이 주재한 어전회의에서 인도를 포함시키지 않고 자제했다고 말했다. 독일은 유럽 전체에 대해 권리를 주장했으며, 독일과 일본은 각자 자신들이 원하는 지역에 대해 지배권이 있음을 확인한 것이다.

오시마 히로시는 주 독일 특명전권대사를 역임했고, 일본과 독일, 이탈리아가 삼국동맹을 체결하는 데 크게 역할했다. 검사는 여기에 대한 방대한 자료를 증거로 제출했다. 검사에 의하면, 중일전쟁 후 독일 외무장관 리벤트로프은 군사동맹을 제안하였다. 이 일을 위해 일본은 주독대사인 오시마 히로시를 이탈리아에 파견하였고, 그의 노력으로 무솔리니는 동맹에 찬성하였다. 오시마는 한편으로는 독일의 리벤트로프과 협상을 계속하면서 다른 한편으로는 군부를 통해 내각에 압력을 가하는 등 눈부시게 활약했다.

검사는 일본 군부가 정부 요인을 암살해서 정부를 전복하고, 권력을 장악하여 삼국동맹을 체결하였다는 증거를 제출했다. 여기에는 기도의 일기도 포함된다. 검사가 제출한 증거에 의하면 도조 히데키는 확전을 꿈꾸는 히틀러와 연맹하길 원했고, 결국 일본은 1년 6개월 후에 미국과의 전쟁에 돌입하였다. 군부가 장악한 내각은 나치 독일과 동맹 조약을 체결하였다. 그리고 무솔리니의 이탈리아가 동맹국으로 참여했다. 검사는 전직 총리이자 추밀원 의장인 히라누마 기이치로(재임기간: 1939. 1. 5.-1939. 8. 30.)가 참석한 추밀원 회의록을 증거로 제출하였다. 회의록에 의하면 연맹 체결에 대해 의원들은 만장일치로 동의하였다.

그렇지만 연맹의 체결로 소련과 미국과의 관계가 악화되는 데 불안감을 느끼며 연맹을 체결하는 데 의문을 표시한 이도 있었다.

이시이 기쿠지로石井菊次郎는 "연맹을 강행하여 큰 재앙을 초래하지 않을지 크게 염려됩니다. 초안에 대해 몇 마디 하려고 합니다. 독일과 연맹을 맺어 득을 본 나라가 거의 없어요. 히틀러 총독은 위험한 인물로 보입니다. 어느 모로 보나 히틀러가 이끄는 나치 독일은 우리의 진정한 친구가 될 수 없을 거요"라고 말했다.

그렇지만 그 역시 더 이상 말을 잇지 못하고 표결에 참여했다. 다른 의원들도 연맹을 탐탁지 않게 여겼지만 막강한 군부의 입김 앞에 이의를 제기하지 못했다. 일본 해군은 동맹 체결에 거세게 반발했지만 이후 찬성으로 돌아섰다(Brackman, 1987).

독일과 일본은 모두 반공국가였으며 두 나라 사이에는 소련이라는 공산국가가 있었다. 그래서 1936년 독일과 일본은 방공협정을 체결하였고, 여기에 이탈리아도 가입했다. 이와 관련하여 검사는 독·일 방공협정이 체결될 무렵, 두 나라 사이에 비밀협정이 체결된 사실을 밝혔다. 두 나라는 어느 한쪽이 공격받으면 소련에 대해 원조를 하지 말 것과 공통의 이익을 보호하기 위해 필요한 조치를 강구하기로 하였다. 1939년 독일과 이탈리아, 일본은 소련에 대응하기 위해 군사동맹을 구상했으나 1939년 독소 불가침 조약이 체결되면서 계획이 무산되었다. 독일과 소련이 불가침 조약을 체결하자 일본은 강하게 반발하였다.

이렇듯 독일과 일본은 서로를 불신했음에도 불구하고 연맹을 체결했다. 이에 따라 독일과 일본은 미국과 영국에 대한 작전에 서로 협력하기로 했다. 그리고 중요 작전에 대해 서로 연락을 유지하고, 수집한 정보를 교환하기로 하였으며, 항공 통신, 항로, 해상 수송에서도 협력하기로 했다. 그리고 두 나라는 기술과 지식을 교류했다. 독일은 최신 무기와 설계도를 잠수함 편으로 지구 반대편에 있는 일본에 제공하였다. 독일의 폭탄 전문가는 일본을 방문했다. 독일은 일본에게 마지노선(독불 국경에 설치한 강력한 요새)을 함락한 노하우를 알려주어, 일본이 홍콩과 싱가포르에 구축한 영국 요새를 공격하는 데 도움을 주었다.

괴링Hermann Wilhelm Göring(1893. 1. 12.–1946. 10. 15. 그는 게슈타포를 창설했고 나치 공군의 총사령관을 지냈다. 뉘른베르크 재판에서 사형을 선고받았지만 자살했다)은 전쟁에서 얻은 독일의 모든 경험을 일본과 공유하게 될 거라고 말했다. 리벤트로프은 일본에게 비밀병기를 제공했으며, 일본 역시 독일에게 신식 미사일과 해군과 관련된 기술을 제공했다.

히틀러는 일본이 무기를 개발하는 데 지원할 것임을 밝히면서, 일본의 지원에 감사했다. 삼국동맹이 체결되자 영국과 미국을 향한 침략전쟁에 대해서 두 나라는 협의했다. 독일이 영국과의 전쟁에서 교착 상태에 빠지고, 일본이 중국과의 전쟁에서 어려움을 겪는 가운데에서도 두 나라는 긴밀하게 협조했다. 요나이 내각(요나이 미쓰마사米内光政가 제37대 총리로 임명되어 1940년 1월 16일부터 1940년 7월 22일까지 존재한 내각)이 전복되자 독일은 기뻐했다. 독일은 이로 인해 일본이 반 영국 정책에 좀 더 힘을 실어 줄 것을 기대했고, 예상은 적중했다. 요나이가 물러나자 일본은 홍콩을 공격한다는 계획을 세웠다. 그렇지만 독일은 일본이 싱가포르를 공격하는 게 마음에 걸렸다. 영국이 미국의 지원을 받아 싱가포르를 사수할 수도 있었기 때문이다. 그래서 리벤트로프은 오시마 대사에게 신속하게 싱가포르를 공격할 것과 가능한 모든 수단을 강구하라고 당부했다.

일본은 싱가포르와 홍콩을 공격하기로 하고 이와 관련해서 독일과 협의했다. 1941년 1월 주일 독일대사는 일본의 싱가포르 공격이 성공할지 여부를 조사하였고, 조사한 결과 일본이 성공할 가능성이 있다고 결론지었다. 그리고 오시마는 리벤트로프과 대담하면서 태평양에서 확전이 있을 수도 있다고 말하여 미국과 전쟁을 벌일 수도 있음을 언급하였다. 일본은 인도네시아를 점령하는 것에서 더 나아가, 태평양에서 미국의 발을 묶으려는 야망을 키우고 있었다. 그리고 1941년 12월 3일, 일본 함대는 비밀리에 진주만으로 향했다. 일본과 미국 간 협상이 이루어지지 않자 일본은 미국을 향해 개전한다고 선언했다. 그리고 일본 함대는 하와이 북쪽으로 진군하기로 계획되어 있었다. 이런 사실을 알게 된 독일 첩보는 일본과 미국 사이에 전쟁이 임박했음을 알리는 서신을 자국의 정부에 보냈다. 그렇지만 당시 독일은 일본이 프랑스령 인도차이나를 침략하리라고 생각하고 있었다.

오시마의 변호인은 오시마의 행동이 국제법상 외교관의 면책특권에 따른 행동이었다고 변론했다. 그리고 오시마를 구금해서 재판에 회부하는 것은 국제법을 위반한 것이라고 다투었다. 그러나 오시마에 대한 공소사실을 입증하는 증거는 아주 많았다. 오시마는 유럽에서 선전과 선동하는 테러집단을 지휘했다. 여기에 대한 증거는 하인리히 힘러Heinrich Himmler(1900. 10. 7.-1945. 5. 23. 나치스 친위대장)의 기록에서 나왔다. 기록에 의하면 오시마는 독일 팔켄제(브란덴부르크주에 있는 도시)에 있는 안가를 매입하여 독일 공작조직과 협력하여 백러시아인으로 구성된 암살단을 훈련시켰다. 이들은 스탈린을 암살하라는 특명을 받았다. 하지만 이들 중 몇 명은 소련 국경을 넘다가 사살당했다. 그리고 이들은 독일이 점령하고 있는 폴란드에서 선전 전단지를 풍선에 담아 소련으로 보냈다(Brackman, 1987).

필리핀에서의 학살

미국은 자국의 식민지였던 필리핀에 대해 독립법을 만들어 독립시켜 주기로 약속했다. 1935년 11월에 임시정부가 발족하여 마누엘 케손이 대통령으로 취임했다. 이후 태평양전쟁이 발발하자 1942년 일본군의 침공으로 마닐라가 함락되었고, 케손은 미국으로 망명했다. 1942년 4월 바탄 반도에 있던 미군이 항복했고, 5월에는 코레히모르 섬에 주둔하던 미 수비군이 항복했다. 많은 필리핀 사람들은 맥아더가 이끄는 미군과 연합하여 일본군에 저항했다. 필리핀 게릴라군은 미군과 연합군의 도움을 받았고, 지리에 밝아 일본군을 괴롭혔다. 1945년 1월 마닐라가 있는 루손 섬에 연합군이 상륙하였고, 2월 3일에 미 1기병사단과 37사단이 마닐라에 진입하기 시작했다. 그러자 일본군 사령관 야마시타 도모유키山下奉文는 마닐라를 포기하고 사령부를 바기오로 옮겼다. 그럼에도 일본 해군 제31특별근거지대 사령관인 이와부치 산지岩淵三次의 해군부대와 육군부대 일부는 마닐라에 남아 미군과 격렬한 시가전을 벌였다.

일본군이 퇴각할 때 마닐라 시내에는 70여만 명의 시민이 있었다. 일본군은 이들이 미군에 협력한다고 보고 학살을 자행했다. 일본군은 죽을 때까지 저항하라는 명령을 받고 마닐라를 철저히 파괴했다. 일본군은 마닐라 시민을 인질로 삼아 저항하였고, 미군이 마닐라 중심부로 진입할수록 저항은 더욱 거세졌다. 이 과정에서 일본군은 마닐라 시민들을 처참하게 학살했다. 총검을 마구 휘두르고 건물에 화염방사기로 불을 지르고, 여자들을 강간하고 죽였다. 그리고 남자들에게 자신이 묻힐 구덩이를 파라고 명령하고 참수시키고 묻어 버렸다. 이러한 무자비하고 잔인한 방법으로 마닐라에 있는 건물 약 30%가 파괴되었고, 무수한 민간인이 학살당했다. 사건의 핵심 책임자인 이와부치 제독은 마닐라가 함락되기 직전에 자폭하였다. 그러자 마닐라 학살에 대한 책임자로 야마시타 도모유키가 지목되었다. 그는 제14방면군 사령관이었는데, 도쿄재판을 하기 전인 1945년 10월 맥아더의 명령을 받은 미 군사위원회에서 지휘 책임자로 기소되어 재판을 받고, 교수형을 선고받았다(Bruma, 2013).

필리핀 검사 페드로 로페스가 이 국면을 담당했다. '마닐라 능욕Rape of Manila'이라 불리는 이 사건은 일본군이 마닐라 주민을 상대로 무차별 살인과 고문, 대규모 강간과 성추행, 방화, 기타 야만적 행위를 저지른 범죄행위이다. 피해자들은 대부분 필리핀 남성과 여성, 아동이었고, 일부 외국인도 있었다. 로페스는 마닐라 학살에 대한 책임자로 무토 아키라 제14방면군 총참모장을 기소했다. 로페스는 인도에 반하는 범죄와 관련된 증거도 제출했지만 주로 통상의 전쟁범죄에 대한 증거를 제출했다. 제출된 증거는 주로 국제법에 따라 보호받아야 할 개인들을 상대로 한 잔혹행위에 대한 것이다 (Tanaka, 2010).

로페스는 바탄에서 포로로 수감되어 있다가 스스로 변론해서 무죄를 선고받았다. 변호사가 피고인 무토 아키라는 오웬 커닝햄Owen Cunningham이 변호했다. 커닝햄은 필리핀인이 주권국가 국민이 아니고, 필리핀은 1929년의 제네바 적십자 협약이나 제네바 전쟁포로 협약의 서명국이 아니므로 협약이 적용되지 않는다면서 이의를 제기했다. 그러나 재판장 웨브는 커닝햄의 이의를 기각했다. 그러자 커닝햄은 마닐라 학살과 관련해서 이미 마닐라 전범재판에서 호마 장군과 야마시타 장군이 재판을 받고 처형되었다고 주장했다. 재판장 웨브는 "우리는 야마시타와 호마가 저지른 행위에 대하여 피고인들이 어떤 책임이 있는지를 재판하고 있습니다"라고 지적했다. 변호인 윌리엄 로건은 검찰이 심리에 들어가기 전에 피고인들이 잔혹행위에 대한 책임이 있는지에 대하여 '일응의 입증prima facie(주장하는 사실에 대하여 일응 수긍할 수 있도록 입증하는 것)'을 해야 한다고 주장했다. 재판장 웨브는 일리가 있다고 보고 앨런 검사에게 제네바 협약을 위반한 사실과 피고인이 어떻게 관련되는지 재판부에 설명하라고 요구했다.

마닐라 학살 외에도 1942년부터 1945년까지 일본의 지시에 따른 광범위하고, 계획된 잔혹행위가 있었다. 이와 같은 잔혹행위를 한 것은 필리핀인을 복종시키기 위함이었다. 로페스는 모두진술에서 범죄행위의 양상은 이미 중국 국면 때 자세히 드러났지만 더 많은 잔혹행위를 입증하겠다고 밝혔다. 로페스는 일본군의 잔혹행위가 일부에 의한 우발적인 것이 아니라 집단적으로 이루어졌고, 1937년의 난징대학살 때부터 1945년 마닐라 학살 때까지 계속 이어져 왔다고 주장했다. 그리고 버마, 말레이시아, 인도네시아, 필리핀, 뉴기니아 등 광범위한 지역에서 범행이 이루어졌고, 장교나 사병을 가리지 않고 범행에 가담하였으며, 범행 대상은 포로뿐만 아니라 남녀노소를 불문한 민간인이었다고 주장했다. 그리고 일본군이 전쟁포로와 민간인 인질, 시민들을 살해하고, 굶주리게 하였으며, 폭행하고 부당하게 대우하여 이로 인한 사망자가 전투로 인해 사망한 사람을 빼더라도 131,028명에 이른다고 주장했다. 로페스는 수백 명이 어둡고 더럽고, 이가 득실거리는 감옥에서 서서히 고통스럽게 죽어 갔다고 주장했다.

검사는 대학살에서 살아남은 생존자들을 증인으로 신청하여 일본군이 저지른 온갖 만행과 고문, 학살을 입증했다. 그리고 피해자들의 진술서와 조서를 증거로 제출했다. 그중에는 야마시타를 재판할 때 나온 증인들에 대한 신문조서도 있었다. 신문조서 중에는 강간당한 여성의 조서도 있었는데, 너무나 자세하여 낭독하는 내내 듣기에도 힘든 부분이 많았다.

검사가 제출한 증거에 의하면, 마닐라에 있는 세인트 폴 대학에서는 800여 명의 남녀 어린이들이 사살되었다. 일본군은 허기에 찬 어린이들을 샹들리에 아래에 있는 중앙 홀 식탁에 모이게 한 뒤 샹들리에에 숨겨둔 수류탄을 폭파시켜 홀에 있던 어린이들을 즉사시켰다. 그리고 간신히 살아남은 어린이들이 건물에서 뛰어나오자 기관총으로 사살하였다. 칼람바(필리핀 루손 섬 라구나 주에 있는 도시)에서는 2,500명이 총검에 찔리거나 총으로 사살되었다. 세부 섬에서는 일본군이 마을 사람들을 교회에 모이게 한 뒤 교회 안에서 100명을 기관총으로 사살했고, 나머지 사람들은 마을에서 쫓겨나가 인간사냥을 당하여 300여 명이 참살당했다. 만티나 판지라는 곳에서는 마을 사람들이 한 줄로 죽 늘어서서 총검에 찔리고 사살되었다

(Brackman, 1987).

검사는 일본의 공문서나 일본이 문서를 파괴하였음에도 남아 있는 문서와 일본군의 일기장을 증거로 제출했다. 일본군 지침서에는 총탄과 시간을 절약하기 위해 필리핀인을 죽일 때에는 한곳에 모으라고 적고 있다. 한 일본 군인은 일기장에 "보는 즉시 모든 남자를 사살하라는 명령을 받았다. 모두를 말이다. 인종을 말살하는 것이 목표다"라고 적었다. 다른 군인은 일기장에 "구덩이를 파고 30명의 필리핀인을 앞에 세운 후 총검으로 찔렀다. 나는 두 번째였다. 내가 찌르자 그 사람들은 소리를 지르더니 구덩이에 떨어졌다. 그 사람은 고통스러웠겠지만, 나는 아무런 느낌도 없었다. 몹시 흥분되어 있었기 때문이다. 총검으로 죽인 후 흙으로 덮고 코코넛 잎사귀를 덮었다. 대원들과 일을 마치고 군가를 부르며 돌아왔다"라고 적었다.

앨런 맨스필드 검사는 페드로 로페스에 이어 필리핀에서 일본군의 잔혹성을 다룬 일본의 외교문서를 제출했다. 그리고 점령지역에서 살인과 광란을 조장하는 정책에 피고인들이 관여한 사실이 기록되어 있다고 주장했다(Totani, 2008). 그러자 변호인 오웬 커닝햄은 이러한 증거를 허용해서는 안 된다고 다투었다. 그러나 재판장 웨브는 변호인의 신청을 기각했다. 일본은 1929년의 제네바 협약에는 서명했지만 전쟁포로에 관한 협약은 인준하지 않았다. 1942년 2월 4일 도고 시게노리 외무대신은 이 협약을 인준했다. 그리고 일본은 협약의 서명국으로서 제네바 적십자 협약을 엄격하게 준수하며, 전쟁포로에 관한 협약에 구속되지 않지만 미국의 전쟁포로에 관한 협약을 준용하여 따를 것이라고 밝힌 바 있다. 1942년 말부터 일본이 전쟁포로와 민간 억류자, 시민에 대해 인도에 반하는 행위를 한다는 보도가 이어져 왔고, 여기에 대해 연합국은 꾸준하게 일본 정부에 항의한 사실이 있었다.

일본군은 헤이그 조약과 제네바 협약을 위반하였다. 일본군은 이러한

일본군의 학살로 버려진 필리핀인의 사체

조약과 협약을 위반하여 항복한 자에 대하여 위생과 건강을 돌보지 않는 등 포로로서 대우하지 않았다. 전쟁포로를 상대로 살인과 폭행 등 비인도적 행위를 일삼았으며, 여성에 대하여 강간 등 잔혹행위를 저지른 것이다.

바탄, 죽음의 행진

필리핀 육군 원수를 맡고 있던 맥아더는 일본군이 필리핀을 침략하는 것을 막지 못했다. 맥아더가 필리핀을 떠나자 남겨진 7만 명의 미군과 필리핀군은 한동안 바탄 반도에서 저항했다. 그러나 바탄 반도가 말라리아의 온상지인데다가 보급마저 차단된 지 오래되어 식량도 거의 바닥이 났다. 조너선 웨인라이트 중장은 장병들에게 며칠 만이라도 싸우자고 호소했지만 장병들은 싸울 여력이 없는 상태였다. 결국 이들은 1942년 4월 9일 일본군에 항복했다. 그리고 1942년 4월부터 5월까지 70,000여 명의 미국 군인과 필리핀 군인이 바탄과 코레기도르에서 항복했다.

일본군이 바탄을 점령하자 피폐하고, 부상을 당하거나 질병에 걸린 병사들이 일본군의 포로가 되었다. 이들은 1942년 4월 9일부터 작열하는 태양 아래에서 이레 동안 계속해서 물과 식량을 제공받지 못한 채 바탄반도 남쪽 끝 마리벨레스에서 산페르난도까지의 120km 구간에서 행군을 계속해야 했다. 행군 도중 많은 이들이 죽었다. 3개월에 걸친 전투가 끝난 뒤 계속된 열대지방의 행군으로 인해 쓰러진 것이다(山本七平, 2016). 전후 미국의 조사에 따르면, 27,500명(1,500명의 미국인과 26,000명의 필리핀인)이 목적지 오도넬O'Donnel 기지에 도착할 때까지 사망했다. 식량과 물이 주어지지 않았고 너무 많은 사람들이 비좁은 곳에서 잠자리를 같이하였으며, 구타와 기타 여러 형태의 부당한 처우 등이 사망의 원인이었다.

호마 마사하루는 바탄 행진 때 제14방면군을 지휘했는데, 1946년 초에 미 군사위원회에 기소되어 유죄판결을 받았다. 이 스토리는 제임스 몰 감독이 연출한 영화 〈디펜딩 디 에너미 Defending the Enemy〉로 재탄생되었다. 주인공은 호사 마사히루 장군을 변론하는 젊은 변호사이다. 도쿄재판 때 로페스는 중앙정부의 각료를 기소 대상으로 삼았다. 그중에 도조 히데키도 있었다. 바탄 죽음의 행진은 태평양 지역에서 벌어진 대규모 잔혹행위의 실례이다. 도쿄재판 때 로페스는 세 명의 증인을 세웠다. 한 명은 바탄 행진에 참여한 미국 대령이다. 다른 두 명의 미군 증인은 일본군의 학대와 군수용 건설현장에 동원된 사실을 증언했다. 이들은 전쟁 포로수용소로 행진했다. 행군하는 사이에 10,000여 명이 죽었다. 살아남은 사람들이 증인석에 섰다(Totani, 2008).

하사 새뮤얼 무디Samuel B. Moody는 증인석에 서서, 행군하는 동안 유일한

바탄 죽음의 행진

식량은 필리핀 사람이 전해 주는 음식이나 길가에서 뜯는 사탕수수 줄기였다고 말했다. 도랑이나 구덩이의 물을 마셨는데, 마신 이들은 전염병에 걸렸다고 한다. 그는 "구타당했습니다. 총검으로 찌르고, 구두심이 박힌 군화로 걷어찼습니다. 길가에서 절거나 넘어지면 어김없이 총검으로 찌르거나 군홧발로 찼습니다. 길에는 시체가 뒹굴었으며, 죽은 이들을 많이 보았고, 그중에는 전우들도 있었습니다. 두 명의 여성도 있었고, 그중에 한 명은 임신 중이었습니다. 앞에 가는 전우들이 찔리거나 차이는 걸 보았습니다. 한 번은 뒤에서 신음소리가 났는데 바로 군홧발로 차는 소리가 들렸습니다"라고 당시 참상을 설명했다(Brackman, 1987).

죽음의 철길

방콕에서 한 시간 반가량 버스를 타면 칸차라부리에 이른다. 여기에서 여

행자의 눈길을 끄는 것은 '죽음의 철길Death Railway'로 유명한 콰이강의 다리이다. 제2차 세계대전 때 일본군의 지휘와 감독 아래 연합군 포로들이 건설한 다리는 1957년에 제작한 〈콰이강의 다리〉[1]란 영화로 유명해졌다. 영화는 아카데미상 17부문에서 수상하였다. 군수품을 운송하기 위해 건설한 다리는 미얀마와 연결된다. 태국과 미얀마(버마) 국경지대에 있는 콰이강은 그 길이가 240km에 이른다. 콰이강의 다리는 태국의 칸차라부리에서 시작한다. 다리 근처에는 공사 중에 사망한 연합군의 묘지가 있다. 콰이강의 다리는 '죽음의 철길'로도 불린다. 철도는 일본이 태국과 미얀마로 연결하여 보급로를 확보하기 위해 건설되었다. 지금도 이곳은 세월의 무상함을 뒤로 하고 열차가 운행되고 있다.

포로수용소와 태국과 버마의 정글을 통과하는 160km가량의 철도 건설에 강제노역이 동원되었다. 악명 높은 버마–시암 죽음의 철길은 1942년부터 1943년까지 연합국 포로와 아시아의 노예노역에 의해 건설된 것이다. 죽음의 철도 건설 노역에 동원된 포로는 50,000명에 이른다. 이들은 호주와 네덜란드, 영국과 미국의 포로들인데, 말라야, 싱가포르, 인도네시아에서 끌려왔다. 250,000명으로 추산되는 인도네시아인과 버마인, 말라야인과 중국인, 인도인도 동원되었다. 이들은 삽과 버켓, 곡괭이로 흙과 암석을 제거하여 길을 내었다.

검사는 헤이그 협약과 제네바 협약을 위반해서 전쟁포로를 강제노역에 투입하도록 명령을 내린 장본인이 피고인 도조 히데키와 기무라 헤이타로(1944년 버마 방면군 사령관에 임명되었다)라고 주장했다. 연합군과 싸우고 있는 버마로 병력과 물자를 보내고, 텅스텐과 우라늄을 확보하기 위해 철길을 놓은 것이다(Totani, 2008).

철길을 건설할 때 자행된 잔혹행위는 중국 국면보다 더 많은 사람들의

1 데이비드 린이 감독하고 윌리엄 홀든, 알렉 기네스 등이 출연했다.

관심을 끌었다. 방청객들은 연일 법정을 찾았다. 검사는 생존자의 진술과 일본의 공문서를 증거로 제출했다. 그중에는 〈버마-태국 철길에 대한 일본 정부 보고서〉도 있었다. 영국 군의관이자 생존자인 리차즈C.R.B. Richards 박사가 증인으로 나와서 일본군의 정책은 '일하지 않으면 밥을 안 준다'라면서 허울뿐인 병원에서는 환자가 죽기만을 기다렸다고 말했다.

다른 증인은 3,000명이 넘는 사람이 철도로 싱가포르에서 태국으로 이동되었는데, 기차에는 화장실이 없었다고 말했다. 포로들은 태국역에서 내려 밤에 정글을 행군했다. 바탄 죽음의 철길과 마찬가지로 행군 내내 구타가 이어졌다. 하루 12시간 내지 20시간 동안 강제노역에 동원되었고, 휴일이나 공휴일은 없었다. 병에 걸리면 배급하는 식사량을 3분의 1로 줄였고, 콜레라, 말라리아 등이 창궐했다. 영국 군의관 클라크B.L.W. Clarke는 7달 동안 춘카이 군병원에 있었는데, 8,000명의 포로 중 1,400명이 죽었다고 증언했다. 군병원에는 의약품이나 수술기구가 없었고, 하루는 5명의 일본 의사가 수술을 하는 모습을 보았는데, 이를 본 한 의사는 기절했고, 다른 한 명은 복통에 걸렸다고 한다.

검사가 제출한 조서에 의하면 노역자가 걸을 수 없게 되면 붉은 액체가 든 주사를 맞았는데, 몇 분 내로 죽었다. 어떤 노역자는 병에 걸리자 흑설탕을 주었는데, 그날 사망했다. 원래 입고 온 옷이 해어지면 마대를 옷처럼 입었다. 조서에는 "노역자의 옷에는 벌레가 들끓었고, 대부분 악성 피부염에 시달렸습니다"라고 적혀 있었다. 콜레라가 번지면 일본군은 죽은 사람뿐 아니라 산 사람도 화형시켰다.

영국군 소령인 로버트 크로포드Robert Crawford의 선서진술서가 증거로 제출되었다. 진술서에서 로버트는 이렇게 말했다. 노역자 숙소는 심하게 오염되었고, 노역자는 맨땅에서 잠을 잤다. 식사는 불충분했고, 하루에 한두 번만 식사가 제공되었으며, 물은 오염되어 있었다. 그러나 일본군은 노역자

죽음의 철길에서의 강제노역

의 질병과 고역에는 아예 무관심했다.

검사는 〈버마-태국 철길 일본 정부보고서〉를 증거로 제출했다. 보고서는 일본인의 시각에서 작성된 것인데 보고서에서 연합국 포로를 어떻게 다루었는지 적고 있다. 보고서에는 노예노역을 당한 노역자가 어떤 처우를 받았으며, 어떻게 되었는지를 적었는데, 보고서에서는 적어도 10,000명의 전쟁포로와 30,000명의 노역자가 죽었다고 적고 있다(Brackman, 1987).

대량 잔혹행위에 대한 증언이 이어질 때마다 피고인석에 앉아 있던 시게미쓰 마모루는 상체를 앞으로 숙인 채 손으로 얼굴을 감싸 안았다. 시라토리 도시오의 긴 얼굴은 더욱 길어 보였다. 무토 아키라는 시선을 한 곳에 고정시키고, 재빨리 눈을 깜빡거렸다. 도조 히데키는 늘 하던 대로 노트에 받아 적거나 가끔씩 코를 만졌다.

전쟁포로와 노역자

싱가포르와 말라야에서 철도로 후송된 전쟁포로를 제외하면 대부분의 포로는 배로 후송되었다. 많은 포로들이 후송하는 도중에 사망했다. 한국과 대만, 만주와 일본에서 잡혀 온 전쟁포로들이 배에 탔는데, 이 배는 '지옥선'이라 불렸다. 전쟁포로와 노역자들은 갑판 아래에 수용되었는데 배에는 물자와 식량이 부족했으며, 위생시설이 없었고 포로들은 가혹하게 폭행당했다. 검사는 선서진술서를 제출하고, 살아남은 포로를 증인으로 신청했다. 지옥선은 다른 배와 구별되는 표식을 부착하지 않고 대공무기를 장착했다. 그래서 연합군으로부터 공격당하기도 했으며, 그로 인해 많은 사람들이 수장되었다. 배에서는 폭행이 일상사였고 매일 포로들이 죽어 나갔으며, 시체는 바다에 던져 버렸다.

검사가 제출한 일본의 보고서에서 일본 정부는, 한국에서 연합군 포로를 행진하게 하고, 전쟁포로로 하여금 강제노역을 시켜 일본과 한국인의 미국과 영국에 대한 우호적인 감정을 꺾을 필요가 있다고 적고 있다. 한 문서에서 조선사령관 이타가키 세이시로는 황실에게 2,000명의 미국 전쟁포로를 도쿄로 후송시켜 그들로 하여금 치욕감을 맛보게 하고, 조선인으로 하여금 천황의 위세를 실감나게 느끼도록 할 것을 제안했다. 그리고 검사의 증거에 의하면, 연합군이 일본을 침공하면 30만 명 이상의 전쟁포로를 처형할 계획도 세우고 있었다.

검사는 오스틴 몽고메리Austin J. Montgomery 중령을 증인으로 신청했다. 그는 다바오(필리핀 민다나오 섬 남동부에 있는 도시) 수용소에서 벌어진 잔혹상에 대해 증언했다. 그곳에는 2,000명이 넘는 전쟁포로가 수용되어 있었다. 10명의 전쟁포로가 도망가자 몽고메리를 포함한 600명의 남자는 가로, 세로, 높이가 각각 180cm, 60cm, 60cm인 닭장 같은 곳에 2달 동안 감금되었다. 그리고 주기적으로 구타와 채찍질을 당했다(Brackman, 1987).

전쟁포로와 노역자에 대한 가혹행위에 대하여 도조 히데키는 일본과 다른 나라의 전통과 문화 차이라고 주장했다. 도조는 "포로에 대한 일본인의 사고와 유럽인과 미국인의 사고는 다릅니다. 일본에서는 전쟁포로가 되는 것을 불명예스럽게 생각합니다. 일본 형법에서는 저항할 수 있음에도 포로가 되는 것은 범죄행위가 된다고 봅니다. 그러나 유럽과 미국에서는 자신이 할 의무를 다했으므로 이를 명예스럽게 생각합니다. 이 점이 다릅니다"라고 주장했다.

광범위한 잔혹행위들

검사들은 싱가포르와 대만 섬, 영국령 북보르네오, 암본(인도네시아 말루쿠주의 주도), 뉴기니아, 뉴브리턴(남서태평양에 있는 비스마르크 제도의 제1섬), 솔로몬 섬(솔로몬 제도에 있는 섬), 길버트 섬(길버트 제도에 있는 섬), 길리 섬(발리에 있는 섬), 나우루 섬(남태평양에 있는 섬), 오션 섬(길버트 제도에 있는 섬)에서 벌어진 잔혹행위에 대한 증거를 제출했다. 그리고 아시아 지역인 인도와 중국, 버마, 말레이시아, 안다만 제도(벵골만 동부에 있는 제도), 니코바르 제도(벵골만 동부에 있는 제도)와 다른 태평양 섬에서 민간인과 전쟁포로에 대한 잔혹행위에 대한 증거도 제출했다.

싱가포르에서 5,000명의 중국인을 대량학살한 사건이 대표적인 사건으로 꼽힌다. 싱가포르에서 영국은 일본의 침략을 저지하지 못하여 일본군은 이곳에서 잔혹행위를 저질렀다. 영국 정부는 싱가포르 전범재판을 1947년 3월에 열어 이 사건을 다루었다. 두 명의 관리와 여섯 명의 군장교가 기소되어 유죄판결을 받았다.

그리고 일본군은 수마트라 동부 방카 섬에서 호주 간호사를 대량학살했다. 싱가포르가 침략되기 며칠 전에 65명의 호주 간호사와 200명의 민간인은 섬으로 피신했다. 그러나 그들은 곧 일본 공군의 공격을 받았고, 많은 민간인이 죽었다. 폭격에서 살아남은 사람들은 구명 뗏목에 의지하여 방카 섬으로 피신했다. 그러나 그곳도 이미 일본군이 점령한 상태였다. 결국 이들은 일본군에 항복했으며, 일본군은 이들의 목숨과 안전을 보장하겠노라 약속했다. 그러나 일본군은 이들을 끌고 가서 절벽에서 떨어뜨려 죽였다.

검사들은 다양한 형태의 잔혹행위가 일본이 점령한 동인도(인도, 인도차이나 반도, 말레이 제도 일대를 말함)에서 벌어졌다고 주장했다. 검사는 대표 지역은 네덜란드령 보르네오, 자바, 수마트라, 티모르 섬, 소 순사 열도(인도네시아에 있는 열도)와 셀레베스 섬(인도네시아에 있는 섬)과 주위 섬에서 벌어진 잔혹행위에 대한 증거를 제출했다. 이 지역의 피해자는 전쟁포로와 민간인 억류자, 억류되지 않은 민간인이다. 일본군은 전쟁포로에 대해 살인, 수용된 포로에 대한 부당한 대우, 불법적인 형의 집행, 포로 수송 중의 부당한 대우를 저질렀다. 그리고 민간 억류자를 부당하게 대우하고 살해했다. 민간인에게 노동을 시키고 잔혹행위를 하고, 위안부로 삼았다.

프랑스 검사는 일본 헌병에 의한 프랑스령 인도차이나에서의 체포와 고문, 민간인과 전쟁포로에 대한 살인에 대한 증거를 제출했다. 일본군은 프랑스 여성을 상대로 강간을 저질렀고, 베트남 여성을 위안부로 삼았다(Totani, 2008).

변호인들의 대응

산더미 같은 증거가 제출되자 변호인들은 사실에 대해서는 그리 다투지 않았고, 일부 변호인들은 법률적인 주장만 펼쳤다. 학살에 대한 증거가 제출되자 변호인들은 거의 다투지 않았다. 변호인들은 잔혹행위에 대해 개인 책임이 있다는 검사의 주장에 대해서만 다투었다. 일본군은 잔혹행위가 다반사였음을 인정하고, 그럼에도 검사가 제출한 증거에서 잔혹행위가 많이 나타나지 않는다고 주장했다. 변호인들은 잔혹행위가 중앙정부가 알거나 이들의 명령에 따라 이루어진 것이 아니라고 주장하였다.

일본인 리더 변호사 다카야나기 겐조高柳賢三는 일본군의 잔혹행위가 광범위하게 이루어졌지만 이는 일본 문화에 기인한 것이지 중앙정부의 명령에 따라 이루어진 것은 아니라고 주장했다(Totani, 2008).

11

변론

변호인의 변론

변호인들은 모두진술을 하면서 피고인들이 평화에 반하는 범죄에 대하여 공모하거나 공동으로 실행행위에 가담한 사실이 없다고 주장했다. 그리고 피고인들이 한 행위는 다른 나라의 도발행위나 침략행위에 대항해서 정당방위 차원에서 한 것이라고 주장했다(Horwitz, 1950). 이렇게 정당방위였다고 주장하게 된 배경은 무엇일까?

미국과 영국, 프랑스와 네덜란드는 동아시아와 동남아시아에 많은 식민지를 갖고 있었다. 그런데 중일전쟁이 장기화하고, 1940년 미국이 일본에 대해 석유 금수 조치를 취하자 일본은 천연자원을 확보하기 위해 동남아시아로 진출하게 된다. 한편 1940년 독일의 침공으로 프랑스가 함락되자 프랑스령 인도차이나는 실질적으로 일본에게 양도되었다. 그러자 일본은 미국(America), 영국(Britain), 중국(China), 네덜란드(Dutch)가 일본을 포위하여 고립시키려 했다고 주장했다.

이와 같이 변호인들은 이른바 'ABCD 포위망'에 의한 경제봉쇄 때문에 일본이 자위 차원에서 개전했다는 '자위전쟁론'을 주장했다. 그러나 일본이 중국에 대한 침략을 본격화하여 미국, 영국, 네덜란드와의 전쟁이 시작되었으므로 이는 시기적으로 맞지 않는 주장이다(波多野澄雄, 2016).

모두진술이 길어 처음 절반은 변호사 기요세 이치로가 읽었고, 나머지는 다카야나기 겐조가 읽었다. 기요세는 피고인들은 공소사실을 모두 부인한다고 말했다. 이 날 기요세는 바랜 군청색 양복을 입고 나왔다. 반백의 머리에 길게 자란 턱수염이 인상적인 그는 온몸으로 투지를 드러내었다. 그러나 그는 과거 치안유지법에 정면으로 맞선 자유주의자였다. 그런데 이제는 이와 사뭇 반대되는 논리를 구사하고 있는 것이다.

기요세는 이렇게 주장했다. 국가가 주권의 작용으로 행한 행위에 대하여 개인이 책임진다는 국제법의 원리는 없다. 그리고 공소장에 기재된 '새로운 질서'나 '대동아 공영'은 미국의 '좋은 이웃'이라는 정책과 다를 게 없으며, 공모이론은 미국법에서 특유한 것으로, 국제법에는 적용될 수 없다. 또한 박해와 같은 잔혹행위는 독일이 유대인에게 한 것이지, 일본은 이렇게 비인도적으로 행위한 사실이 없다.

이어서 다음과 같이 말했다. 일본은 만주에 특별한 권한과 이익이 있으며, 만주국의 합법성이 입증될 것이다. 일본은 루거우차오 사건에 대해 책임이 없으며, 만주국의 탄생은 자발적인 독립운동의 결과물이다. 중국이 돌발 사태를 악화시킨 데 책임이 있으며, 사태를 악화시킨 당사자는 바로 중국이다. 아편 거래는 중국의 전통이고, 중국에서 벌어진 몇몇 잔혹행위는 반성할 점이지만, 검찰이 사건을 부당하게 과장하고 상당 부분 날조된 것이다. 그리고 태평양전쟁 때 벌어진 잔혹행위의 대부분은 피고인들로서는 알지 못하는 것들이다. 진주만 공습이 벌어진 것은 미국과 의사소통이 안 되었기 때문이며, 진주만을 공습하기 전에 미국은 일본의 통고를 받았으므로 선전포고가 없었던 것이 아니다. 그리고 진주만 공습 1시간 전에 미 해군이 일본 잠수함을 공격했으므로 일본이 진주만을 공습한 것이 아니다.

모두진술을 마치면서 기요세는 이렇게 강조했다(Brackman, 1987).

우리가 찾고자 하는 진실은 어느 한쪽이 완전히 옳고 다른 쪽은 완전히 그르다는 것을 입증하는 것이 아닙니다. 인간의 허약함을 직시하고 비록 힘들더라도 견디면서 현대 세계대전의 깊은 원인을 파헤쳐 나아가는 것입니다.

다카야나기 겐조는 도쿄대학교 법과대학 교수이자 영미법의 권위자이다. 겐조가 이어서 변론하였다. 그는 미국 언론사에 근거하여 도쿄헌장을 공격했다. 그러자 재판장 웨브는 이러한 주장은 법적인 논쟁이 아니라고 지적했다. 다음 날 겐조는 강경 기조를 수정하여 도쿄헌장이 현재 재판에 있어 잠정적으로 근거가 된다는 사실을 인정했다.

변호인들이 세우기로 한 첫 번째 증인은 소장 오카다 기쿠사부로岡田菊三郎이다. 그는 목소리가 너무도 커 법정을 쩌렁쩌렁 울리게 했다. 간단한 질문에도 소리를 지르는 듯 대답했다. 재판장 웨브는 "증인, 들리도록 말하면 됩니다. 소리를 지를 필요가 없어요. 마이크가 앞에 있는데 잘 듣고 목소리를 낮추어서 대답하세요"라고 주의를 주었다.

오카다는 1941년 말쯤 전쟁 계획을 철회했다고 진술했다. 그러나 반대신문 때 로널드 퀼리엄 검사가 왜 1942년을 전시 원년이라고 말하는지 질문하자 오카다는 대답하지 못했다. 몇 차례 물어도 대답하지 못하자 재판장 웨브가 검사에게 "충분히 들었다고 봅니다"라고 말했다. 그런데 명령하는 데 익숙한 오카다는 "가장 중요한 질문을 허락하지 않은 것은 매우 유감스럽소"라고 말하였다. 그러자 재판장 웨브가 발끈하여 "당신은 이제 일본군을 통솔하는 사람이 아닙니다"라고 말했다. 그 순간 장내는 크게 술렁거렸고, 법정 경위가 "조용히 하세요"라고 소리를 질렀다.

재판장 웨브는 변호인 오카모토에게 주제에서 벗어나지 않게 적절하게 질문하라고 요구했고, 오카모토가 "전시 원년이 무엇을 말합니까?"라고 다시 질문하자 오카다는 엉뚱하게 대답했다. 오카모토가 몇 차례 더 질문했지만 오카다는 엉뚱한 대답만 반복했다. 오카다는 "더 이상 할 말이 없습니다"라고 말했다. 그러자 재판장 웨브는 증인 신문을 마친다고 선언했고, 오카다는 고개를 절래절래 절며 법정에서 퇴장했다.

다음으로 변호인은 다타쿠라 다다시片倉衷를 증인으로 세웠다. 그는 1930년에 관동군 참모부에 근무했고, 1933년부터 참모본부에서 근무했다. 이 시기에 그는 '정치적 비상사변 사태에 대처하는 대책요강'이라는 문서를 작성했다. 이를 통해 그는 군이 주도하여 강력한 정치체계를 확립하는 것을 꿈꾸었다. 그리고 1941년부터 관동방위군과 버마방면군에 근무했으며, 1944년 육군 소장으로 진급했다. 그 역시 목소리가 컸다. 변호인이 목소리를 낮추라고 요청했지만 여전히 컸고, 변호인은 반복해서 목소리를 낮추라고 요구했다.

변호인들은 석 달 동안 증거를 제출했다. 그러나 변호인들이 제출한 증거는 대부분 전쟁 전이나 전쟁 중에 작성된 선전 전단지였다. 변호인들이 지연작전을 쓰고 있는 것으로 생각한 재판장 웨브는 이러한 증거들은 시간 낭비라고 지적했다. 배석한 자랴노프 판사도 재판장 웨브에게 "절차가 지나치게 지연됩니다"라고 말했다.

변호인들은 히로시마와 나가사키에 대한 원폭 투하가 1931년부터 1945년 사이에 일본이 저지른 잔혹행위에 필적한다고 주장했다. 이런 주장은 일본 시민들에게 많은 공감대를 형성했다. 검사들은 이와 관련된 증거를 제출하는 데 반대했다. 핵무기의 사용은 재판에서의 주요 쟁점에 대한 증거가 아니고, 이는 공격무기를 선택하는 문제라고 주장했다.

변호인 벤 블레이크니Ben Bruce Blakeney는 일본에 대한 핵무기는 일본의 잘못된 행동에 대한 보복이라는 이름으로 사용된 것이라고 주장했다. 그러자 재판장 웨브는 "보복이란 과거 행위에 대한 것인데, 핵무기를 사용하면 범죄행위가 사해지는 것입니까?"라고 물었다(Brackman, 1987).

사실 미군이 일본 본토에 상륙을 시도했다면 생물무기, 자살특공대(가미카제)로 인하여 치열한 전투가 벌어질 위험이 있었다. 이런 사실을 감안하면 본토 전투에서 죽을 일본인의 숫자는 원폭 투하로 사망한 숫자의 몇 배가 되리라고 추측할 수도 있다. 그렇지만 미국의 원폭 투하로 인해 많은 민간인들이 살상되었으므로 이것이 도쿄재판에서 전쟁범죄를 철저하게 규명하는 데 걸림돌이 된 것은 틀림없다.

변호인들은 중국 내 공산주의의 확산이 일본의 안전에 대한 위협이 되어 가상의 선전포고로 간주되었다고 주장했다. 그래서 일본은 선의로 중국에서 전쟁하게 되었다고 주장했다. 그러나 증거가 허용되려면 증거의 내용이 재판에서 다루는 쟁점과 관련성relevance이 있어야 한다. 재판장 웨브는 공산주의의 확산이 공소사실과 관련성이 없다는 이유로 이와 관련된 변호인의 증거 신청을 기각했다.

히로히토를 비호하다

피고인에게는 묵비권이 있다. 자신에게 불리한 진술을 강요당하지 않을 권리와 자신에게 불리한 사실에 대해 진술을 거부할 권리가 있다. 그렇지만 영미식 재판에서는 종종 묵비권을 포기하고 적극적으로 해명하기 위해 피고인 스스로 증인석에 서는 경우가 있다. 물론 이럴 경우에는 검사가 하는 반대신문을 잘 견뎌야 한다는 위험부담을 안게 된다. 도쿄재판에서 15명의 피고인들이 증인석으로 나왔다. 이들은 자신들의 과거 전력을 희석시키거나 미화하기 위하여, 혹은 천황을 보호하기 위해서 증인석에 섰다.

기도 고이치는 후작 기도 다카마사의 장남으로 태어났고, 아버지가 사망하자 후작의 지위를 세습하여 귀족원 의원이 되었다. 상공성 공무원으로 출발해서 1930년에는 고노에 후미마로의 추천으로 내대신 비서관장으로 취임하였다. 그는 1936년에 발생한 2·26 사건 때 원로 사이온지 긴모치 측과 긴밀히 연락하였고, 그 일로 사이온지의 신임을 얻어 입지를 강화해 갔다. 그렇지만 천황 측근인 그의 역할이 클수록 궁중의 정치화를 초래하게 되었다. 고노에 내각에서는 문무대신을 역임하였고, 1945년까지 내대신으로 있으면서 궁내 정치에 관여하였다. 천황 역시 기도를 무척 신임하였다.

1941년 미국이 일본에 대하여 석유 수출 금지조치를 취하자 고노에는 황실 내각을 조각하기를 제안하였다. 반면 기도는 천황에게 충성심이 높은 도조 히데키를 총리로 추천하였다. 기도의 추천으로 총리가 된 도조는 미국을 향해 화해의 제스처를 보였지만 미국은 냉담하였고, 도조는 진주만 공격으로 미국에 타격을 입혀 미국을 협상 테이블로 불러들일 생각이었다. 그러나 이는 잠자는 사자를 깨운 것이 되었다.

도쿄재판 때 기도는 자신이 쓴 《기도 고이치의 일기》를 증거로 제출했다. 일기에서 기도는 이렇게 말했다. 궁중 그룹에 속한 사람들은 때로는 군부의 압박에 대항하고 때로는 견제하였으나 일본이 전쟁으로 치닫는 것을 막을 수 없었다. 그리고 미국의 일본 본토 점령을 앞두고 결사항전을 주장하는 군부를 저지하여 일본을 평화로 이끌었다.

스가모 형무소에서 작성된 기도에 대한 진술조서는 775쪽에 이른다. 미국 변호사 윌리엄 로건은 기도를 증인석에 세웠다. 기도의 진술조서를 낭독하는 데 1주일이 걸렸다. 진술조서에서 기도는 자신과 천황을 군국주의자와 구별시켰다. 기도는 이렇게 말했다. 군부의 전쟁 추구는 자신을 경악케 했고, 나치와의 동맹은 통곡할 만한 일이며, 그로 인해 일본이 미국과 전쟁에 빠지게 되었다. 군부가 천황의 목을 졸랐으며, 핵무기의 투하로 인해 전쟁이 빨리 끝났고, 그로 인해 무고한 군인의 죽음과 미국의 일본 본토에서의 치열한 전쟁을 막을 수 있었다.

기도의 기본적인 입장은 이렇다. 만주사변 이후 전쟁이 확대된 것은 전적으로 군부의 의지에 의한 것이고, 자신을 포함해서 천황과 궁중그룹은 군부에 대항하였다. 그리고 천황은 아무런 권한이 없었다.

증인으로 나선 기도에 대한 반대신문은 수석검사 키넌이 직접 하였다. 키넌은 기도에게, 자신이 싸웠다고 하는 군국주의자들과 한때 의기투합했고, 정치에 관여하지 않았다고 하지만 막후에서 영향력을 행사하였지 않느냐고 질문했다. 그리고 자신의 책임을 천황과 다른 사람에게 전가시키고 있고, 천황은 전쟁과 군사, 외교에 있어 권한 행사를 하는 데 한계가 있었다는 사실을 위주로 질문하였다.

키넌 : 내각이 전쟁에 동의하더라도 천황은 막을 힘이 없었지요?"

기도 : 예, 천황은 막을 힘이 없었습니다.

키넌 : 친서(선전포고를 뜻한다)에 서명한 것은 단순한 제스처에 불과했지요?

기도 : 제스처란 말이 무슨 뜻인가요?

키넌 : 천황이 사실 진심으로는 일본의 최선을 위해서 자신이 할 수 있는 일이 없다는 사실을 일본 사람으로 하여금 묻기 위한 기망이 그 예라고 하겠지요.

웨브 : 수석검사님, 우리는 천황을 재판하고 있지 않습니다.

모든 전쟁 책임을 군부로 돌리는 기도의 증언은 피고인들에게 불리했다. 때문에 육군 출신의 피고인들은 기도의 증언을 듣고 강한 반감을 표시했다. 다음 날 키넌이 기도에 대해 반대신문했다.

키넌 : 기도 씨, 당신은 많은 암살과 살인이 있었다고 말하고 있군요. 그렇지요?

기도 : 직접적으로 말하고 있는 게 아닙니다.

도쿄재판에서의 기도 고이치

키넌 : 군부는 옥새상서와 황실 주위로 모여들었지요?

기도 : 그렇습니다.

키넌 : 천황이 전쟁을 원하지 않았다면 왜 증인은 칙서에 서명하지 말라고 권유하지 않았나요?

기도 : 내각과 군부가 결정한 사안은 천황이 거부할 수 없습니다.

키넌 : 무엇 때문인가요?

기도 : 천황은 거절할 수 있는 지위에 있지 않았습니다

키넌 : 왜, 무엇 때문인가요?

기도 : 관례입니다. 천황은 총리나 육군대신 도조가 미국과 새로운 협상을 시작할 때 도조에게 말해서 전쟁을 막으려고 했습니다.

기도의 증언을 통해 천황이 그리 고분고분하거나 정치에 무관심한 인물이 아님이 드러났다. 그러자 키넌은 "미국과 전쟁하기로 결정한 것에 천황이 관여한 게 있나요?"라고 질문하자 기도는 "천황은 매우 나쁜 것으로 생각했습니다"라고 말을 돌렸다. 그러자 키넌은 "이미 다른 이들에 의해 결정된 것을 천황이 형식적으로 승인한 것뿐이지요?"라고 하자 기도는 맞다고

대답했다.

기도에 대한 신문은 나흘 동안 계속되었다. 증언을 마치고 피고인석으로 돌아온 기도는 옆자리에 앉은 가야 오키노리와 밝은 미소를 나누었다 (Brackman, 1987).

1947년 12월 15일, 도고와 도조, 우메즈에 대한 재판이 시작되었다. 우메즈 요시지로는 육군 참모총장으로 중국에 주둔한 일본군을 지휘했다. 그는 1945년 9월 2일 도쿄 만에 정박한 미주리호에서 시게미쓰 마모루와 함께 항복문서에 서명했다. 도고 시게노리東鄕茂德는 외교관으로 임진왜란 때 끌려온 도공 박평의의 후손이며, 1941년 도조 내각의 외무대신이었다. 우메즈는 증인석에 서지 않았고, 변호인도 그에 대해 모두진술을 하지 않았다.

이에 반해 도고의 변호인 벤 블레이크니는 모두진술을 길게 했다. 도고는 1947년 12월 17일부터 26일까지 증인석에 섰다. 도고는 자신이 외무대신이었지만 아무런 힘이 없었다고 주장했다. 그리고 일본이 진주만을 공습한다는 생각은 꿈에도 품어 본 적이 없으며, 진주만은 공습이 시작된 날 오후에도 공습이 시작된 사실을 모르고 있었다고 주장했다.

1947년 12월 26일 변호인 기요세 이치로가 도조에 대해 모두진술을 했다. 도조 바로 앞에 앉아 있던 기요세는 예의 반백의 머리와 다부진 몸에 빛 바랜 군청색 양복을 입고 변론대로 향했다. 기요세가 한 진술의 요지는 다음과 같다.

일본은 사전에 미국과 영국, 네덜란드와의 전쟁을 계획하거나 준비하지 않았으며, 미국과 영국, 네덜란드와의 전쟁은 이들 국가가 도발한 것이고, 일본은 자위 차원에서 어쩔 수 없이 대응한 것이다. 일본은 공격을 개시하기 전에 미국에 합법적으로 통보하기 위해 면밀하게 준비했으며, '대동이 공영'은 동아시아의 해방과 상호 협력을 목적으로 한 것이다. 국가 기관과 별도의 막강한 영향력을 가진 '군벌'이 존재하지 않았으며, 통수권은 독립되어 있었고 육군대신은 통수부(참모본부)의 업무에 간섭할 수 없었으며, 도조는 군에서 재직하는 동안 공정한 통제에 힘쓰고 엄중한 군의 기강을 강조했다. 모두진술을 마치자 도조를 증인으로 신청했다.

도조는 계급장과 휘장이 떼어진 군복을 입고 증인석에 섰다. 도조가 증인석에 선다고 하자 많은 사람들이 방청객 티켓을 받으려고 줄을 섰다. 1947년 12월 30일, 도조는 증인석에서 증언하였고, 진술서도 제출했다. 진술서는 1940년 7월 고노에 내각의 육군대신이 된 때로부터 1944년 7월 내각에서 물러난 때까지 4년간의 정치활동을 기록한 것이다. 도조 자신이 직접 썼고 변호인이 영어로 번역한 진술서는 220쪽에 이른다.

진술서에서 도조는 이렇게 주장했다. 중국에서 무력충돌이 일어난 것은 여러 항일 조직의 음모가 거세어 일본인의 생명과 재산에 위협이 있었기 때문이다. 육군대신으로 중일전쟁의 조속한 해결과 군 통제의 강화, 그리고 통수부와 정부가 더욱 긴밀하게 협력하도록 노력했다. 또한 내각은 동아시아 지역의 항구적 평화와 번영을 꾀했고, 영토적 야욕이나 경제 독점은 고려하지 않았다. 독일, 이탈리아와 동맹을 체결한 것은 연합국의 압박으로 인한 국제적인 고립을 피하기 위해서였고, 미국, 영국과 우호관계를 유지하기 위해 노력했다. 태평양전쟁은 자위를 위한 것이었고, 대동아 공영은 침략이 아닌 해방이었다.

도조는 전쟁포로와 민간인에게 부당하게 처우한 사실은 시인했다. 그럼에도 아시아 사람에게 강제노역을 하라고 지시한 사실이 없다고 주장했다. 그리고 두리틀Doolittle(제임스 헤럴드James Harold를 가리킨다. 그는 미국의 장군으로 제2차 세계대전 때 최초로 도쿄를 공습했다)이 도쿄를 공습한 것은 명백히 국제법을 위반한 행위라고 주장했다.

이어서 도조는 이렇게 주장했다. 전쟁포로로 하여금 버마–시암 철길에 강제노역을 하도록 한 것은 사실이지만 이것이 인도에 반한다고 생각하지 않았다. 일본은 정당방위 차원에서 전쟁한 것이고, 이것은 승인된 국제법을 위반한 것이 아니었다. 주권국가가 한 행위에 대하여 개인에게 형사책임을 물을 수 없고, 태평양전쟁에 대한 책임은 전적으로 내각에 있고 천황은 평화를 열망했으며, 천황에게는 책임이 없다.

도조의 진술서는 사흘에 걸쳐 낭독되었다. 변호인이 진술서의 낭독을 마치자 도조에 대한 신문이 이어졌다(Brackman, 1987).

도조는 군인인 아버지를 따라 같은 길을 걸었다. 육군사관학교와 육군대학을 졸업하였으며, 관동군 헌병사령관과 참모장, 육군 차관을 거쳤다. 한직을 전전하던 도조에게도 기회가 찾아왔다. 통제파의 수장인 나가타 데쓰잔이 암살당하자 도조는 통제파의 수장이 되었다. 1936년 황도파가 2·26 사건을 일으키자 통제파는 쿠데타를 진압하였으며, 이때부터 통제파가 군부의 주도권을 잡게 되었다.

그는 군부의 입김을 강화하기 위해 군부대신 현역무관제(육군대신이나 해군대신의 자리를 군 현역에게만 주는 제도)를 부활시키고, 군의 정치 개입을 강화하는 '국방국가' 구상을 정강으로 내세웠다. 그리고 독일과 독·일 방공협정을 체결하고 국방비를 증대하는 등 군국주의를 강화시켰다. 중일전쟁을 확대하였고, 1940년 고노에 내각에서는 육군대신에 임명되어 일본이 추축국에 가입되도록 힘썼다. 이후 태평양전쟁을 계획하고 준비했다. 그러나 당장 영국과 미국을 상대로 전쟁을 벌이는 것은 승산이 없다고 보고 개전에 반대했다. 육군 강경파가 반대하는 가운데 기도의 추천으로 총리에 임명되었고, 미국과 교섭하려 했으나 실패하여 1941년 진주만을 기습공격해서 태평양전쟁을 일으켰다.

전쟁 초기에 일본의 승진이 이어지자 도조는 적극적으로 전쟁을 주도하며 문부대신, 상공대신, 군수대신과 참모총장까지 겸하였다. 이후 일본의 패색이 짙어지자 1944년 7월 총리직에서 사퇴했다. 일본의 군국주의를 대표하는 도조의 이런 과거 행적에 비추어 볼 때 도조의 주장은 너무나 터무니없는 것이다.

도조의 주장에 대해 《아사히신문朝日新聞》은 "전쟁에 대해 책임질 지위에 있었던 자가 4년간의 사건을 자기 식으로 기록한 것에 불과하며 새로운 사실은 찾아볼 수 없다. 도조의 진술서는 지나가 버린 악몽과 같은 일본 정치의 비합리적인 죄악을 스스로 폭로한 것이다"라고 비판했다. 《마이니치신문每日新聞》은 "도조는 국가 자위를 위해 일어선 것이라 하지만 그것은 '일본의 자위' 때문이 아니라 '군벌의 자위' 때문이었다"고 비판했다. 《뉴욕타임스The New York Times》는 사설에서 "이 논리에 따른다면 그 긴 역사에서 중국과 조선, 대만을 공격한 일이 없는, 죄도 없는 불쌍한 일본이 헐 국무장관의 통고에 의해 진주만을 공격하지 않을 수 없는 궁지에 빠진 것이 된다"고 비판했다(Brackman, 1987).

국제 검찰국이 조직될 초기에 키넌은 미국 대검찰청 형사부에 근무하고 있던 존 피헬리John W. Fihelly를 차출해서 그로 하여금 도조에 대해 증인 신문을 하도록 했다. 그리고 재판부는 1명의 검사가 1명에 대해 증인 신문을 해야 한다고 밝혔다. 그럼에도 키넌은 자신과 피헬리가 같이 도조에 대해 증인신문을 하도록 해달라고 요청했으나 거부당했다. 그러자 키넌은 자신이 혼자서 도조를 신문하겠다고 밝혔고, 그러자 피헬리는 도쿄를 떠나 다시는 돌아오지 않았다(Totani, 2008). 사실 피헬리는 오랜 기간 도조에 대한 증거를 수집하고 조사하고 재판을 준비해 왔다. 그런데 키넌이 갑자기 여기서 손을 떼라고 하니 피헬리 입장에서는 너무나 어처구니가 없고, 도저히 납득하기 어려웠을 것이다.

키넌은 "도조 피고인, 아시다시피 이제 장군이 아니므로 당신을 장군이라 부르지 않겠습니다"라며 말문을 뗐다. 영국과 미국의 법정에서는 흔히 '피고인'이란 말을 쓰지 않고, '씨'라고 부른다. '피고인'이라고 부르겠다는 것은 예우하지 않겠다는 의미가 담겨져 있다. 이어 키넌은 도조에게 대동아 공영권에 대해 질문했다.

키넌 : 당신은 미국과 다른 서구에 대하여 공격을 하는 하나의 구실로 이들 나라가 당신의 대동아 공영권에 대한 계획을 방해하였기 때문이라는 것인가요? 아니면 그것이 전쟁을 정당화하는 하나의 이유였다는 건가요?

도조 : 원인은 됩니다. 그렇기는 해도 직접적인 원인은 아닙니다.

키넌 : 전쟁이 개시될 무렵이나 그 이전에 당신의 의도는 대동아에 새로운 질서를 수립하려는 것이었다는 사실을 인정하는가요?

도조 : 물론 하나의 국가의 이상으로서 대동아 건설이라는 것은 생각하고 있었었습니다. 그러나 가능한 한 평화적인 방법으로 하고 싶다고 생각하고 있었습니다.

도조는 대동아 공영권을 구상한 사실을 인정하면서도 이를 빌미로 전쟁을 벌인 사실에 대해서는 부인한 셈이다. 그러자 키넌은 도조에게 "아시아 사람들은 자신의 삶을 스스로 결정할 권한이 있는데 누가 증인에게 이런 권한을 주었나요?"라고 질문했다. 도조는 "나를 말하는 겁니까?"라고 되묻자 법정에서는 웃음소리가 터져 나왔다. "아니요. 어디에서도 그런 권한을 받지 않았습니다"라고 대답하자 키넌은 "그렇다면 일본이 히틀러와 연맹한 것은 수치스럽게 생각하지 않나요?"라고 물었다. "아니요. 그런 이상한 생각을 좋아하지 않습니다"라고 대답했다.

키넌이 "도조 씨, 침략전쟁이 범죄라는 사실에 동의합니까?"라고 질문했다. 그러자 도조의 변호인이 "이런 문제는 재판부가 결정하는 겁니다"라면서 이의를 제기했다. 그러자 재판장 웨브는 "이런 반대신문은 아무 쓸모가 없어요"라고 제지했다. 그리고 키넌은 도조에게 천황과 진주만 공습에 대해 상의했는지 질문했다.

키넌 : 12월 1일인가 2일에서 7일까지 사이에 천황을 알현했나요?

도조 : 자주 알현했습니다.

키넌 : 그때 전쟁 문제를 얘기했나요?

도조 : 지금 정확하게 기억나지 않지만 당연히 얘기가 있었다고 생각됩니다.

키넌 : 진주만 공격에 대해 얘기했다는 말인가요?

도조 : 안 했어요.

키넌 : 그걸 얘기하지 않은 것은 일부러 그런 건가요? 아니면 (천황을) 염려했기 때문인가요?

도조 : 그것을 포함해서 보다 큰 전쟁에 대해 얘기했습니다. 진주만 공격은 전쟁의 일부입니다.

키넌 : 진주만 공격이 천황에게 얘기하기에는 작고 보잘것없기 때문이라는 말인가요?

도조 : 그렇게 따지면 난처합니다. 작은 것이라 생각하지 않지만 전쟁 전체로 보면 아무래도 한 부분일 뿐입니다.

이와 같이 도조는 진주만 공습에 임박하여 천황을 몇 번이나 만났음에도 천황은 진주만 공습에 대해 전혀 모른다고 대답했으며, 두 사람은 임박한 진주만 공습에 대해 전혀 상의하지 않았다고 주장했다. 키넌이 "전쟁포로의 죽음에 대해 육군대신으로 책임이 없다고 부인하는 건가요?"라고 질문하자 도조는 "언제 어떤 명령이 내려졌는지 기억나지 않습니다. 그래서 정확하게 대답할 수 없습니다"라고 대답했다.

히로히토를 보호해야 한다는 생각으로 수석검사 키넌은 히로히토와 관련성이 부각될 때마다 질문을 생략하곤 했다. 도조는 천황이 침략전쟁에 대한 책임이 없다고 주장했다. 그리고 국가 정책에 따른 모든 책임은 내각과 통수부를 보좌하고 보필하는 자에게 있고, 천황에게는 어떤 책임도 없다고 강조했다.

키넌 : 진주만 폭격의 결과를 알아보기 위해 몇 사람이 황궁에 모여 있었다는데 사실입니까?

도조 : 금시초문입니다.

키넌 : 됐습니다.

키넌은 히로히토를 면책시키려 애썼다. 키넌은 도조에게 1941년 9월 6일 개최된 어전회의에서 천황이 의사를 결정하는 데 무슨 역할을 했는지 물었다. 도조가 장황하게 설명하려 하자 키넌은 도조의 말을 가로막았다.

키넌 : 좋습니다. 천황은 의사 결정에 전혀 관여하지 않았다는 말이죠. 발표는 천황이 한 것으로 되어 있었지만 결정은 다른 사람들이 한 것이란 말이죠. 흔한 일은 아니군요.

도조 : 예, 흔한 일은 아닙니다.

도조는 천황은 자신의 의사에 따라 내각과 통수부를 조직하도록 명령한 적이 없고, 내각과 통수부의 진언을 거부한 경우가 없다고 하여 '천황의 꼭두각시론'을 주장했다. 그리고 도조는 "1941년 12월 1일 개전결정 책임 또한 내각 각료와 통수부의 책임이지 천황 폐하의 책임이 절대 아닙니다"라며 천황을 비호했다.

그런데 이렇게 줄곧 천황을 비호하던 도조는 뜻밖의 답변을 하여 키넌을 당황하게 만들었다. 1947년 12월 31일 키넌이 증인석에 선 도조에 대해 신문했다. 이날 도조가 자세하게 진술하는 과정에서 천황이 원하지 않았지만 전쟁을 승낙했다고 말했다. 그러자 도조의 변호사 로건이 질문을 던졌다(Behr, 2010).

로건 : 귀하는 히로히토 천황의 평화에 대한 의지에 반하여 행동한 적이 있습니까?

도조 : 아닙니다. 결코 그런 일이 없습니다. 우리 일본인 중 감히 어느 누구도 천황의 뜻에 반해서 행동할 수가 없습니다.

그러자 로건은 당황한 듯, "이것으로 기도를 대신한 신문을 마치겠습니다"라고 말하고 서둘러 도조에 대한 신문을 끝냈다.[1] 그러자 재판장 웨브는 도조가 말한 의미를 일깨우는 듯, "증인은 앞으로 일어날 여러 일의 자세한 의미를 잘 알리라 봅니다. 브래던 변호인"이라고 말했다(International Military Tribunal, 2017).

도조의 대답은 사뭇 놀라웠다. 맥아더와 키넌이 주장하던 히로히토의 꼭두각시론을 무색하게 하였을 뿐 아니라 히로히토가 만약 전쟁을 막으려 했다면 도조를 포함해서 아무리 강경한 군부라 해도 그 뜻을 거역하지 못했을 것이라는 의미를 담고 있었기 때문이다.

그러자 다음 날 법정 밖에서 소련 검사는 히로히토를 즉각 기소하라고 요구했다. 도조의 증언으로 천황의 꼭두각시론이 위험한 국면으로 치닫게 되자 키넌은 백방으로 문제를 해결하려고 노력했다.

1 '기도를 대신한 신문'이라고 표현한 것은 피고인 기도가 물을 내용을 로건 변호인이 대신 질문했다는 뜻임.

다음 날인 1948년 1월 4일, 키넌의 부탁을 받은 궁내대신 마쓰다이라 요시타미松平慶民는 기도를 찾아가 모든 상황을 설명하고 도움을 요청했다. 그러자 기도가 발 벗고 나섰다. 기도가 포기하지 않고 끝까지 설득하자 도조는 마지못해 기도의 간청을 받아들였다(Behr, 2010). 1월 6일 키넌은 다시 증인석에 선 도조에게 질문을 하였다(International Military Tribunal, 2017).

키넌 : 천황의 책임 문제를 검토하는 과정에서 우리는 1941년 12월 발발한 태평양전쟁 당시 귀하와 일본국의 천황이 어떤 입장에 있었는지에 관해 귀하에게 몇 가지 질문해야 될 것 같습니다. 귀하는 이 법정에서, 과거 여러 사건을 처리하는 과정을 본 결과 천황은 평화 지향적이지 결코 전쟁을 원하지는 않는다는 사실을 알았다고 말한 적이 있는데, 귀하가 그렇게 믿었다는 뜻입니까?

도조 : 제가 한 말은 신하로서 천황에 대한 저의 느낌이었을 뿐, 천황의 책임 문제와 전혀 상관이 없다고 생각합니다.

키넌 : 좋습니다. 귀하가 미국, 영국, 뉴질랜드에 대한 전쟁을 결정했습니다. 그렇지 않습니까?

도조 : 내각에서 결정했습니다.

키넌 : 천황의 의지라는 뜻입니까? 천황의 승인 없이는 곤란하다는 의미입니까?

도조 : 천황의 뜻이 아니었는지는 모릅니다. 그러나 분명한 것은 저와 대본영의 권유를 받아들여 천황이 전쟁에 대한 최종 결정을 내렸다는 것입니다.

키넌 : 천황의 뜻이 아니었는지는 모른다는 귀하의 말이 정확하다고 생각합니다. 천황의 뜻일 리 없죠.

도조 : 적대 행위가 시작되는 순간까지도 천황은 평화를 선호했지요. 전쟁기간 중에도 마찬가지였습니다. 천황의 이런 뜻은 1941년 12월 8일 전쟁을 선언한 천황의 칙령에도 잘 나타나 있습니다. 천황은 칙령에서 '전쟁은 피할 수 없

증인석에 앉은 도조 히데키

다. 그러나 나의 뜻은 아니다'라고 말하고 있습니다.

신문하는 내내 법정에는 긴장감이 흘렀다. 방청객이 본 것은 키넌과 도조가 협의하여 만들어 낸 희극이었다. 도조는 도쿄재판을 앞두고 이렇게 다짐하였다.

> 전쟁의 모든 책임 앞에 설 것. 특히 천황 폐하에게 책임이 가지 않도록 전력을 다하고 다른 각료와 다른 사람의 책임을 경감하는 데 노력할 것.

그의 다짐대로 도조는 전쟁범죄에 대한 천황의 책임을 덜게 해 주고, 비난의 화살을 자신에게 돌리도록 했다.

도조에 대한 증인 신문이 끝난 다음 날 《마이니치신문每日新聞》은 "도조의 이론에 따르면 오늘날 일본을 황폐화시킨 것은 누구의 책임도 아닌 것이 된다. 진주만 기습공격을 천황에게 알리지 않을 수 없고, 천황의 의사에 반하여 전쟁을 일으킬 수 없는 것이다"라고 비평했다. 《아사히신문朝日新

聞》은 "요즘 전차 안에서 '도조가 인기를 되찾았군' 하는 소리를 들을 수 있다"라면서 도조를 추종하는 것은 역사의 수레바퀴를 거꾸로 돌리는 일이라고 비판했다(Behr, 2010).

도조에 대한 증인 신문을 마치자 키넌은 도쿄 근교에 있는 아타이로 휴양을 갔다.

반박, 그리고 재반박

1948년 1월 12일, 변호인 조지 야마오카는 변호인들은 더 이상 제출할 증거가 없다고 말했다. 재판부는 지금까지 제출된 증거는 상당한 가치가 있고, 중요하다고 밝혔다. 검사는 사건의 종결을 바라며 최종변론으로 나아가자고 말했다. 이에 대해 변호인들은 재반박할 기회가 주어져야 한다고 주장했다. 다음 석 달 동안 양측은 공방을 계속 이어 갔고, 위그모어[2]의 증거법도 원용했다.

검사는 사이온지[3] 일기를 제출했다. 사이온지는 메이지 시대부터 쇼와 시대까지 활동한 정치인이다. 이토 히로부미와 함께 입헌정우회를 창립했으며 두 차례나 총리를 지냈다. 원로로서 그는 정계에서 중요한 위치를 차지하고 있었다. 그러나 만주사변이 발발할 즈음 정당정치의 타파를 꾀하는 군부로부터 현상 유지자의 중심인물로 간주되어 배격되었다(Brackman, 1987).

일기는 1929년부터 1940년 사이에 씌어졌다. 일기장은 군부를 피해 스

2 위그모어John Henry Wigmore: 미국의 법학자이자 증거법의 대가.

3 사이온지 긴모치西園寺公望: 일본의 정치인이고 귀족원 부의장, 추밀 고문관을 역임하였으며, 정우회 총재를 지냈다.

미모토 은행에 숨겨 왔다. 사이온지는 서문에서 군부가 천황에게 반기를 들어 일기를 쓰게 되었다고 밝히고 있다. 일기에서는 군부가 점점 천황의 목을 조여 온 과정을 적고 있다.

1월 말 변호인들은 재반박 신청을 했다. 사이온지 일기장에 대해 반박할 기회가 주어져야 한다는 것이 그 이유이다. 2월 10일, 재판부는 정상에 관한 모든 증거는 최후변론 전에 제출되어야 한다고 밝혔다. 그러나 영미법에서는 평결이 난 후 형에 대한 판결이 선고되기 전에 정상자료를 제출한다. 검사의 최후변론은 키넌이 했다. 키넌의 최후변론은 논리와 웅변, 허세가 부자연스럽게 조합된 것으로 평가받았다. 검사들의 지원을 받아 키넌은 2주 동안 변론했다.

키넌은 일본이 항복하게 된 배경을 잊지 말아 달라고 호소하면서 다음과 같이 주장했다.

원자폭탄은 충격요법으로, 필요불가피한 수단이었다. 가장 잔인무도한 범인들이 무죄를 주장하고 있으며, 피고인들은 전쟁 전에 군부에 반대하는 전직 총리 2명을 암살하였고, 다른 2명을 암살하려는 시도도 있었다. 천황의 옥쇄상서는 군부와 같이하지 않으면 암살당한다는 협박을 받았으며, 진주만을 기습공격한 것은 이들의 사기와 기만, 이중성을 드러내는 것이며, 일본으로 하여금 올바른 질서를 세우도록 해야 한다.

일본은 켈로그-브리앙 조약의 조인국이고, 조약에서 국가정책의 수단으로 전쟁을 하는 것은 불법이라고 규정하고 있는데, 피고인들이 조약을 위반했으므로 범죄행위를 한 것이다. 키넌이 말한 '켈로그-브리앙 조약'이란 1928년 8월 27일 미국의 국방장관 프랭크 켈로그Frank Kellog와 프랑스 외무부 장관 아리스티드 브리앙Aristide Briand의 발기에 의해 파리에서 15개국이 체결한 조약을 가리킨다. 조약을 비준한 국가는 자국 국민의 이름으로 국제분쟁의 해결수단이나 정치수단으로 전쟁을 일으키는 것을 거부하고, 포기함을 조약에 명시하고 있다. 그렇지만 조약을 위반하였을 때의 처벌이나 구체적 방안을 명시하지 않아 실효성에 의문이 있었다.

키넌은 뉘른베르크 판결을 인용하면서 침략전쟁은 국제범죄일 뿐만 아니라 최고의 국제범죄라고 주장했다. 그리고 피고인들에게 인류가 알고 법에 알려진 최고의 형을 선고해야 한다고 주장했다.

이어 검사팀의 변론이 이어지고 3월 12일 소련 검사 이바노프Иванов가 검사의 논고를 모두 마친다고 말했다.

이어 일본 수석변호인 우자와 소메이는 폭풍우와 홍수, 지진이 자연사에 있는 것처럼 인간의 역사도 마찬가지라고 변론했다. "피고인들은 합당한 이유에 따라 행동하였으므로 무고합니다. 공소장에 적시된 범행을 공모하였다고 볼 수도 없고, 무죄 석방되었다고 하여 침략을 반복해서 공모하리라고 생각할 수 없습니다"라고 변론했다.

다카야나기 겐조는 연합국은 소급효를 적용해서 피고인들을 무리하게 기소하였다고 주장했다. 그는 태국 대법원이 소급하여 전쟁범죄를 처벌하는 것은 소급효 금지 원칙에 위반한다면서 전범에 대하여 무죄방면하였음을 언급했다. 그리고 평화와 인도에 반하는 범죄는 과거 국제법에 없던 죄이며, 침략범죄란 모호하고, 1948년에도 서구는 인도네시아와 베트남에서 식민전쟁을 벌이고 있는데, 서구세력은 이와 관련해서 3세기 동안 형사처벌을 받지 않았다고 주장했다. 그리고 문화 차이로 인해 연합국 전쟁포로나 민간인 피억류자에 대해서 부당한 처우가 있었던 것이라고 주장하면서 중국과 필리핀 등지의 야만행위와 노예노역에 대해서는 언급을 회피했다.

변호인이 최후변론하는 데 한 달 이상이 걸렸다. 1948년 4월 6일, 재판이 시작된 지 2년이 지날 무렵 재판장 웨브는 변론을 종결하겠다면서 선고일까지 변론을 연기한다고 선언했다(Brackman, 1987).

12
선고

재판일지

1946년 5월 3일 재판이 개정되어 5월 5일 공소장을 낭독했고, 1948년 4월 16일 검사의 최종의견을 들었다. 개정한 후 9개월 동안 검사가 공소사실에 대해 입증했으며, 1947년 1월 31일 검사의 입증을 마쳤다. 여러 증인들이 차례로 나와 증인석에 섰으며, 그중에는 전 만주국 황제 푸이도 있었다. 재판 도중에 2명의 피고인이 사망하여 피고인 수는 25명으로 줄어들었다. 그리고 1947년 2월 24일부터 변호인의 반증이 시작되었다. 변호인단 총회에서 결정된 방침은 다음과 같았다.

첫째, 천황에게 책임이 미치지 않도록 할 것.

둘째, 국가를 변호할 것.

셋째, 두 가지 범위 안에서 개인을 변호할 것.

이러한 방침에 따라 변호인의 반증과 변론은 1948년 1월 12일까지 계속되었다. 1948년 1월 12일부터 검찰의 반박과 입증이 있었으며, 1948년 1월 30일부터 변호인의 재반증이 있었다. 그리고 1948년 2월 11일부터 3월 2일까지 검사의 최종논고가 있었다. 1948년 3월 2일부터 4월 15일까지 변호인

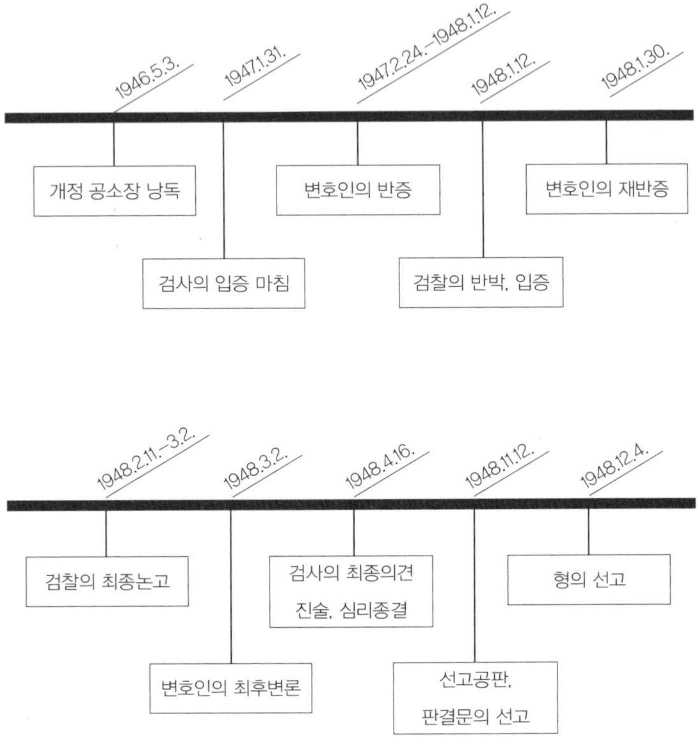

도쿄재판 일지

의 최후변론이 있었고, 이후 검사의 최종의견 진술을 거쳐 4월 16일에 심리가 종결되었다(이장희, 2008).

판결을 내리다

판사들은 소위원회를 구성해서 쟁점 별로 자유롭게 토의하였다. 그러나 뉘른베르크보다 증거가 많아 판사들은 검토하고 평의하는 데 어려움을 겪었다. 그중에서 천황의 문제가 가장 힘든 문제였다. 판사들 다수 입장이 정해지자, 양형 문제가 대두되었다. 재판장 웨브는 사형에 반대하면서 피고인들에 대하여 무기 징역형을 선고해야 한다고 주장했다. 그리고 형을 선고받은 죄수들을 일본 밖에 있는 외딴 곳에 수감시키자고 제안했다.

그런데 충격적인 소식이 전해졌다. 4월 3일 《아사히신문》은 《연합통신 Associated Press》 기자의 말을 인용하면서 선고할 형량에 대한 예보 기사를 게재했다. 피고인들 중 절반가량이 사형을 선고받으리라는 것이었다.

오시마 히로시의 변호인 오웬 커닝햄은 변론을 마친 뒤 미국으로 돌아가서 시애틀에서 열린 미국 변호사협회에 참석했다. 그 자리에서 커닝햄은 "도쿄재판의 거악"이라는 자극적인 제목의 글을 발표하였다. 내용인 즉, 인도 판사 팔이 모든 공소사실을 부인하면서 모든 피고인들이 무죄라는 반대 의견을 이미 다 써놓았다는 것이다. 그리고 도쿄재판은 보복과 선전하는 데 목적이 있다고 비판했다.

이 소식은 스가모 형무소에 있는 피고인들에게도 들렸고, 모두가 환영했다. 재판부는 커닝햄을 재판에서 배제하기로 결정했다. 그러자 발끈한 커닝햄은 언론을 향해 도쿄재판은 법적으로 근거도 없고, 정치재판이나 익살극에 지나지 않는다고 비판했다.

재판장 웨브는 피고인들에 대해 곧 판결을 선고하겠노라고 밝혔다. 이제 재판은 길고 어두운 터널을 지나 종착역에 이르고 있었다. 선고일인 11월 12일, 법정 밖에는 방청객들이 운집했다. 피고인들을 태운 버스가 법정으로 도착하였다. 그리고 법정 안 피고인석 문이 열리고 헌병과 함께 피고인들이 한 명씩 나와 선고를 들었다.

그러나 세 명의 피고인은 병으로 인해 불출석하였다. 히라누마 기이치로는 호흡기 질병이 있어 불출석했다. 외교관으로 일본의 국제연맹 탈퇴와 영국과 미국에 대한 강경 외교를 추신하였던 시라도리 도시오는 질병으로 불출석했고, 이후 1949년 6월 3일 투옥 중에 후두암으로 사망하였다. '무언의 장군'으로 불리며 과묵하고 신중한 성격의 군인으로 육군대장과 관동군 사령관을 지낸 우메즈 요시지로 역시 질병으로 불출석했다. 그는 1949년 1월 8일 투옥 중에 직장암으로 사망하였다.

미국에 가 있던 수석검사 키넌은 선고하는 첫날에 불출석했고, 사흘 뒤에야 모습을 비쳤다.

재판하는 데 자그마치 2년 6개월 15일이 걸렸고, 45,000쪽에 이르는 조서가 작성되었으며, 판사들이 판결문을 쓰는 데 무려 7개월이 걸렸다. 판결문을 낭독하기 전 재판장 웨브는 반대의견이 있다고 하면서 인도 판사가 다수의견과 전혀 다른 의견을 표명했고, 프랑스와 네덜란드 판사는 부분적으로 다수의견과 다른 의견을 내었다고 밝혔다.

판결이 선고되기 전에 변호인들은 재판부에 대해 반대의견을 법정에서 낭독해 달라고 요청했다. 그러나 재판부는 반대의견을 낭독하지 않기로 결정했다. 이 결정에 따라 재판부는 반대의견을 낭독하지 않고 변호인들에게 반대의견서만 교부했다. 판결문을 읽는 데 자그마치 8일이 걸렸다. 법정 안팎에서는 과연 누가 사형선고를 받을지가 초미의 관심사였다.

재판장 웨브는 호주 사람 특유의 강한 악센트로, 그리고 분명하고 뚜렷한 음색으로 판결문을 읽어 내려갔다. 판결문은 1,218쪽에 이른다. 82쪽은 법적 판단을, 919쪽은 사실 판단을, 81쪽은 피고인별 형의 선고와 양형을 다루고 있다. 사실 판단에서 일본이 1928년부터 1945년까지 저지른 전쟁범죄행위를 상세히 기재하고 있다(Piccigallo, 1979).

55개의 공소사실 중에 45개의 공소사실을 기각한다고 낭독하자 모두가 놀랐다. 그러나 공소사실이 기각된 것은 중복되거나 관할이 없다는 이유에서였고, 여러 개의 공소사실을 병합해서였다. 10개의 공소사실을 유죄로 인정하였는데, 8개는 평화에 반하는 죄이고 2개는 통상의 전쟁범죄와 인도

표 12-1. 유죄로 인정된 공소사실

번호	공소사실
1	국제법을 위반한 전쟁과 침략전쟁을 하기로 하는 공동 계획을 실행하고 공모한 주범, 선동자, 가담자
27	중국에 대한 전쟁의 도발
29, 31, 32	미국, 영연방, 네덜란드에 대한 침략전쟁의 도발
33	프랑스에 대한 침략전쟁의 도발
35, 36	소련에 대한 침략전쟁의 도발
54, 56	잔혹행위

에 반하는 범죄였다. 살인죄의 공소사실은 각하되거나 무시되었다.

재판소는 증거와 관련해서 변호인들이 제출한 증거 중에 채택되지 않은 것은 신빙성이 없기 때문이고, 기도와 사이온지의 일기에 비중을 두었다고 밝혔다. 그리고 법적 문제와 관련해서 재판소는 헌장에 구속되며, 재판소는 평화에 반하는 죄를 정한 헌장을 심사할 권한이 없다고 밝혔다. 뉘른베르크와 같이 도쿄헌장은 소급법이 아니며, 행위 당시에 존재하는 국제법이라고 판시했다. 침략자를 처벌하지 않은 것은 정의가 아니며, 침략행위를 정의내리는 것이 어려운 일이긴 하지만, 일본이 이웃 국가를 침략한 행위는 침략전쟁이라고 판시하였다.

일본은 세계 문명공동체 가운데 평화를 증진하고 침략행위를 저지하며, 전쟁의 공포를 제거하는 것을 의무로 하는 조약(1928년의 켈로그-브리앙 조약을 가리킨다)에 가입하였는데, 이러한 의무를 위반하는 행위는 반드시 조사해서 재판해야 한다고 보았다.

공소사실에 대해서는 다음과 같이 판시했다. 일본 군부는 자신들을 반대하는 자들을 제거하고 암살하였으며, 군부가 일본의 운명을 쥐고 있었고, 루거우차오 사건을 일으키고, 1931년부터 1945년까지 중국에서 침략전쟁을 개시하였다. 일본은 아편과 마약거래를 관장했고, 노예노역을 강요했다. 그리고 민간인에게 공습을 감행했으며, 피고인들은 이러한 침략전쟁을 개시하기로 공모하였다. 그리고 일본을 향한 경제제재에 대항하여 정당방위 차원에서 전쟁하였다는 변호인들의 주장은 받아들이지 않았다.

판결에서는 통상의 전쟁범죄와 인도에 반하는 범죄에 대해서도 자세히 언급하였다. 재판부는 군부뿐만 아니라 일본 정부도 전쟁포로와 민간인 억류자의 살인과 부당한 처우에 책임이 있다고 판시했다(Brackman, 1987).

> 광범위한 침략전쟁을 도발하기로 계획하는 것과 복잡하고 장기에 걸친 침략전쟁을 준비해서 개시하는 것은 어느 한 사람이 한 것이 아니다. 여러 지도자가 공동의 목적을 이루기 위해 공동으로 계획을 세워서 한 것이다. 침략전쟁을 준비하고 개시하여 일본의 지배를 공고히 하자는 공동의 목적이 바로 범행을 공모하기로 한 것이다. 침략전쟁을 하기로 공모하거나 침략전쟁을 개시하는 것이야 말로 사건의 중대한 범죄이며, 이런 공모로 인해 세계인의 안전이 위험을 받게 되고, 혼란이 초래된다.

일본군의 잔혹행위에 대해서는 다음과 같이 판시하였다.

> 제출된 잔혹행위와 기타 전쟁범죄에 대한 증거에 따르면 중국에 대해 전쟁을 개시한 초기와 1945년 8월 일본이 항복할 때까지 일본의 육군과 해군에 의해 고문, 살인, 강간, 기타 매우 비인간적인 잔인한 행위와 야만적인 행위가 자행되었다. 몇 달 동안 이 법정에서 구두나 조서에 의한 증거를 들었고, 증인들은 일본군이 광범위한 지역에서 잔혹행위를 범하였다고 증언하였다. 그리고 모든 지역에서 이런 잔혹행위가 보편적임을 알 수 있다. 따라서 이러한 사실로 일본 정부와 군 지휘관, 각료가 잔혹행위에 대해 묵인하였다는 결론만이 가능하다.

재판소는 잔혹행위가 일본 정부의 정책이라고 보고, 여러 잔혹행위를 열거하였다. 전쟁포로의 지위를 무시한 행위, 대량살상, 강간, 인종말살, 기타 난징에서의 잔인함과 파괴행위, 전쟁포로 특히 연합군 포로, 민간인 억류자, 병자와 부상자, 의료인, 시민에 대한 과도하고 불법적인 처벌, 죽음의 행진, 과도하고 불법적인 전쟁포로에 대한 노역 강요, 버마–시암의 죽음의 철길 건설 강요, 해상에서의 불법적인 전투와 살상, 전쟁포로에게 적절한 물, 의료, 의복, 쉼터를 제공하지 않은 행위, 포로수용소에 있는 포로에게 부당한 처우 등.

그러나 생체실험은 판결문에 언급되지 않았고, 검사가 제출한 필리핀 포로수용소에서의 생체실험에 대한 증거는 부족하다고 판시했다. 재판소는 일본군이 위안부를 강요한 사실을 다른 형태의 전쟁범죄와 같이 구분하지 않았지만 이런 형태의 잔혹행위가 전쟁범죄를 구성하는 것으로 보는 듯 판시했다.

> 구이린桂林을 점령하는 동안 일본군은 강간과 약탈 등의 갖은 잔혹행위를 저질렀다. 그들은 공장을 설립하기 전에 여성 노동자를 모집했다. 그들은 이들 여성들에게 일본군을 상대로 매춘행위를 하도록 강요했다.

그럼에도 불구하고 재판소는 위안부에 대한 중앙정부의 지도자들에 대한 책임에 대해서는 함구하였다. 판사들이 주저한 이유는 여기에 대한 검사의 입증이 부족했기 때문이다. 중국과 네덜란드, 프랑스 검사는 일본군이 위안부를 동원한 문서를 제출했다. 그러나 제출한 증거는 빈약했고, 공소사실을 입증하기에 부족했다. 결국 재판소는 이와 관련하여 검사가 중앙정부의 지도자 책임에 대한 입증책임을 다하는 데 실패했다고 본 것이다(Totani, 2008).

형의 선고

재판소는 1948년 11월 12일 기소된 28명 중 25명에 대하여 유죄를 선고했다. 그리고 12월 4일에 피고인들에 대하여 형을 선고했다. 아라키 사다오를 필두로 형을 선고하였고, 맨 마지막으로 도조 히데키에 대하여 선고하였다. 도조는 두 팔로 뒷짐을 지고 천천히 법정으로 들어와서 잠시 천장을 바라보았다. 교수형이 선고되자 예견이나 한 듯 얼굴에는 미소를 머금었다.

7명에 대하여 사형을, 16명에 대하여 종신형을, 2명에 대하여 금고형을 선고하였다. 재판 도중 2명(나가노 오사미, 마쓰오카 요스케)은 사망했고, 1명(오카와 슈메이)에 대해서는 소송능력이 결여되었다는 이유로 공소를 기각하였다. 선고한 결과 교수형이 7명(도조, 히로타, 이타가키, 마쓰이, 도이하라, 기무라, 무토), 종신금고가 16명, 금고 20년이 1명(도고), 금고 7년이 1명(시게미쓰)이었다.

인도의 팔 판사와 프랑스의 베르나르 판사, 네덜란드의 뢸링 판사가 반대의견을 개진했다. 호주의 웨브 판사와 필리핀의 하라니야 판사는 기본적으로 다수의견을 지지하면서 보충적으로 소수견해를 피력했다(이장희, 2008).

반대의견의 주요 요지를 살펴보면, 재판소가 헌장에 대해 심사권을 갖고 있는가에 대해, 베르나르 판사와 팔 판사는 심사권이 있다고 보았다. 천황의 책임에 관해서는, 베르나르 판사가 태평양전쟁 개전의 주요 책임자는 천황인데, 다른 공범자가 대신 처벌되는 것은 불합리하다고 주장하였다. 재판장 웨브는 천황의 면책이 '모든 연합국이 최선의 이익을 위해 결정되었다'고 하면서도, 보다 큰 책임이 있는 천황이 면책된 사실은 다른 피고인들의 양형에 있어서 고려되어야 한다고 주장하였다. 원폭 투하에 대해서, 팔 판사는 연합국이 저지른 전쟁범죄라고 주장하였으나, 하라니야 판사는 원폭의 사용은 정당한 행위라고 반박하였다(김창록, 2009).

재판소는 열 명의 피고인에 대해서 유죄판결을 내렸고, 나머지 피고인들에게 무죄를 선고했다.

기무라 헤이타로는 사단장으로, 다음에는 관동군 참모장으로 이후 버마 방면군 사령관이자 육군차관으로 있었고 중국 전쟁과 태평양전쟁에서 두드러진 역할을 했다. 그는 버마 대학살의 책임자로 사형을 선고받았다. 재판소는 그가 육군대신으로 있으면서 버마 시민들이게 가혹행위를 하는 것을 막지 못한 책임이 있다고 판시했다. 도이하라 겐지는 제12방면군 사령관인데 침략전쟁에의 공동모의와 수행, 그리고 펑텐사변과 중국 대륙에서의 학살로 사형을 선고받았다. 이타가키 세이시로는 여러 차례 육군대신을 역임하였으며, 그 기간 동안 중국에 대한 침략전쟁에 가담하였다. 그리고 관동군 참모장으로 중국과의 전쟁에 대한 책임자로 사형을 선고받았다.

도이하라 겐지는 침략전쟁의 공동모의, 수행에 대한 책임이 있다. 그리고 제7방면군(제7방면군은 말레이 반도, 만다만 섬, 니코바 섬, 수마트라, 자바, 보루네오를 점령하고 있었다) 지휘관으로 있으면서 전쟁포로에게 부당한 처우를 한 행위로 유죄를 선고받았다. 무토 아키라는 육군성 군무국장으로 있으면서 침략전쟁의 공모모의에 참가하고 수행에 가담했다. 그리고 제14방면군 총참모장으로 필리핀 포로를 학살한 죄로 사형을 선고받았다.

도조 히데키는 여러 대량학살로 유죄를 선고받았다. 도조 히데키는 1937년 관동군 참모장이 된 이래 침략전쟁의 대부분을 주도하였다. 그리고 총리이자 육군대신으로 중국에서 전쟁포로에 대한 국제법상 의무를 따르지 말라고 명령 내리고, 전쟁포로에 대한 가혹한 노동을 승인했으며, 바탄 죽음의 행진과 같은 가혹행위를 막지 않았다고 판시했다.

고이소 구니아키는 1932년부터 1934년까지 관동군 참모장으로 만주 침략을 공동모의하고 수행하였다. 그리고 1944년 총리로 있었는데, 그 기간 동안 일본군은 전쟁포로와 민간인에 대해 지속직으로 잔혹행위를 하였다.

표 12-2. 피고인별 선고 내용

피고인	공소사실(○: 유죄, ×: 무죄, 공란: 해당없음, □: 판시 없음)										선고형
	1	27	29	31	32	33	35	36	54	55	
도조 히데키	○	○	○	○	○	○		×	○	□	사형
이타가키 세이시로	○	○	○	○	○	×	○	○	○	□	사형
도이하라 겐지	○	○	○	○	○	×	○	○	○	□	사형
기무라 헤이타로	○	○	○	○	○				○	○	사형
무토 아키라	○	○	○	○	○	×		×	○	○	사형
마쓰이 이와네	×	×	×	×	×		×	×	×	○	사형
히로타 고키	○	○	×	×	×	×	×		×	○	사형
아라키 사다오	○	○	×	×	×	×	×	×	×	×	종신형
고이소 구니아키	○	○	○	○	○			×	×	○	종신형
하시모토 긴고로	○	○	×	×	×				×	×	종신형
우메즈 요시지로	○	○	○	○	○			×	×	×	종신형
사토 겐료	○	○	○	○	○				×	×	종신형
하타 슌로쿠	○	○	○	○	○		×	×	×	○	종신형
오시마 히로시	○	×	×	×	×				×	×	종신형
시마다 시게타로	○	○	○	○	○				×	×	종신형
히라누마 기이치로	○	○	○	○	○	×	×	○	×	×	종신형
오카 다카즈미	○	○	○	○	○				×	×	종신형
시라토리 도시오	○	×	×	×	×						종신형
호시노 나오키	○	○	○	○	○	×	×		×	×	종신형
가야 오키노리	○	○	○	○	○				×	×	종신형
스즈키 데이이치	○	○	○	○	○		×	×	×	×	종신형
기도 고이치	○	○	○	○	○	×	×	×	×	×	종신형
미나미 지로	○	○	×	×	×				×	×	종신형
도고 시게노리	○	○	○	○	○			×	×	×	금고형 20년
시게미쓰 마모루	×	○	○	○	○	○	×		×	○	금고형 7년

재판소는 잔혹행위의 악명이 워낙 높아 고이소와 같은 지위에 있는 사람이 모를 리 없다고 보았다.

하타 슌로쿠는 중지나 방면군 사령관이었고, 제2군 사령관으로 있었다. 그가 지휘하는 군대는 대규모로, 또한 장기에 걸쳐 잔혹행위를 하였다. 재판소는 그가 상관으로서 부하의 잔혹행위를 방지할 의무를 저버렸다고 판시했다(Totani, 2008).

반대의견에서 팔은 모든 피고인에 대해 무죄라고 주장했다. 베르나르트는 절차상 하자가 있으므로 판결은 타당하지 않다고 주장했다. 그러나 일부 피고인은 가장 극악한 범죄를 저질렀으므로 유죄라고 보았다. 뢸링은 일곱 명 중 여섯 명에 대해 사형을 선고한 것은 타당하다고 주장했다. 뢸링은 히로타에 대해서는 공소사실에 대한 입증이 부족하다고 보았다. 뢸링은 세 명의 피고인의 경우 통상의 전쟁범죄를 범하였기 때문에 종신형 대신 사형이 선고되어야 한다고 주장했다(Minear, 2001).

팔의 반대의견

팔의 반대의견서는 1,200쪽에 달하는데, 이는 도쿄재판의 판결문 분량에 버금간다. 팔의 옆자리에 앉았던 네덜란드 판사 베르나르트 뢸링은, 팔이 도쿄에 도착하자마자 반대의견서를 쓰겠다는 의도를 명확히 드러냈다고 회고했다(김석연, 2011). 결국 팔은 재판 기간 내내 재판보다는 반대의견서를 작성하는 데 공을 들인 셈이다.

팔의 주장을 요약하면 다음과 같다. 재판소의 관할과 관련해서 도쿄재판소가 관할권을 가지는 범죄는 1945년 9월 2일 일본이 항복문서로 종결을 본 전쟁의 일부분에 한정되어야 한다. 그 외의 전쟁행위는 재판소가 관할권을 가지지 않는다. 그리고 침략전쟁은 국제법상 범죄행위가 아니며, 침략전쟁을 범죄라고 규정한 도쿄헌장은 사후 입법이다. 그리고 개인은 국제법상 책임을 지지 않는다.

팔은 설령 침략범죄와 공모이론에 따라 피고인들을 치벌할 수 있다 할

지라도, 피고인들이 공소사실의 범죄를 했다고 볼 증거가 부족하다고 보았다. 그리고 일본의 전쟁은 국제법상 범죄로 취급되어서는 안 된다고 주장했다. 팔의 논리에 따르면, 어느 나라든 우호적이지 않은 국제 환경에 직면할 때 전쟁을 개시하는 것은 그 국가의 권리가 될 것이다. 그리고 이러한 환경에 직면하면 비록 군사공격이 임박하지 않았더라도 무력을 사용할 권리가 있다는 것이 될 것이다.

그러나 뉘른베르크재판소는 국가 간의 조약을 무시하고 침략하는 행위를 단죄하지 않은 것이야말로 부정의이며, 이는 죄형법정주의와 아무 관련이 없다고 판시하였다. 설령 죄형법정주의가 적용된다고 하더라도 평화에 반하는 죄는 사후법을 소급 적용한 것이 아니라는 것이다. 이미 1923년 침략전쟁이 국제범죄라는 조약의 초안에 29개국 중 절반이 찬성했고, 1924년 국제연맹이 추진한 국제분쟁의 평화적 처리의정서를 회원국의 만장일치로 제안하였다. 이것이 1928년 켈로그-브리앙 조약으로 구체화되어 63개국이 서명하여 구속력을 갖게 되었다(Totani, 2008).

조지프 키넌 수석검사는 도쿄헌장이 승전국의 자의적인 권력행사가 아니고 기존에 있던 국제법을 표현한 것이며, 전쟁을 하지 않겠다는 선언은 전쟁의 범죄화와 개인 책임을 수반하고, 죄형법정주의의 정신은 정의 구현에 있다고 주장했다. 그리고 일본 정부가 포츠담선언을 수락했고, 전쟁에 책임이 있는 지도자들은 재판에 회부된다는 사실을 확실히 인지하고 있었다고 밝혔다.

이에 대해 변호인들은 포츠담선언에서 전범의 준엄한 단죄를 천명하고 있지만, 이는 포로 학대 등의 통상의 전쟁범죄에 국한하는 것이지, 전쟁행위를 범죄시하는 것은 문명국의 공통관념이 아니라고 주장했다. 그리고 켈로그-브리앙 조약이 침략전쟁을 하지 않기로 선언하였을 뿐, 침략행위가 범죄라고 선언한 것이 아니라고 비판했다. 그러나 뉘른베르크재판소는

1907년 헤이그 협약이 교전행위를 범죄로 규정하지 않았으나 침략행위는 군사재판소에서 처벌해야 하며, 이처럼 이는 관습법이자 법의 일반 원칙이고, 조약은 이러한 원칙을 선언한 것이라고 판시하였다(김석연, 2011).

전쟁범죄와 관련해서 팔은 1907년의 헤이그 협약이 적용된다는 다수의견에 반대했다. 그리고 1929년의 전쟁포로에 관한 조약도 일본에게 적용되지 않는다고 주장했다. 그러나 그는 전쟁포로에 대한 일본의 국제적 책임에 대해서는 밝히지 않았으며, 국제 관습법에 대해서도 침묵하였다. 그는 일본군이 악마 같은 만행을 저질렀음을 인정하면서도 개인에 대해서 책임을 물을 근거가 없다고 보았다. 전쟁범죄에 대한 책임이 있는 사람은 하급군인과 장교인데, 이들은 이미 B·C급 전범재판에서 기소되어 재판을 받았다는 것이다.

반대의견에서 팔은 다수의견이 현재 국제법이 국제 평화와 인류의 안녕을 보호하는 데 목적이 있음을 전제로 하는 것에 반대한다. 팔은 국제법이 이런 목적으로 시작되었음을 인정하면서도 세계 평화란 이름으로 정의를 남발하면서 재판하는 것이 과연 이러한 목적에 이르게 할 수 있는지에 대하여 의문을 표시한다.

그러나 팔의 견해에 따라 약육강식을 방치한다면 국제 사회는 적자생존의 법칙을 따르게 될 것이다. 팔의 논리에 따르면, 국가는 방어 차원의 전쟁을 할 수 있는 권리가 있게 된다. 뉘른베르크재판소는 모든 나라가 1907년의 헤이그 협약을 조인했는지는 중요한 것이 아니라고 보았다. 이러한 협약을 모든 문명국가가 승인하였으므로 전쟁에 대한 법과 관습을 선언한 것으로 간주하였다. 요컨대 헤이그 협약은 이미 국제 관습법이란 것이다.

개인 책임에 대해 팔은 상관의 책임이란 비현실적인 개념이라고 주장했다. 팔은 지휘관이란 군을 훈련시키고 군사력을 강화시키는 것을 임무로 삼지 적군을 보호하는 것은 그들의 임무나 역할이 아니라고 본다.

그러나 이러한 팔의 견해는 당시로선 조금 논란이 되었지만, 이제는 다수 의견이 국제 인도법의 기본 원칙으로 자리잡고 있다. 국가의 행위에 대해 개인에 대해 책임을 물을 수 없다는 주장에 대해 뉘른베르크헌장에서 개인의 공적 지위를 면책사유로 보지 않는다고 천명하였다. 그리고 베르사유 조약에 따라 빌헬름 2세를 연합국 대표단으로 구성된 특별재판에 회부한 선례도 있다(Totani, 2008).

팔은 도쿄헌장은 죄형법정주의에 위배되므로 이와 관련된 공소는 모두 각하되어야 하며, 헌장의 저자는 저지른 범죄를 정의할 권한이 없으므로 헌장의 구속력이 없다고 주장했다. 그리고 헌장의 구속력을 검토할 권한은 오직 재판소의 판사에게 있는데, 재판에 적용될 수 있는 법은 판사가 인정하는 국제법뿐이라고 주장했다. 그리고 평화에 반하는 죄와 관련해서 켈로그-브리앙 조약 이후에도 전쟁은 불법이 아니었고, 일본의 무력행사는 그러한 범주에 속하지도 않는다고 주장했다.

팔은 반대의견서 말미에 "보복을 위하여 정의에 호소하는 것은 허용될 수 없다, 세계는 진실로 관대한 재량과 이해 있는 자비심을 필요로 하고 있다"라고 적었다. 팔의 논리에 따르면 인류에게 미증유의 참화를 안겼고, 나아가 전쟁이란 명목으로 인도에 반하는 참혹한 행위를 한 자들에게 관대함과 자비심을 베풀어야 할 것이다.

팔은 자신의 주장이 법실증주의에 근거한다고 주장하지만, 실상은 서구열강에 대한 반감을 판결문으로 표현한 것이다. 그러나 팔은 일본 제국의 식민지가 되고, 침략전쟁을 당한 여러 아시아 국가의 고통을 외면했다.

팔은 재판에 출석할 때마다 판사석에 앉기 전에 피고인들을 향해 절을 했다. 재판이 끝난 후에는 스가모 형무소를 찾아가 종신형을 선고받은 사토 겐료에게 "여러분은 일본의 지도자였고, 그 지도력을 통해 아시아가 해방되었습니다. 이를 기억하는 저는 경의를 표합니다"라고 말했다(김석연,

2011). 이와 같이 팔은 재판을 시작할 때부터 판사가 지켜야 할 공정성을 저버렸고 너무나 편향적이었다.

라다비노드 팔

1952년 연합국의 점령이 끝나자 일본에서는 재판을 받은 피고인들을 동정하기 시작했다. 승전국이 일본의 지도자들은 잘못 처단했다는 것이다. 이런 시각은 도쿄재판에서 반대의견을 낸 팔Radhabinod Pal의 의견을 근거로 삼는다. 도쿄판결에는 3개의 반대의견이 있었다. 그러나 유독 팔만 다수의견이 낸 모든 판결에 반대하였다.

팔은 반대의견에서 모든 피고인은 무죄라고 적었다. 팔의 반대의견은 일본 사람들의 관심을 끌었고, 재판에 대한 논쟁 때마다 늘 화두로 떠올랐다. 팔은 1952년과 1953년, 그리고 1966년에 걸쳐 세 차례 일본을 방문했다.

팔의 말과 행동은 도쿄판결을 폄훼하는 우익의 논거가 되었다. 팔이 가장 반대한 것은 평화에 반하는 죄이다. 팔의 논리에 따르면 제2차 세계대전 때 벌어진 그 어떤 전쟁행위도 처벌할 수 없게 되고, 전쟁범죄를 다루는 것은 도쿄재판의 관할에 속하지 않는다.

팔은, 국제 형사법에서 공모이론이 인정된 적이 없는데 도쿄재판에서 이를 받아들였으며, 소급효 금지 원칙을 위반하였고, 소급법을 적용해서 승자의 재판이 되었다고 주장했다. 팔은 도쿄재판이 법적인 절차를 밟는 듯했지만 실제로는 복수의 욕망을 채운 복수극이었다고 비판했다(Totani, 2008).

기시 노부스케岸信介 총리는 1966년 10월 4일 팔을 공식 초청해서 그에게 1등 국가헌장을 수여했다. 그리고 일본은 1952년 4월 독립을 회복하자마자 전범의 명예회복에 나섰다. 1952년 4월 30일 〈전상변사 전몰자 유족 등 원호법〉을 제정하여 전범으로 사망한 경우 공상으로 보아 유족에게 부조금을 지급하기로 했다.

보신전쟁(1868년부터 1869년까지 메이지 정부와 옛 막부 세력이 벌인 전쟁)에서 전사한 장병을 기리는 쇼콘사招魂社란 신사가 있었다. 이 신사는 1879년 국가가 관장하는 신사인 야스쿠니 신사로 개편되었다. '야스쿠니靖國'란 말에는 원래 '나라를 평화롭게 한다'라는 뜻이 담겨져 있다. 그런데 야스쿠니 신사는 246만 6천여 신을 모아놓은 일본 최대의 신사가 되었다. 일본의 내전과 청일전쟁, 러일전쟁과 만주사변, 중일전쟁과 태평양전쟁의 전사자를 이곳에 모아놓았다. 그리고 도쿄재판에서 사형당한 전범도 여기에 합사했다.

도쿄재판에서 도조 히데키를 비롯한 7명은 사형판결을 받았다. 그리고 1948년 12월 23일 자정에 교수형이 집행되었다. 연합국은 이들의 유해를 비밀리에 화장해서 비행기로 하늘에 뿌리려 했다. 이때 도쿄재판에서 전범들의 변호를 맡았던 변호사 산몬지 쇼헤이는 화장장 부근에 있는 절의 주지와 공모해서 유골을 수습했다. 이렇게 전범의 가족이 비밀리에 보관하던 유골은 1978년 10월 야스쿠니 신사에 합사되었다.

야스쿠니 신사에는 팔의 현창비가 세워져 있다. 팔은 인도를 지배하는 영국과 아시아를 지배한 일본의 차이점이란 승전국과 패전국이라는 사실뿐이라고 주장했다. 그리고 원자폭탄을 투하한 연합국은 일본에게 죄를 물을 수 없다고 주장했다.

팔은 1886년 인도 벵골 주에서 태어났다. 캘커타 대학을 졸업하고 수학교사가 되었지만 이후 법학에 뜻을 두어 1920년에 법학석사 시험에 합격하여 변호사가 되었다. 그리고 1924년에 캘커타 대학에서 법학박사 학위를 취득하였다. 이후 캘커타 대학 교수로 지내다가 1941년에 캘커타 고등법원의 판사가 되었다. 1944년에는 캘커타 대학 총장이 되었고, 1946년 5월 인도를 대표하는 판사로 도쿄재판에 파견되었다(김석연, 2011).

팔은 모든 공소사실이 입증되지 않았다는 의견을 내었다. 그런데 같은 식민지 국가인 필리핀 판사 델핀 하라니야는 팔과는 너무나 대조적이었다. 델핀은 1883년생으로, 미국에서 유학해서 법학을 공부했고, 귀국해서 검사와 판사를 역임했다. 이후 육군 법무관과 대법원 판사가 되었다. 델핀은 다수의견에 찬성하면서 판결에 대한 '동의 의견서'를 제출했다. 여기서 그는 오히려 판결이 관대하다고 비판하고, 팔의 소수의견을 격렬하게 비판했다.

인도의 독립운동가 찬드라 보스가 이끄는 인도 국민국은 영국의 적인 일본군을 이용해서 영국을 몰아내고 독립하려는 생각에 일본군과 함께 공동전선을 펼쳤다. 팔은 이런 찬드라 보스와 같은 생각을 가진 인물이다. 기시 노부스케와 같은 일본 우익은 팔을 정의의 상징으로 추앙했다(이재우, 2016).

일본 사람들은 팔의 반대의견에 매료되어 푹 빠졌다. 어떤 이들은 판결이 선고되자마자 팔의 경력을 조사했다. 현재까지 조사된 바에 따르면 팔은 고대 힌두법을 연구한 학자이고, 1920년대와 1930년에 캘커타 대학교에서 고대 힌두법과 법학통론을 강의한 인물이다. 그의 박사학위 논문은 〈법의 힌두철학〉이다. 혹자는 팔의 고대 인도법철학에 대한 경도가 현대 국제법과 서구의 법 전통에 회의를 갖게 하였다고 설명한다.

라나비노드 팔

팔은 영국령 인도에서 현대 교육을 받았다. 그리고 캘커타 고등법원에서 2년간 판사로 근무했다. 흥미롭게도 팔은 그 기간 동안 60건의 사건을 재판하면서도 반대의견을 쓴 적이 없다.

인도의 대다수 엘리트들은 영국 제국주의와 함께 일본 제국주의를 규탄한다. 그러나 팔은 이런 엘리트와 달리 공개적으로 일본 제국주의를 변호한 것이다.

이러한 팔의 생각을 좇으려면 20세기 인도의 민족주의 맥락에서 살펴보는 게 나을지 모른다. 팔은 벵갈 출신 사람이었고, 이곳은 영국의 식민지에 저항하고 독립운동을 전개한 본거지다. 이후 민족주의 운동이 그를 사로잡았으며, 그래서 팔이 서구 식민 세력에 오랫동안 종속된 아시아의 비탄을 대변하려고 도쿄 판결을 이용했다고 보는 시각이 있다(Totani, 2008).

일본에서의 팔

일본 우익은 팔의 반대의견을 반겼다. 이들은 팔의 반대의견을 승자가 자의적으로 재판한 것으로 포장해서 번역하고 전파하였다. 팔의 반대의견은 마쓰이 이와네의 전직 비서인 다나카 마사키가 번역하여 1952년 《팔 박사의 진실한 판결》이란 제목을 달고 출간되었고, 베스트셀러가 되었다. 반응이 좋자 다나카의 자문인 시모나카 야사부로는 팔을 일본으로 초청하기에 이른다. 이를 위해 그는 '팔 박사 환영위원회'를 구성했고, 구체적인 계획도 짰다.

팔은 1952년 10월 26일 일본에 도착했다. 팔은 1달 동안 일본 전역을 돌며 도쿄 판결과 전쟁과 평화, 정의에 대해 연설했다. 핵심은 도쿄 판결에 대한 비난이다. 팔은 다수의견이 증거가 부족함에도 감정적인 충동으로 이루어진 것이라 비난했다. 팔은 일본 전역을 다니며 자신이 법과 정의, 평화 문제에 대한 여론의 주도자임을 부각시켰다. 팔은 1953년과 1966년에 다시 일본을 방문했다.

세 번째인 1966년 방문 때 그는 여든 살의 나이로 만성질환을 앓고 있었다. 지병과 고령에도 불구하고 팔의 방문은 일본 사람들에게 깊은 인상을 심어 주었을 것이다. 마지막 연설은 오자키 기념홀에서 있었다. 여기서 그는 '세계 평화와 국제법'이란 제목으로 연설했다.

일본 정부는 팔의 방문을 공식적으로 반겼다. 히로히토 천황은 1966년 팔이 세계 평화와 정의에 기여했다면서 무공훈장을 수여했다. 그리고 팔이 1967년 사망하자 일본 정부는 사절단을 파견해서 애도의 표시를 하였다. 사절단에는 무려 300여 명이 참석하였다. 팔을 추모하기 위해 1975년 하코네에 '팔-시오나카 기념관'이 문을 열었다. 헤이본샤 출판사가 지었으며, 물론 팔을 기념하기 위해서 마련된 것이다(Totani, 2008).

최근에는 야스쿠니 신사에서도 팔을 기념하는 의식이 치러졌다. 1970년대 말 신사 당국은 A급 전범 25명 중 15명을 이곳에 안치시키기로 했다. 2005년 6월, 신사 당국은 이들 전범들의 위패 부근에 팔의 기념물을 세웠다. 이것은 팔의 반대의견을 일본 시민들에게 길이 알리기 위함이다.

13

반향

선고 이후

뉘른베르크헌장과 달리 도쿄헌장에서는 연합군 최고사령관에게 판결에 대해 심의할 수 있는 권한을 부여했다. 이를 '관할관의 심의권'이라 하는데, 극동위원회가 결정하였다. 이런 관할관의 심의는 도쿄재판의 정치적 색채를 드러내고 있다. 판결이 선고된 지 1주일 안에 모든 피고인들이 연합군 최고사령관인 맥아더에게 판결에 대해 심의를 요청했다. 변호인들은 판결에 나타난 사실 인정의 오류, 법 이론의 부당한 적용을 다투었을 뿐 감형을 요청하지 않았다. 변호인들은 검사가 공정하게 공소를 제기하지 않았고, 재판소가 공정한 심리를 하지 않았다고 주장했다. 그리고 증거를 잘못 채택하였고, 판사들이 전원이 일치된 판단을 내리지 않고 다수와 소수로 의견이 나뉘어졌으므로 받아들일 수 없다고 주장했다.

재판 내내 맥아더는 재판에 개입하는 것을 자제했다. 하지만 일본인에 대해 동정심을 갖고 있었고, 정치 지도자를 재판하는 것을 부정적인 시각으로 바라보고 있었다. 당시 연합국회의 의장은 미국 대표인 윌리엄 시볼드 William J. Sebald 대사였다. 시볼드는 심의권의 행사가 맥아더로서는 결코 쉬운 일이 아니었다고 회고한다. 맥아더는 1948년 11월 22일 도쿄에 있는 대일이사회를 구성하는 각국의 대표와 극동위원회에 소속된 각국의 대표를 모아 의견을 들었다. 그 자리에서 인도와 네덜란드 대표는 피고인들의 감형을 요구하였으나, 나머지 나라 대표들은 판결을 지지하였다. 이를 토대로 11월 24일 맥아더는 피고인들의 신청을 각하하였으며, 1주일 이내에 형을 집행하도록 명령하였다. 성명서에서 맥아더는 도쿄재판의 판결을 심의하는 일이 결코 쉬운 일이 아니었다고 밝히면서 판결대로 집행하여 세계 평화에 기여하길 바란다고 말했다.

그러자 피고인들의 변호인은 인신보호영장writs of habeas copus[1]에 기해 미국 연방대법원에 소원을 제기했고, 이에 따라 피고인들에 대한 형의 집행이 연기되었다. 소원의 요지는 다음과 같다. 도쿄재판소는 미 행정부에 속한 맥아더 사령관에 의해 설치되었는데, 미국의 입법부는 재판소 설치를 맥아더에게 위임한 사실이 없다. 따라서 헌법 위반이 되므로 인신보호영장에 따른 석방이 이루어져야 한다. 그러나 1948년 12월 20일 미 연방대법원은 피고인들이 모두가 일본 거주자이거나 미국인이 아니고, 연합국의 기관으로 설시된 군사재판소에 대하여 미 연방대법원이 관할권을 가지지 않는다는 사유로 소원을 각하하였다. 더글라스Douglas 대법원판사는 도쿄재판에 대해 정치적 색체가 강하다고 평가했다. 그럼에도 그 역시 미 연방대법원은 관할권이 없다고 보았다(Minear, 2001).

1948년 12월 23일, 도조 히데키를 포함한 7명에 대하여 사형이 집행되었다. 사형이 집행되기 하루 전날 면회가 허용되었고, 미 군용식이 제공되었다. 도조는 일본식 식사를 원하여 일본식으로 식사하였다. 사형 집행 시 이들에게는 제복이나 사복의 착용이 허락되지 않았다. 교수형이 선고된 7명에 대한 형의 집행은 12월 23일 오전 0시 1분부터 33분까지에 걸쳐 이루어졌다. 처형 장소에 미국과 중국, 영연방과 소련의 대표가 입회하였다. 처형된 7명의 사체는 유족에게 인도되지 않고 엄중한 감시 아래 화장된 후

1 구속의 적법 여부를 심사하여 구속이 위법·부당할 경우 석방하는 절차.

바다에 뿌려졌다. 다만 그 일부가 몰래 유출되어, 1949년 5월 아타미熱海 교외에 있는 이즈伊豆 산의 고아관논興亞觀音에 묻혔다가 1960년 8월 치다知多 반도의 산가네 산정의 순국칠사묘에 묻혔다고 한다(김창록, 2009). 18명은 징역형을 선고받았다. 이들 중 6명은 종신형이었다. 나머지 12명은 형의 일부만 복역했다. 맥아더는 1950년 3월 7일 군사령관의 관할권을 발동하여 형을 감해 주었다. 종신형을 선고받은 사람에 대하여 15년 후 잔여 형기의 3분의 2를 감경할 수 있도록 한 것이다.

외무대신 시게미쓰 마모루는 7년 형을 선고받았는데, 1950년 11월 21일 출소했다. 석방되기 전에 그는 4년 7개월 동안 복역했다. 4년 후 그는 다시 외무대신으로 정계에 복귀하였다. 그는 재직기간 동안 나머지 수감자들의 석방을 위해 연합국과 교섭했다. 1950년에 한국전쟁이 발발하자 미국은 반공의 방파제로서 독립국 일본을 만드는 것을 정책의 틀로 짰다. 그리고 1951년 9월 8일 소련과 체코슬로바키아, 폴란드를 제외한 48개국이 샌프란시스코 강화조약에 서명했다. 조약 제14조에 따라 일본이 한국에 배상할 수 있는 것은 두 가지인데, '생산물품, 침몰선 인양, 기타 작업을 위한 일본인의 역무'와 '해외 재산의 몰수'뿐이다. 1952년 연합국의 일본 점령이 끝났다. 그리고 샌프란시스코 강화조약에 따라 피고인들에 대하여 가석방과 감형, 사면이 이루어졌다. 1952년 점령이 끝날 무렵 일본 법무성은 수감자들을 넘겨받았지만 이미 정해진 형을 바꿀 수는 없었다.

1948년 12월 23일 7명에 대하여 사형이 집행되었다. 그러나 그 다음 날인 24일 연합군 최고사령부는 더 이상 A급 전범에 대한 재판이 없다고 발표하였다. 그리고 구금되어 있던 기시 노부스케, 고다마 요시오児玉誉士夫 등 A급 전범 19명을 전원 석방하였다. 기시는 이후 정계에 복귀해서 1957년에는 총리를 지냈다(Minear, 2001). 고다마는 자민당의 흑막으로 활약하였다. 이로써 천황제와 도쿄재판, 샌프란시스코 강화조약을 계기로 천황을 정점으로 하는 보수 지배층과 군국주의자들이 살아남게 되었다. 그리고 이것이 오늘날 가해자와 피해자가 뒤바뀐 역사의식이 되어 일본의 주류로 자리잡고 있다.

최초에 연합군 최고사령부는 여러 차례 국제전범재판소를 열 계획이었다. 그러나 1940년대 말에 이르러 연합국 내에 냉전이 시작되었고, 미국을 비롯한 서구와 소련과 위성국 사이에 긴장감이 흘렀다. 결국 일본을 탈군국주의화하고 민주화하겠다는 정책에서 일본을 재건하고 재무장한다는 정책으로 선회하였다. 이러한 정책의 기조는 1950년에 한국전쟁이 발발하여 더욱 가속되었다. 요시다 내각[2]은 도쿄재판에 반대하고, 반대의견을 전범을 석방하는 정당화 사유로 삼았다. 전범의 석방은 많은 일본인들의 지지를 받았다. 독립이 되자 요시다 내각은 전범이나 군국주의자, 그리고 군국주의 전쟁에 가세한 인물을 정부 요직에 기용했다. 보수주의자들은 이러한 정책을 반겼다. 보수주의자들은 도쿄판결을 반대하는 데 기세를 올렸다. 게다가 정치인들은 태평양전쟁에 참가한 군인들에게 보조금을 지급하자고 주장했다. 군인연금은 1875년에 확립되었다. 국가를 위해 헌신한 자들을 지원하는 것이 합당하다는 논리에 따른 것이다(Saito, 2017-1).

결국 일본에 대한 전범재판은 세 가지로 마감되었다. 도쿄재판과 연합군 최고사령부 재판, B·C급 전범재판이 그것이다. 도쿄재판은 위에서 보듯 후속재판을 하기로 되어 있었지만 이후 중단되었다. 그래서 구금된 용의자 일부를 재판하기 위해 연합군 최고사령부 재판이 열렸다. 여기서 2건이 열렸고, 2명에 대하여 B급 전범으로 재판했다.

2 요시다 시게루를 총리로 한 내각으로, 1946년 제1차 요시다 내각부터 1954년 제5차 내각까지 구성되었다.

여론

판결이 선고되자 일본 언론은 전쟁에 대한 천황의 책임을 숨겨서는 안 된다는 기사를 실었다. 일부 지방 언론들은 전쟁에 대한 책임을 지고 천황이 물러나야 한다는 기사도 내보냈다. 프랑스 판사 앙리 베르나르는 "전쟁을 선포한 주범은 도망가고 종범만 처벌받게 된 것은 참으로 부끄러운 현실이다"라고 탄식했다. 재판장 웨브는 "국제전범재판소는 태평양전쟁을 일으킨 히로히토에게 반드시 실형을 선고해야 했다"고 밝혔다. 전후 일본 정부는 패전에 따른 책임이 모두에게 있다며 '1억 총참회론'을 내세웠다. 그리고 전쟁이 종결된 것은 천황의 인자함을 드러내는 것이라고 선전했다. 전범의 체포가 이어졌지만 국민들 사이에서는 거부감보다는 이를 지지하거나 묵인하는 태도가 두드러졌다. 그러자 점령군은 보도를 통해 전쟁의 실상을 알렸고, 국민들은 군부나 관료에게 속았다는 생각이 들면서 이들에 대한 반감도 커져 갔다(Behr, 2010).

공산당 내부에서는 천황을 전범으로 추궁하려는 움직임이 있었다. 그리고 지식인을 중심으로 천황 퇴위론을 주장하기도 했다. 이들은 국가를 패전으로 이끌어 말할 수 없는 치욕과 불행을 가져온 천황에게 책임을 물어야 한다고 주장했다. 그러나 천황을 옹호하는 입장이 여론의 다수였다. 국제 검찰국 문서 중에 〈천황 히로히토〉란 문서가 있다. 여기에는 천황의 처벌을 둘러싸고 맥아더와 연합군 총사령부 앞으로 보낸 투서가 있는데, 천황을 재판에 회부하지 말라는 투서와 천황제를 폐지하고 천황을 소추하라는 투서가 나란히 있다.

미 국무성 군사정보국이 보관하고 있는 문서에 의하면, 상당수 일본인은 도쿄재판을 숙명으로 받아들이고 있었다. 그리고 피고인들에 대해서는 개전 책임보다도 패전 책임을 문제시 하고 있었다. 즉 국가를 패전으로 이끈 책임에 대해 비판하는 사람들이 많았다. 이러한 일본인의 생각은 독일인의 생각과 사뭇 다르다. 독일인은 대체로 뉘른베르크재판에 우호적이었는데, 이들은 나치 책임자가 처벌되는 것이 오히려 자신들의 범죄로부터 자유로울 수 있다고 여겼다. 점령군은 통신 검열을 실시했는데, 여기서 도쿄재판에 대한 일본인들의 생각을 읽을 수 있다. 편지 중 34%가 도쿄재판을 긍정적으로, 39%가 비판적으로, 27%는 분명한 의견을 밝히지 않았다. 39%의 반대도 재판을 비판한 게 아니라 형량이 무거운 것에 대한 동정이었다(田中宏 외, 2000). 결국 다수의 일본인은 도쿄재판을 긍정적으로 바라보고 있었다.

찬반 논쟁

일본의 보수주의 정치인들은 지속적으로 도쿄재판을 반대했다. 이들은 여러 근거를 들며 판결이 부당하다고 주장해 왔다. 그리고 도쿄판결을 '승자의 정의'라고 부르고, A·B·C급 전범은 범죄인이 아니라고 주장했다. 이와 반대로 세계 동포애를 지지하는 이들은 도쿄재판을 지지한다. 그리고 좌익 NGO 단체들도 도쿄재판을 지지한다. 미군 점령기 동안 다수의 일본인들은 도쿄재판에 대해 복합적인 감정을 드러내었다. 이들은 전쟁기간 중에 일본인이 잔혹행위를 저지른 사실을 인정하면서도 천황과 정치인, 지식인과 시민들이 각기 어떤 책임을 지는지 논쟁했다. 이들은 카를 야스퍼스Karl Jaspers의 글 《죄의 문제Die Schuldfrage》를 인용하며 전쟁책임을 법적 책임, 정치적 책임, 도덕적 책임, 형이상학적 책임으로 나누어서 논쟁했다(Saito, 2017-1). 야스퍼스의 글은 제2차 세계대전 때 자행된 독일의 범죄에 직면하여 독일의 정신을 살리기 위해 씌어졌다. 그러나 야스퍼스에게 있어 '독일

영혼의 생존'이란 과거에 대한 철저한 반성과 청산을 전제로 한 것이었다.

도쿄재판을 통해 전쟁의 실상이 드러나자 일본인들은 어렴풋이 속았다고 생각했다. 재판에서는 일부 군부에게 책임을 전가했고, 결국 일부 책임자를 처벌하여 매듭이 되자 일본인들은 자신들의 책임은 생각하지 않게 되었다. 그러나 일부 양심적인 일본인들은 도쿄재판의 긍정적인 측면을 살리면서 일본의 전쟁책임을 명확히 밝혀 평화를 실현하려고 노력한다.

이러한 일본에서의 재판에 대한 찬반 논쟁과 별도로 일본 밖에서는 도쿄재판을 다양한 시각으로 바라본다. 도쿄재판은 한편으로는 전쟁 지도자를 처벌하고, 다른 한편으로는 일본 사람으로 하여금 15년에 걸친 침략전쟁이 범죄가 된다는 사실을 재판을 통해 교육하고자 함에 목적이 있었다. 이와 관련해서 역사학자인 제임스 오르James J. Orr는 도쿄재판은 민간 지도자와 군사 지휘자에게 책임이 있다는 원칙을 확립하고 국제 인도법의 발전을 향한 중요한 걸음을 디뎠다는 점에 있어 중요하다고 평가한다(Orr, 2010).

아시아 연구자이자 저술가, 언론인인 이안 부루마Ian Buruma는 이렇게 말한다. 일본에서의 전범 처벌은 응보가 아닌 예방의 성격이 강했다. 도쿄재판은 일본에서 다시 군국주의가 일어나는 것을 막는 것에 의미를 둔 것인데, 일본에서 나치와 비슷한 조직은 헌병이다. 이들은 고도로 숙련된 고문기술을 갖고 있어 일본인들도 두려워했다. 그리고 전쟁에서 주된 역할을 한 세력은 바로 관료 세력이다. 그리고 산업 관료들은 만주국과 중국, 일본의 공장과 탄광에 수많은 사람을 강제로 징용하여 강제노역을 시켰다. 그렇지만 연합국은 이들을 어떻게 처리할지, 누구를 처리할지 잘 몰랐다. 그리고 최악의 전범은 이시이 시로라는 의사였다. 이시이가 대장인 731부대는 수천 명의 포로를 생체실험에 이용했다. 그러함에도 이들이 처벌을 피해 간 것은 큰 잘못이다(Bruma, 2013).

예일 로스쿨의 방문교수인 재커리 카우프만Zachary D. Kaufman은 도쿄재판에서 '과도기의 정의transitional justice'가 나타났다고 평가한다. 도쿄재판은 정치적이고 실용적인 요소가 작용한 결과라는 것이다. 미국 정부의 규범에 대한 믿음은 이런 요소들로 인해 일관성을 갖지 못하고 흔들렸고, 냉전이라는 요소가 재판에 큰 영향을 끼쳤다고 본다. 전후 미국 정부는 무언가 해야 했는데 주요 전범만 구속한 뒤 많은 이들을 석방했고, 결국 제한 없는 구금과 사실상의 사면이 되었다는 것이다. 일본이 진주만을 기습공격하자 미국 시민들은 일본이 여기에 대해 책임을 져야 한다고 요구했고, 공산주의가 확산되자 미국 정부는 아시아를 이념이 대립하는 전장으로 인식하게 되었다는 것이다. 카우프만은 이런 요소들이 과도기의 정의를 만들게 된 계기라고 이해한다. 그는 일본의 지도자들을 기소하게 된 것도 정치적이고 실용적인 요인이 함께 작용해서라고 본다. 미국 정부가 국제군사재판소를 지지하게 된 것도 정치적·실용적·규범적인 믿음이 함께 작용해서라고 본다. 그는 미국 정부가 실용주의 관점에서 국제군사재판소가 과도기의 재판 체제로 작용하길 의도했고, 모든 사람들이 지지하는 것처럼 해서 작은 구조 변화를 가지고 일본 체제에 적응시키려 한 것이라고 이해한다(Kaufman, 2013).

워싱턴 대학교 법사학 교수인 엘리자베스 보그워드Elizabeth Borgwardt 역시 도쿄재판이 '전환기의 정의'였다고 평가하면서 도쿄재판이 실패했다고 본다. 그는 뉘른베르크재판에서는 당사자들에 대한 절차의 공정성이 구현되고 재판 구성원의 자질이 높게 평가받았고, 피고인의 권리가 제대로 보장받았으며, 이를 통해 진실이 발견되고 교육효과로 나타나게 되었다고 본다. 반면 도쿄재판에서는 지나치게 공모이론에 치중했고, 검사들은 일본인의 역사와 관습, 문화에 문외한이었으며, 변호인들은 영미식 소송절차를 잘 이해하지 못했다고 비판한다. 그리고 천황이 기소되지 않았음을 지적한다. 그는 도쿄재판에 참여한 영국 검사 제프리 로버트슨Geoffrey Robertson의 "맥아더와 그의 우익 참모는 공산주의와 혼란을 피하기 위해 미국의 꼭두각시 노릇을 할 천황을 살려두자고 한 것입니다"라는 말을 인용한다. 엘리자베스는 뉘른베르크재판과 달리 도쿄재판은 '미국 쇼'라고 불릴 만한데, 검찰은 수석검사에 의해 좌지우지되었고 전체적인 흐름을 맥아더가 장악했으며, 극동위원회는 이빨 없는 호랑이로 자문 역할만 했다는 것이다. 그리고 뉘른베르크재판과 달리 도쿄재판은 미국 판사와 검사로 이류 인사를 보냈는데, 이런 것에서 미국이 도쿄재판에 그리 비중을 두지 않았다는 사실이 여실하게 드러나고 있다고 비판한다(Borgwardt, 2008).

전쟁 책임자

뉘른베르크재판에서는 시민들이 전범을 기소하고 재판하는 것을 지지했다. 반면 도쿄재판은 2년 반이나 걸렸고, 대중의 관심도 받지 못했다. 그리고 냉전이라는 시대 상황도 재판에 영향을 끼쳤다. 재판이 진행되는 동안 중국은 공산당이 정권을 장악했다. 미국으로서는 공산당을 저지하는 방어선으로 일본의 역할이 필요했다. 그리고 뉘른베르크재판과 달리 전쟁범죄에 가장 책임이 있는 천황을 법정에 세우지 않았다. 독일에서는 뉘른베르크재판 이후 하위 나치장교에 대한 재판이 계속 이어졌다. 반면 일본에서는 천황에 대해 책임을 묻지 않아 일본의 젊은 세대도 천황이 잘못한 점에 대해 알지 못하게 되었다.

에드워드 베르Edward Behr는 《로이터통신》, 《더 타임스》, 《라이프》의 특파원으로 근무하였다. 그는 《히로히토—신화의 뒤편》에서 아시아 약탈과 대동아 전쟁, 태평양전쟁의 원인을 제공한 히로히토가 전후에 일본 군부에 의한 희생양으로 그려진 것은 도저히 묵과할 수 없다고 비판한다. 그는 히틀러나 히로히토는 나란히 전쟁의 원인을 제공한 자들로, 히틀러는 자살했지만 히로히토는 전후 44년 동안 세계의 지도자로 군림했음을 지적한다. 그는 도쿄재판 때 도조 히데키의 "일본에서 천황이 모르는 것은 하나도 없습니다. 일본 국민 누구도 천황이 시키지 않는 일을 하는 사람은 없습니다"라는 말을 인용하면서 천황이 시키지 않은 일을 할 일본 사람은 아무도 없다고 주장한다. 석공의 아들로 태어나 외무대신을 거쳐 총리에 이른 히로타 고키는 마지막까지 태평양전쟁을 반대하는 편에 섰지만 결국 사형을 선고받았음에도 정작 처벌받아야 할 히로히토가 면책되었다고 비판한다(Behr, 2010).

전후 일본 정부는 전쟁 책임을 피하기 위해 공문서를 철저히 파기했다. 그래서 점령 당국은 혐의 사실을 밝히고 피고인을 기소하기 위해서 관계자의 조사에 비중을 둘 수밖에 없었다. 이를 이용해 일본 관계자들은 적극적으로 점령 당국에 협조하면서 재판을 자신들이 원하는 방향으로 유도했다. 특히 천황 측근과 궁중 그룹이라 불리는 중신과 해군, 외무 관료들은 국제 검찰국에 적극적으로 정보를 제공했다. 이들은 천황제를 유지하고 최대의 전범인 천황을 옹호했다. 그리고 천황을 대신해서 전범 책임자로 도조 히데키를 비롯한 육군 수뇌부를 지목했다. 이러한 움직임은 연합군 총사령부의 이해와 일치되었다. 일본은 만주사변 이후 총력전을 펼쳤다. 이는 육군 단독으로 될 수 있는 것이 아니다. 천황이 결단을 내리고 궁중그룹과 해군, 관료와 재벌도 적극적으로 추진했다. 도쿄재판에서는 이들이 하나가 되어 천황과 측근은 전쟁을 반대했으나 육군이 감행했다고 육군 수뇌부에게 전쟁책임을 떠넘겼다. 그리고 냉전이 시작되자 미국은 일본을 반공의 전진기지로 활용하기로 했다(田中宏 외, 2000). 이런 연유로 천황은 살아남았고, 일본은 아시아에 대한 식민지배와 침략전쟁에 대해 반성하지 않고 있는 것이다.

문명의 재판 대 승자의 재판

연합국은 독일에 대한 뉘른베르크재판과 일본에 대한 도쿄재판을 통해, 제2차 세계대전을 '연합국의 정의 대 추축국의 부정의'라는 도식으로 정식화하고자 하였다. 그래서 이 재판을 '문명의 재판'으로 자리매김하고, 전쟁지도자들을 재판하였다. 여기에 대한 선례로 제1차 세계대전의 강화조약인 1919년의 베르사유 조약 제227조[3]가 있다. 이 조항에서 전 독일 황제 빌헬름 2세의 전쟁책임을 재판하는 특별재판소를 설치하도록 정하고 있었다. 그러나 연합국이 요구하였음에도 불구하고 네덜란드는 자국에 망명한 빌헬름 2세의 인도를 거부하여, 결국 특별재판소는 설치되지 못하였다.

일본이 패전하기 직전인 1945년 6월 26일부터 8월 8일까지 미국과 영국, 프랑스와 소련의 대표가 참가하여 개최된 런던회의는 당시 미국 대표인 잭슨의 보고서에서 보듯 조약도 선례도 관행도 존재하지 않았던 시기에 재판을 위해 새로운 규범을 만드는 자리였다. 여기서 잔혹행위를 한 하급 실행자뿐만 아니라, 잔혹행위를 계획하고 지시한 지도자도 처벌되어 마땅하다는 것이 각국의 공통된 의견이었다. 프랑스 등 나치스의 잔혹행위의 피해를 입은 국가의 대표들은, 나치가 범죄자 집단이라는 것만 증명되면 된다는 입장이었지만, 미국의 대표는 침략전쟁의 계획과 실행이 원래 국제법 위반이라고 주장하였다. 결국 기본적으로는 미국의 주장이 관철되었고, 그래서 '평화에 대한 죄'와 '인도에 대한 죄'가 등장하게 되었다. 당시 국제사회에서 침략전쟁이 위법하다는 생각이 널리 퍼져 있었지만, 그것이 형사처

3 연합국은 국제 도의와 제 조약의 숭고한 의무를 고도로 침해한 전 독일 황제 호엔촐레른가의 빌헬름 2세를 공식적으로 소추한다. 피고인을 재판하기 위한 특별재판소가 설치된다. 피고인에게는 변명이 보증된다. 법정은 아래의 국가들에 의해 지명되는 4명의 판사로 구성된다. 미국, 영국, 프랑스, 이탈리아, 일본. 판결에 있어서 재판소는 국제 공법의 숭고한 동기에 따라 운영되어야 하며, 국제 도의와 국제 협정에 따른 의무가 참작되어야 한다. 그리고 재판에 부합하는 처벌이 따라야 한다. 연합국은 네덜란드 정부에 대하여 재판에 회부될 수 있도록 전 황제를 인도할 것을 요구한다.

벌을 수반하는 것이라고는 인정되지 않았다. 침략전쟁의 계획과 준비, 개시와 수행에 가담하였거나, 그것을 위해 공동모의한 행위를 평화에 대한 죄로 정립하여 침략전쟁을 한 침략 당사국의 지도자 개인에게 국제법상의 형사책임을 지운다고 하는 사고는 이렇게 해서 탄생된 것이다.

도쿄재판의 판결은 결국 '문명 재판론'의 법적인 문서가 되었다. 선언된 문명의 재판인 도쿄재판은, 샌프란시스코 강화조약 제11조에 의해 일본이 재판을 수락함으로써 인정되었다. 그리고 1968년 11월 제23회 유엔총회에서 〈전쟁범죄 및 반인도적 범죄에 대한 시효 부적용에 관한 협약Convention on the Non-Applicablilty of Statutory Limitation to War Crimes and Crimes against Humanity〉이 가결되고, 1970년 11월에 발효되어 평화에 반한 죄, 통상의 전쟁범죄, 그리고 인도에 반한 죄에 관해서는 시효가 존재하지 않고 영구히 그 범죄를 추급한다고 선언하여 국제사회에서 재차 확인되었다.

도쿄재판이 승자의 재판으로 정당하지 못하다는 비판은 재판 당시부터 제기되었다. 평화에 반하는 죄는 재판 이전 국제법에서 확립되어 있지 않았던 것으로, 그 죄를 물어 재판하는 것은 소급효 금지 원칙에 어긋난다는 것이다. 또한 재판에서 광범위하게 도입된 공모이론도 비판되었다. 공모이론은 그 요건이 매우 느슨하였다. 공모의 인정을 위해서 상호 의사의 연락이 필요하기는 하지만 명시적이거나 묵시적 연락이라도 상관없고, 공모자가 동시에 동일한 곳에서 모일 필요도 없다. 그리고 위법행위가 공동 목적이면 그 수단에 관한 합의도 필요 없다. 게다가 합의가 있었다는 입증은 정황 증거로부터 추인되는 것만으로 충분하다. 그래서 서로 만난 적도 없는 사람 사이에도 공동모의가 성립될 수 있다. 이러한 공모이론은 침략전쟁에 관여한 지도자들을 기소하는 데 매우 편리하다. 일본의 지배층 전체를 볼 때 넓은 의미에서의 공통의 합의가 있었던 것은 분명해 보인다. 하지만 일본의 지배층은 침략전쟁의 각 단계에서 서로 대립하기도 하였다. 따라서 공모이론에 의해 그들을 하나로 묶는 것은 정책 결정의 복잡한 과정을 지나치게 단순화시킨 것이라는 비판의 소지가 있다. 나아가 형평의 관점에서도 비판되었다. 재판 과정에서 특히 문제가 된 것은 미국의 원폭 투하였다. 변호인들은, 히로시마와 나가사키에 대한 원폭 투하는 군사시설을 목표로 한 것이 아니라 명백하게 민간인의 대량살육을 노린 것이므로 헤이그 협약에서 정한 통상의 전쟁범죄에 해당한다고 비판하였다. 그리고 원폭을 투하한 후 일본은 연합국에 대해 보복할 권리를 가진다고 주장하였다.

도쿄재판은 연합국에 의해 주도되었다. 판사와 검사는 11개국의 연합국으로부터 임명되었다. 일본은 물론이고, 중립국으로부터도 판사와 검사가 지명되지 않았다. 그리고 아시아 국가야말로 서구에 비해 많은 피해를 당하였음에도, 판사와 검사 중 아시아인은 겨우 3명씩에 지나지 않았다. 나아가 도쿄재판은 실제 미국에 의해 주도되었다. 재판소는 미국의 주도 아래, 연합군 최고사령관인 맥아더의 주도적인 지휘 아래 설치되었다.[4] 이것은 뉘른베르크재판과도 대비되는 것이다. 뉘른베르크재판에서는 미국, 영국, 프랑스, 소련이 동등한 권한을 가지고 참가한 데 비해 도쿄재판에서는 미국 한 나라의 힘이 우월하였다. 이러한 미국의 주도는 도쿄재판에 심각한 왜곡을 초래하였다. 무엇보다 천황을 면책한 것이 가장 큰 문제였다. 천황은 일본의 주권자였다. 천황의 의지 없이 일본은 전쟁을 시작할 수 없었고, 종전을 결정한 것도 천황의 의지에 따른 것이었다. 게다가 천황은 1931년부터 1945년까지 일관되게 정책 결정에 관여했다. 따라서 천황을 기소하거나 적어도 증인으로 법정에 세워야 했다. 하지만 미국은 점령을 원활하게 추진하고, 일본을 이용하기 위해 천황을 이용할 필요가 있다고 보았다. 그리고 수

4 미국이 재판을 주도하려 하자 각국은 반발하였다. 그러자 미국은 연합군 최고사령부를 미군 최고사령부로 바꾸고, 극동국제군사재판소를 미국군사재판소로 바꾼다고 강하게 맞섰다. 그러나 당시 일본에는 46만 명의 미군이 주둔해 있었다. 각국은 어쩔 수 없이 한 발짝 물러나게 되었다.

석검사 키넌은 천황을 기소하지 않고, 증인으로 소환하지 않기 위해 전력을 기울였다. 게다가 재판의 왜곡은 재판이 끝난 후에도 이어졌다. 7명의 A급 전범이 처형된 다음 날, 맥아더는 피의자인 A급 전범 17명을 석방하였다. 그리고 12월 25일에는 오카와 슈메이 등 2명을 석방하여 A급 전범 피의자 모두를 석방하였다.

이러한 문제점은 도쿄재판의 정당성을 약화시켜 일본에서 승자의 재판론이 싹틀 수 있게 해 주었다. 패전의 충격에서 벗어나지 못하고 있던 일본인들에게, 도쿄재판은 연합국의 위선이 잘 드러나는 쇼로 인식되었다. 그 결과 일본인들은 도쿄재판을 승자의 재판으로 바라보게 되었다. 일본 정부는 샌프란시스코 강화조약에서 재판을 수락하였으나 재판의 재확인을 의미하는 〈전쟁범죄 및 반인도적 범죄에 대한 시효 부적용에 관한 협약〉이 가결된 유엔총회에서는 기권하여 협약에 가입하지 않았다. 그 결과 협약에 가입한 독일에서는 뉘른베르크 원칙이 살아 있음에도, 일본에서는 도쿄재판의 원칙이 살아 있지 않게 된 것이다(김창록, 2009).

샌프란시스코 강화조약

1951년 9월 8일 미국의 샌프란시스코 전쟁기념 공연예술센터에서 일본과 연합국 사이에 체결된 평화조약이다. 이 자리에 48개국이 참가하여 서명하였고, 1952년 4월 28일에 발효하였다. 조약의 발효로 연합군의 점령이 끝나고 일본은 주권을 회복하였다(제1조). 일본은 한반도에 대한 모든 권리를 포기하여(제2조 a) 한국은 진정한 광복을 맞이했다. 일본은 국제 분쟁을 평화적 수단에 의해 해결하기로 하였고(제6조 a), 연합군은 조약이 발효된 후 신속하게 일본에서 철수하기로 하였다(제6조 a). 일본은 연합국의 전범재판소와 국제군사재판을 수용하기로 하였고(제11조), 전쟁에 따른 피해를 연합국에게 배상하기로 하였다(제14조 a).

한국은 원래 조약에 초청될 예정이었으나 일본의 반대로 초청이 취소되었다. 그리고 중국은 참여하지 않았으며, 소련은 참가했지만 조약에 서명하지 않았다.

14
분석

공모이론

도쿄재판에서는 공모이론을 채택하였다. 그리고 피고인들이 공모하여 침략전쟁에 가담하였다고 판시하였다. 그렇다면 왜 공모이론을 채택하였을까? 일본이 저지른 태평양전쟁은 광활한 지역에서 광범위하게 이루어졌다. 이렇게 광범위한 행위를 하나로 엮을 수 있어야 수사나 기소가 수월하기 때문이다. 그리고 공모이론에 의하면 검사가 입증하기 수월해진다. 공모에 가담한 사실만 입증하면 공모 이후에 이루어진 범죄행위에 대해서도 책임을 물을 수 있게 된다. 도쿄재판 때 변호인 다카야나기는 공모이론이 영미법의 특유한 것이라고 비판했다. 그리고 대륙법에서는 보기 어렵고, 결과적으로도 바람직하지 않다고 주장했다. 인도 판사 팔도 공모이론은 국제법에 있어 요소가 아니라고 판시했다(Minear, 2001).

그렇다면 과연 공모이론이 영미법(영국과 미국을 중심으로 하며, 판례법과 관습법 등 불문법이 중심이 된다)의 특유한 이론일까? 결론부터 말하자면 그렇지 않다. 일본도 이미 공모이론을 받아들인 터였다. 일본 대심원은 1896. 3. 3. 처음으로 공모공동정범에 대한 판결을 통해 공모이론을 인정하였다. 그리고 이후 지금까지 이러한 태도는 계속되고 있다. 일본은 대륙법계(독일과 프랑스를 중심으로 한 유럽대륙의 법으로, 추상적인 법을 만들어 구체적인 사건에 적용한다)

에 속한 나라이다. 같은 대륙법계에 속한 독일이나 우리나라 역시 공모이론을 채택하여 왔다. 따라서 공모이론이 영미법에 특유하고, 대륙법에는 찾아볼 수 없다는 주장은 잘못이다.

개인의 형사책임

도쿄헌장과 뉘른베르크헌장에서는 전쟁범죄를 저지른 개인은 형사책임을 진다고 규정하고 있다. 수석검사 키넌은 모두진술에서 개인의 책임에 대해 명문의 규정은 없지만 최근 개인의 형사책임을 인정하고 있다고 주장했다. 물론 여기에 대해 선례가 없다는 사실은 시인했다. 이에 반해 변호인은 개인에게 형사책임을 묻는 것은 혁명적인 일이라고 반박했다. 판사들 중에서는 팔만 개인이 형사책임을 지지 않는다고 판시했다. 그러나 다수 판사들은 개인은 국가행위에 대하여 책임을 진다고 보았다(Minear, 2001).

국제법에서는 국가만이 주체가 되고 개인은 객체에 불과하므로 개인은 직접적으로 국제법에서 권리와 의무의 대상이 아니라는 견해가 있다. 이를 '국가행위이론'이라고 한다. 이러한 견해에 따르면 개인에게 형사책임을 물을 수 없다. 그러나 국가행위이론은 20세기 들어와서 더 이상 유지하기 어렵게 되었다. 제국주의가 이 이론에 근거하여 자신들의 침략행위를 정당화하기 때문이다(Neumann, 1949). 인류는 제1차 세계대전을 겪은 뒤 부당한 힘의 남용을 막기 위해 새로운 방향을 모색하였다. 제1차 세계대전 후 1919년에 열린 파리평화회의에서 독일 황제 빌헬름 2세를 전범으로 처벌하자고 논의하였다. 그리고 연합국과 독일은 베르사유 강화조약을 체결했다. 여기서 독일 황제의 범죄행위에 대해 기소하고 특별재판소를 구성하기로 했다. 그리고 국제위원회를 파견하여 전범의 개인책임에 대한 법적 논리를 연구하게 하고, 전범 명단을 작성해서 재판소를 구성하는 헌장 초안을 작성하도록 했다. 그런데 베르사유 강화조약이 체결되기 전에 빌헬름 2세는 중립국 네덜란드로 도망갔다. 그러나 연합국은 전범조사위원회의 의결을 근거로 895명의 전쟁범죄자를 처벌하도록 했다. 이와 같이 전범조사위원회에서 개인의 형사책임을 인정했고, 베르사유 강화조약에서 독일 황제를 처벌하기로 합의하였다. 그러나 1917년에 러시아에서 혁명이 발발했고, 동맹국 사이에 분열이 생겼다. 그리고 독일의 비협조로 끝내 국제재판소를 설립하지 못했다. 그래서 독일 스스로 전범을 처벌하도록 했으며, 이러한 조약을 근거로 해서 독일은 라이프치히 재판에서 전범을 처벌하였다. 그러나 겨우 4명을 재판하여 형식적인 재판이 되고 말았다(梅汝璈, 2019). 어떻든 이와 같이 전범을 처벌한 전례가 있고, 제2차 세계대전 후 여러 국제조약에서 개인의 형사책임을 인정하고 있다. 그리고 이미 뉘른베르크헌장과 판결에서 개인의 형사책임을 인정하였다. 그러므로 개인이 국가행위에 대해 책임을 지지 않는다는 주장은 옳지 않다.

독일 황제 빌헬름 2세

침략전쟁의 범죄성

침략전쟁이 범죄가 되는지도 논란이 되었다. 검사는 공소장에 일본 지도자들이 침략전쟁을 계획하여 개시하고 도발한 것이 국제법과 조약, 협약을 위반한 것이라고 밝혔다. 침략전쟁을 범죄로 인정할 것인지를 두고 런던회의에서 논의하였다. 이러한 논의를 거쳐 도쿄헌장에서는 침략전쟁이 범죄라고 밝히고 있다. 그리고 도쿄재판 때 수석검사 키넌은 모두진술을 하면서 침략전쟁이 범죄가 될 수 있느냐에 의문이 제기되고 있지만, 국제법의 일반원칙에 비추어 볼 때 당연한 것이라고 주장했다.

침략전쟁이 범죄행위가 된다면 과연 '침략'이 무엇을 의미하는지도 논란이 되었다. '침략'이 무엇인지에 대해 부전조약에서 밝히지 않아 런던회의 때 정의를 내리려고 했다. 미국 대표는 '침략'의 핵심은 '무력의 사용'이라고 주장했다. 그러나 평화적인 수단을 사용하는 것은 합법적이며, 자위전쟁과 침략에 맞서는 것은 허용된다고 하였다. 키넌은 모두진술을 하면서 선전포고 없이 공격하는 것과 분쟁에 대하여 조정이나 다른 평화적인 해결수단을 거부하고 전쟁이나 무력사용을 강구하는 것이 침략이라고 주장했다(Minear, 2001).

제1차 세계대전 후 전쟁이 위법하고, 침략전쟁을 행사한 자를 처벌해야 한다는 생각이 퍼져 나갔다. 그래서 뉘른베르크헌장에서 '평화에 반하는 범죄'를 처벌한다고 선언하였다. 그리고 도쿄헌장에서도 '평화에 반하는 범죄'란 '전쟁을 포고하거나 포고하지 않은 침략전쟁, 혹은 국제법, 조약, 협정 또는 보증을 위반하는 전쟁의 계획, 준비, 개시 또는 실행, 혹은 위 행위 중 어떤 목적을 당성하기 위한 공통계획 또는 공동모의에 대한 참가'라고 정의내리고 있다. 그리고 도쿄재판의 공소장에서는 피고인들이 1928년 만주사변 때부터 1945년 항복문서에 조인할 때까지 일본이 다른 국가에 대한 침략전쟁을 계획하고 공모한 사실을 기재하고 있다(Totani, 2008).

1947년 일본에서 《전쟁범죄론》이 발간되었다. 책에서는 도쿄판결을 우호적으로 바라보고 있다. 저자는 도쿄대학교 교수 요코다 기사부로橫田喜

三이다. 그는 국제법의 권위자이며, 1960년부터 1966년까지 일본 최고재판소장을 지냈다. 요코다는 일본이 중국을 침략한 행위와 만주사변을 비판했다. 그는 영어로 된 도쿄 판결문을 일본어로 번역했으며, 도쿄재판이 국제법 분야에서 매우 중요한 의미를 갖고 있고, 국제법에서 있어 혁명에 비견할 만하다고 높이 평가했다. 전쟁의 규칙과 관습을 위반한 행위뿐만 아니라 전쟁을 계획하고 도발하는 것도 전쟁범죄로 보므로 혁명적인 변화라고 본 것이다. 다시 말해 전쟁 그 자체뿐만 아니라 전쟁의 수행 역시 국제법에서 법적인 평가를 내리는 성과를 일구어 냈다고 본다. 도쿄대학교의 법학 교수 가이노 미시타가는 일본이 도발한 전쟁은 명백히 침략전쟁이지만 침략전쟁이 국제법으로 범죄가 되는지에 대해서는 논란이 있다고 본다. 그에 따르면 침략범죄에 대하여 형사책임을 묻는 것은 완전히 새로운 국제법이다. 하지만 1928년의 부전조약에 비추어 볼 때 도쿄재판은 이미 존재하는 법의 원칙을 구체화해서 적용한 것이라 본다. 큐슈 대학교의 구시마 가네사부로도 비슷한 견해를 피력했다. 그는 일본이 침략행위를 한 것은 명백하다고 주장했다. 그는 이미 존재하는 국제협약과 조약에 의할 때 소급효 논란과 관계없이 침략범죄를 처벌할 수 있다고 본다(Totani, 2008).

판결이 선고된 후 판결의 중요성에 대해 일본에서 논의가 있었다. 도쿄대학교 교수 요코다 기사부로는 판결이 선고된 다음 날인 1948년 11월 13일, 《마이니치신문》에 기고했다. 그는 평화에 반하는 범죄에 대해 설명하면서 도쿄판결이 전쟁범죄를 다룬 뉘른베르크 선례를 따랐다고 주장했다. 그리고 도쿄판결은 승자의 재판이 아니라 '세계의 판결'이라고 평가했다. 그리고 일본이 방어 차원에서 전쟁한 것이라는 주장을 일축하고, 전쟁을 도발한 국가는 방어 차원에서 수행했다고 주장하기 마련이므로 객관적인 기준에 따라 평가해야 한다고 주장했다. 도쿄대학교 국제법 교수인 다바타 시게지로田畑茂二郎는 부전조약에 기하여 도쿄재판소가 평화에 반하는 범죄에 대해 관할권을 가지는 것이 맞다고 주장했다. 그러나 도쿄재판소가 국제법의 해석에 있어 대담한 시도를 했다고 평가내렸다(Totani, 2008).

도쿄재판이 계류 중이던 1946년 12월 11일 유엔은 총회 결의에서 침략범죄가 범죄임을 확인했다. 그러나 침략범죄가 구체적으로 무엇을 의미하는지에 대해서는 계속 논란이 되었다. 이후 2010년 캄팔라 화의(우간다의 수도 캄팔라에서 개최된 국제회의)에서 침략범죄에 대해 합의에 도달했다. 그리고 헤이그에 설치된 상설국제형사재판소의 근거가 된 로마규정에서 침략범죄를 '국가에 대한 다른 국가의 주권, 영토 보전 또는 정치적 독립에 대한 또는 국제연합헌장과 일치하지 않는 그 밖의 형식에 대한 무력의 행사'라고 정의하고 있다. 물론 모든 침략행위가 범죄행위에 해당되는 것이 아니라 국제법을 위반한 경우만 해당된다. 이와 같이 침략행위의 범죄성은 이제는 확고한 국제법의 원칙으로 자리잡고 있다.

소급효 금지

형사법의 기본 원칙 중의 하나가 '소급효 금지 원칙'이다. 범죄행위 시에 처벌조항이 없다면 사후입법에 의해 처벌할 수 없다는 것이다. 미국 헌법 제1조에도 소급효 금지가 명시되어 있다.[1] 영미법에서는 소급효가 어느 정도 인정되기도 한다. 뉘른베르크헌장과 도쿄헌장은 런던회의에서 각국의 대표자에 의해 만들어졌다. 당시 통상의 전쟁범죄만 의문의 여지없이 국제법으로 범죄였다. 여기에 대해 미국 대표는 헌장에 범죄를 명시하지 않더라도 범죄인을 기소하는 게 가능하리라 보지만, 논쟁거리를 만들지 않기 위해서는 헌장에 명시하는 게 좋겠다고 말했다. 다시 말해 소급효 금지 원칙에

1 미국 헌법 제1조 9항 3호: "재판에 의하지 않은 처벌과 소급법은 금지된다."

위배되는 것이 아니란 얘기다. 도쿄재판 때 변호인들이 주로 다툰 것은 소급효 금지 원칙에 위배된다는 것이었다. 다시 말해 행위 시에는 평화에 반하는 범죄가 국제법으로는 범죄행위로 정해지지 않았다는 것이다(Minear, 2001). 다수의견은 헌장과 헌장의 범죄에 대한 정의는 구속력이 있다면서, 이는 국제법의 테두리를 벗어나지 않은 것이라고 판시했다. 그리고 뉘른베르크판결에서 이미 소급효 금지에 위배되는지에 대한 논란을 잠재웠기 때문에 이런 다툼은 아무런 이유가 없다고 보았다. 나아가 헌장의 범죄는 이미 국제법에 포함되어 있는 것이라고 판시했다(Tanaka, 2010).

도쿄헌장이 사후에 만든 소급입법이라는 주장에 대해서는 다음과 같이 반박할 수 있다. 먼저 〈헤이그 육전규칙〉 제43조에서 '점령자는 공공의 질서와 생활을 회복·확보하기 위하여 모든 수단을 다하여야 한다'고 규정하고 있다. '모든 수단' 속에는 군사재판도 포함될 수 있다. 그리고 도쿄재판에서 검사들은 피고인들에 대한 혐의사실 중 국제법으로 처벌할 수 있는 사실만 기소하였으며, 국제 관습법에 의하면 전쟁법과 관습을 위반한 자들을 기소할 수 있다. 또한, 베르사유 강화조약에서 개인의 형사책임을 인정하였으며, 샌프란시스코 강화조약에서 일본은 전범에 대한 재판에 승복하기로 했다(김철우, 2016). 따라서 전범들을 평화에 반하는 죄로 기소한 것은 소급효 금지 원칙에 위배되는 것이 아니다.

판결이 선고된 직후인 1946년 5월, 일본에서는 재판에 대한 심층 연구가 시작되었다. 도쿄대학교의 법학자와 사학자, 정치학자들은 도쿄판결을 리딩케이스로 가르쳤다. 이들은 무엇보다 재판에서 일본이 저지른 전쟁의 실체가 드러났는지 관심을 가졌다. 그리고 판결이 어떻게 이루어졌는지 알아내고, 과연 누구에게 전쟁에 대한 책임이 있는지 궁금해 했다. 나아가 국제법에 비추어 볼 때 평화에 반하는 범죄가 과연 성립할 수 있는 것인지 등의 법적인 문제에 대해서도 관심을 가졌다.

단도 시게미쓰團藤重光는 도쿄대학교의 교수였고, 나중에 최고재판소 판사가 되었다. 그는 서울대학교 형사법 교수인 유기천과 인연이 깊다. 그는 유기천을 센다이 동북제국 대학교 교수로 추천한 인물이며, 도쿄재판에 대한 해설서를 쓴 최초의 인물이기도 하다. 그가 관심을 가진 것은 전시의 지도자들을 처벌하는 것이 과연 타당한가이다. 단도는, 국제법은 국가의 행위를 규율하는 것이 일반적이라면서, 국제법이 개인의 권리와 의무를 규정하는 것에 의문을 표시한다. 그리고 특정한 상황, 예를 들어 해적행위나 위조행위, 여성과 아동의 인신매매와 같은 경우에만 국제법으로 개인이 기소대상으로 된다고 본다. 그럼에도 전쟁을 규율하는 국제법은 국가 사이에서 무력분쟁이 발발할 때와 같은 특수한 경우에는 적용될 수 있다고 본다. 그는 전쟁을 규율하는 법은 '세계시민의 법'이므로 국제재판제도는 이러한 기본 이념을 수행하기 위해 적용될 수 있고, 또 적용되어야 한다고 주장한다. 단도에 의하면 피고인들을 평화에 반하는 죄로 기소한 것과 개인책임을 물은 것은 적법한 것이다(Totani, 2008).

상관의 책임

도쿄재판에서는 상관의 형사책임을 인정하였다. 상관의 책임이란 군대 지휘관이나 민간인 상급자가 부하의 범죄를 방지하는 데 필요한 조치를 하지 않은 경우 부하가 저지른 범죄에 대해 책임을 지는 것을 말한다. 전쟁이란 조직범죄이므로 상관의 형사책임을 문제삼아야 한다. 태평양전쟁 때 일본은 육지와 바다에서 대규모로 전쟁범죄를 범했다. 그러나 막상 재판에서는 전쟁범죄를 하라는 상관의 명령이 있었다고 말한 증인은 많이 나오지 않았다. 그래서 도쿄재판에서도 범죄행위를 중지시킬 의무를 게을리한 죄로 기소하였다.

일리아스 반테카스Ilias Bantekas는 웨스트민스터 대학교 국제법 교수이다. 그는 상관의 책임이란 개념이 제1차 세계대전이 종결된 후 나타났다고 본다. 많은 인명을 앗아간 제1차 세계대전이 끝나자 군인이나 민간인 책임자가 그들의 행위에 대한 책임을 져야 한다는 사고가 퍼져나가기 시작했다는 것이다. 앞서 언급한 라이프치히 주대법원은 이러한 상관책임을 인정했다. 1909년 헤이그 협약에서 '상관의 책임'이란 개념이 도입된 후, 뉘른베르크 재판 때 나치 장교에 대해 상관책임을 적용했다. 그리고 도쿄재판 때 군인과 민간인 책임자가 잔혹행위를 막지 않은 책임을 물었다. 말하자면 상관은 전쟁법을 따를 의무가 있을 뿐만 아니라 휘하에 있는 부하들을 감독할 책임이 있는 것이다(Bantekas, 1999). 의무를 행할 지위에 있는 자가 그 의무를 이행하지 않은 것은 '부작위범'이라 하는데, 상관의 책임이란 일종의 부작위범이라 할 수 있다.

도쿄재판에서 25명의 피고인들에 부과된 형사책임은 상관의 책임이었다. 재판소는 피고인들이 침략전쟁을 계획, 지도, 음모, 선동, 공모해서 침략전쟁이 개시되었고, 이후에 전쟁범죄와 인도에 반하는 범죄를 자행하도록 군대에게 지시, 명령, 묵인, 방조하였다는 사실을 인정하였다(김철우, 2016). 이러한 상관의 책임은 이후 로마규정(1997년 7월 17일에 채택되어 2002년 7월 1일에 발효되었다. 상설 국제형사재판소 설립을 위한 규정이다)에서 채택되어 군 지휘관이나 사실상 군 지휘관으로 행동하는 자가 자신의 실효적인 지휘의 통제 아래에 있는 자나 군대가 범한 관할 범죄에 대해 적절하게 통제하지 못한 결과에 대한 책임을 진다는 규정이 도입되었다.

증거법

도쿄헌장 제8조에서 '법원은 증거법의 기술적인 규칙에 구속되지 않는다'라고 규정하고 있다. 이 규정은 상세하고 복잡한 증거법을 채택하고 있는 영미법과 다르고, 그 규율이 비교적 느슨한 대륙법과 닮았다. 영미 증거법은 매우 복잡하고, 판례법으로 점차 형성되어 왔기에 이를 그대로 적용하기에는 어려움이 많다. 그리고 영미 증거법은 증거로서 상당히 가치가 있더라도 법정에 제출하는 것을 매우 까다롭게 제한한다. 그렇지만 재판소가 이러한 까다로운 증거법에 구속되지 않을 때에는 조서나 일기, 선서하거나 선서하지 않은 서류도 그대로 증거로 허용할 수 있게 된다. 더구나 재판이 중반쯤 지나갈 때 재판소는 '최량의 증거법칙a rule of best evidence'을 도입했다(Minear, 2001). 다시 말해 최량의 증거인 원본임이 확인되면, 형식에 크게 구애받지 않고 증거로 허용할 수 있게 되었다. 이러한 증거법은 검사에게 유리하고, 피고인에게는 방어하기 힘들게 한다.

영미법에서는 증인으로 재판에 나올 수 있음에도 증인의 증언 대신에 증인이 작성한 조서를 증거로 제출하는 것을 엄격하게 제한하는 편이다. 이런 원칙에 충실하게 되면 광범위한 지역에서 광범위하게 이루어진 전쟁범죄를 일일이 입증하는 것이 불가능하거나 지나치게 시간과 비용이 많이 소요된다. 그래서 증인 대신 조서를 허용한 것은 어찌 보면 불가피한 측면이 있었다. 그렇더라도 이런 문제에 대비해서 도쿄헌장에서 상세한 규정을 마련해 두었더라면 재판의 공정성에 대한 논란을 잠재울 수 있었을 것이다.

절차상의 문제

원래 미국은 5명 내지 9명의 판사를 임명하고, 이들은 항복문서에 서명한 나라에서 원하는 대로 참가하기로 계획하고 있었다. 그런데 이후 극동위원회에서 논의하면서 판사를 더 두기로 했다. 1명은 인도에서, 1명은 필리핀에서 추천했다. 그리고 태평양전쟁 때의 주권국이어야 한다는 요건을 달았다. 그러나 이들 나라는 1945년 이전에 주권국이 아니었다. 인도는 1947년 8월 15일에야 독립했다. 그러자 일본의 침략을 당한 국가의 판사란 요건을 추가로 달았다. 결국 중립국이나 일본 판사는 없게 되었다. 중립국이나 적국의 판사로 구성하자는 주장은 런던회의에서도 제기되지 않았다. 뉘른베르크재판에서는 4대국의 판사로 구성하였다. 결국 모든 판사가 승전국에서 온 것이다. 이로 인해 변호인들은 재판부의 구성이 공정하지 못하다고 비판할 수 있었고, 11명의 판사들은 승전국의 판사란 비판에서 자유롭지 못했다. 5명의 판사는 임명되기 전에 관련 사건에 관여한 사실이 있어 제척이 제기되기도 했다. 그리고 판사와 관련된 규정도 미비했다. 뉘른베르크재판에서는 판사가 4명이었다. 그래서 질병 등의 사유가 있으면 그의 선택에 따라 다른 판사를 지명할 수 있었다. 도쿄재판에서는 판사가 궐위일 때를 대비한 규정이 없다. 재판기간 동안 2명이 궐위가 되었다. 프랑스 판사는 재판이 시작되기 전에 그만두어 다른 판사로 대체했다. 미국 판사 히긴스는 1946년 7월에 사임하여 3달 후 마이런 크레이머가 대신했다.

피고인의 선정에 있어서도 일본인만 대상으로 삼아 비판되었다. 도쿄재판에서 피고인들은 모두 일본인이었다. 그러나 태평양전쟁에서 일본만 연합국의 적국이 아니었다. 그래서 런던회의 때 러시아와 프랑스 대표는 다른 추축국이 한 행위도 포함시키자고 주장했다. 그러나 미국 대표는 강하게 반대했다. 그는 행위지를 고려하지 않고 범죄행위를 규정하는 것은 잘못이라고 주장했다. 도쿄헌장에는 '일본인'이라는 제한 규정이 없다. 그러함에도 일본인만 기소되었다. 이것은 소련이 일본을 향해 개전을 선포했고, 미국이 핵폭탄을 투하한 것이 원인일 것이다. 1945년 8월 8일 소련은 일본을 향해 개전을 선언했다. 이때는 일본에 원자폭탄이 투하된 후이고, 일본이 거의 전의를 상실해 가던 시점이다. 소련이 일본을 향해 개전을 선포한 것은 최대한 희생을 줄이고 일본이 항복하라고 종용하기 위함이었다. 따라서 이것은 자위를 위한 전쟁이 아니라 일종의 정책 수단이었다. 이와 같이 소련의 개전 선언이 '자위'를 위한 것이 아니라는 문제점이 있었기에 도쿄재판에서 일본인만을 대상으로 삼은 것이다(Minear, 2001).

이와 관련하여 미국의 원폭 투하도 논란이 되었다. 도쿄헌장에서는 민간인을 향한 비인도적 행위는 인도에 반하는 범죄에 해당한다고 규정하고 있다. 따라서 히로시마와 나가사키에 원폭을 투하한 것이 과연 전쟁범죄에 해당할 것인가가 문제된다. 원폭 투하는 전쟁기간을 단축하고 대규모의 전쟁행위에 따른 희생을 줄이는 측면에 있었다. 그렇지만 이것이 전쟁범죄에 해당하는지는 별개의 문제이다. 다수의견은 여기에 대해 침묵하였다. 필리핀의 하라니야 판사는 "목적이 정당화된다면 원폭 투하도 정당화될 수 있다"고 판시했다. 여기에 대해 팔 판사는 원폭 투하가 정당화된다면 제1차 세계대전과 제2차 세계대전 때 독일과 나치가 민간인을 향해 폭탄을 투하한 것도 정당화될 수 있다고 비판했다.

피고인의 선정 절차에 있어서도 문제점이 있었다. 집행위원회는 피고인 선정을 위해 오랫동안 고심했다. 선정된 피고인들은 여러 분야의 일본 지도자들을 망라하고, 여러 장면의 전쟁에 관여한 자들을 망라한 결과였다. 중요한 지도자 혹은 가장 책임이 있는 자를 선정한 것이다. 그리고 기소할 만큼 충분한 증거가 있는지도 고려되었다. 이러한 기준에 따라 집행위원회는 10주 동안 검토해서 260명 후보 중에서 26명을 선정했다. 그런데 1946년

3월 말 집행위원회의 소련 대표단이 도쿄에 도착했다. 이때는 공소장을 법원에 제출하기 불과 며칠 전이었다. 소련 대표단의 요구로 시게미쓰와 우메즈가 추가되었다. 그리고 애초 전범의 명단 상단에 천황의 이름이 있었다. 소련과 호주, 중국과 뉴질랜드는 천황의 기소를 요구했다(Minear, 2001). 이후 천황을 기소에서 제외한 것은 어디까지나 정치적 고려였지, 전범재판의 파장을 고려한 법적 판단이 아니었다. 일본은 천황의 이름으로, 천황의 명령으로 전쟁을 수행하였으므로 천황을 기소해서 유죄 판결을 이끌어 내는 것은 쉬웠기 때문이다.

사실에 대한 판단

검사의 공소장에는 공모에 대해 적고 있다. 여기서 '공모'란 동아시아와 태평양과 인도양 그리고 이들 연안 국가를 지배하려는 목적을 말한다. 판결에서도 이런 좁은 의미의 공모를 인정했고, 25명 중 23명이 여기에 가담했다고 판시했다. 공모이론에 의하면 구체적으로 어떻게 하겠다는 계획이 없더라도 범행이 인정된다. 그리고 실제 범행에 가담했는지도 불필요하다. 범죄가 인정되는지는 범행 모의에 가담한다는 의사에 달려 있다. 그런데 일본 정부는 나치와 달리 하나의 통일된 계획을 가지지 않았다. 1930년 초반에 공모가 있었던 것은 사실로 보인다. 그리고 몇몇 피고인들이 여기에 가담했으며, 이들은 만주사변을 일으켰다. 그리고 반역행위도 있었다. 이러한 경과는 나치의 초기 양상과 닮아 있다. 그러나 역사가들은 1930년 초반과 이후에는 단절이 있다고 본다. 1936년 이후 군부는 세력을 확대하기 위한 야심을 키워 갔다. 1936년 이후에는 피고인들 사이에 의견의 교환이나 구체적 계획도 없었고, 진주만 전쟁을 벌이겠다는 것에 대해 완전히 일치된 결정도 없었다. 그럼에도 검사는 공모가 존재한다고 주장했고, 다수의견은 이를 인정했다.

일본과 소련의 전쟁행위에 대해 달리 판단한 것도 지적되었다. 소련은 1945년 8월 일본을 공격했다. 이 전쟁은 부전조약에 따르면 침략범죄에 해당한다. 그럼에도 재판소는 소련의 침략을 고려하지 않았으며, 침략전쟁에 대해서 논하면서도 이를 언급하지 않았다. 나아가 다수의견은 일본이 소련을 침략한 행위를 침략범죄로 인정했다. 10개의 공소사실에서 일본이 소련을 침략한 행위를 적고 있다.

공소장에는 독일과 이탈리아, 일본이 전 세계를 군사적·정치적·경제적으로 지배하려는 공모를 갖고 있다고 적고 있다. 주요 근거는 독일과 이탈리아, 일본이 서명한 삼국동맹이다. 그러나 판결에서 공모에 대한 증거가 부족하다고 판시했다. 법원은 추축국이 삼국동맹에 서명했고, 한때는 실제 협력이 있었다고 판시했다. 그리고 추축국은 소련을 적으로 삼았으나 일본과 소련이 후일 불가침 조약을 체결하였고, 독일이 요구했음에도 일본은 소련을 침공하지 않았다고 판시했다. 재판소는 일본의 지도자들이 이러한 공모에 가담했다고 볼 증거가 부족하다고 판시했지만, 역사가들은 이와 다르게 본다. 이들은 일본의 지도자들이 추축국에 가담하여 세계를 지배하려는 공모에 대한 증거가 충분하다고 본다.

진주만 공격에 대한 판단도 논란이 되고 있다. 공소장에는 일본이 1941년 12월 7일 국제법과 조약과 협약, 확약을 위반한 채 미국에 대해 침략전쟁을 개시했다고 적고 있다. 그리고 재판소는 이러한 공소사실이 입증되었다면서 25명의 피고인 중에서 18명에 대하여 유죄를 인정했다. 재판 때 수석검사 키넌은 일본의 진주만 공격이 기습적이고, 기만적이었음을 강조했다. 그러나 다수의견은 공격 방법에 대해서는 전혀 언급하지 않았다. 그리고 다수의견은 일본의 공격이 국제법과 조약, 협약과 확약을 위반한 것이 당연하다는 듯한 태도를 취했다. 헤이그 협약에서는 적대행위를 개시하기에 앞서 사전에 공개적으로 통보할 의무를 부과하고 있다. 재판소는 이 조약에서 통보 시기에 대한 최소한의 제한을 설정하지 않았다고 지적했다. 그래서 피고인들이 이러한 사전 통보를 하지 않았다는 것이 아니라 진주만을 공격한 자체가 침략전쟁이라고 판시한 것이다. 이에 대해 변호인들은 당시 일본의 주위 상황에 의할 때 진주만 공격은 정당방위였다고 주장했다(Minear, 2001). 그리고 역사학자들은 일본이 진주만을 공격하기로 한 시점은 판결문에 기재된 1941년 12월이 아니라 1941년 4월이라고 지적한다.

새로운 관점에서

1980년대에 들어 재판과 관련된 기록에 대한 접근이 수월해짐에 따라 도쿄판결은 새로운 전환점에 들어섰다. 새 시대 연구자들은 새로운 관점에서 판결을 바라본다. 전후 세대인 이들은 과거에 이루어진 분석을 새롭게 검토한다. 릿쿄 대학교의 아와야 겐타로는 미국 국립문서보관소에 있는 도쿄재판의 문서를 검토했다. 그는 도쿄재판이 보복이나 정의를 위한 것이 아닌, 그 어느 중간쯤에 서 있는 것이라고 보았다. 그리고 연합국이 진실 발견에 그리 몰두하지 않았다고 지적한다. 특히 미국이 정치적으로 민감한 전쟁범죄에 대하여 증거를 수집하지 않았다고 비판한다. 또한 도쿄재판이 일본 전쟁의 진실을 밝힘에 있어 '타협성'을 드러냈다고 본다. 그 결과 천황이나 많은 전시의 기업인과 정치인이 재판소에 서지 않게 되었다는 것이다. 그리고 그는 도쿄재판이 과거 청산을 위한 장애물이 되었다고 본다(Totani, 2008).

과거에는 도쿄재판이 패전국 일본에 대하여 승자로서 과도하게 재판했다는 시각이 있었으나, 이제는 일본의 전쟁범죄와 개인의 책임 문제를 제대로 밝히지 않았다는 시각이 나타난 것이다. 연합국 검사가 선택적으로 조사했다는 아와야의 지적은 옳다. 도쿄재판이 진실 발견에 걸림돌이 되었다는 지적은 과연 옳은 것인가? 재판으로 드러난 증거는 광범위한 사건 중 일부일 뿐이다. 예를 들어 731부대에 대한 증거가 철회된 것은 사실이지만 연합국 검사들은 다른 생체실험과 군의 성폭행에 따른 전쟁범죄를 기소했다. 아와야가 지적했듯이 한국과 대만에서의 잔혹행위에 대한 증거는 제출되지 않았다. 그러나 연합국 검사들이 이들 나라에 대한 일본의 전쟁범죄를 밝히려고 했음에도 연합국과 일본이 손을 잡고 여기에 대해 침묵했다고 보기는 어렵다.

승자의 재판이라는 관점과 달리 보는 시각도 생겼다. 역사학자인 요시다 유타카吉田裕는 도쿄재판을 승자와 패자란 관점이 아닌 미국과 일본의 합작품이라고 보는 것이 더 타당하다고 주장한다. 그는 재판 전 단계에서 일본의 정치 지도자와 미국의 검사들이 증거를 수집하고 기소 대상을 정하기 위해서 긴밀하게 협력한 사실을 지적한다. 이러한 점에서 미국과 일본은 대립적이기보다 협력적이었다고 평가한다. 이러한 지적은 그동안 소홀히 다루었던 수사를 새롭게 바라보게 한다. 그러나 도쿄재판을 미국이 한 재판이란 것을 전제로 하는 이런 주장은 잘못이다. 국제 검찰국은 11개국을 대표한 각국의 검사들이 기소의 우선순위를 놓고 복잡한 상호작용을 벌였기 때문이다. 가고시마 대학교의 히구라시 요시노부日暮吉延는 다른 관점을 제시한다. 그는 2002년에 발간한《도쿄재판의 국제적 관계에 대하여》에서 여러 나라에서 수집한 많은 문헌을 검토했다. 그리고 도쿄재판을 둘러싼 내부와 외부 상황을 검토하였다. 그에 따르면 도쿄재판은 법의 이름을 빌린 보복재판도 아니고 성공한 전범재판도 아니다. 세계 열강이 전후 태평양 지역에서의 국제 관계와 관련해서 새로운 규범의 틀을 마련하기 위해 면밀하게 힘의 균형을 이룬 결과물이란 것이다. 그에 따르면 도쿄재판은 외교 사건이다. 그러나 도쿄재판이 당시 국제 정치 상황과 무관한 것은 아니었지만 어디까지나 전범재판이었으며, 그가 말한 외교의 공론장은 아니었다 (Totani, 2008).

도쿄재판의 중요성에 대해 논의한 지 70년이 흘렀다. 초기의 분석가들은 자료 접근에 제한이 있어 상식적인 수준에서 결론지었다. 이들은 도쿄재판이 침략전쟁을 금지하는 시대정신에 따른 것이지만 국제형사법의 발전에 있어 크게 기여했다고 본다. 도쿄재판의 평가 중에서 일본에서 이를 반기는 견해는 찾기 어려우며, 오히려 승자의 재판이라는 논리가 지배하고 있었다. 그리고 이런 '승자의 재판'이란 평가는 일본의 보수와 진보, 양 진영에서 모두 환영받았다. 그리고 반대의견을 낸 팔을 여론의 지도자로 내세웠다. 그렇지만 최근 일본에서 도쿄재판과 관련된 자료를 철저히 분석하는 경향이 있다는 사실은 무척 고무적이다.

태평양 지역에서 2,200건의 재판이 있었고, 5,600명의 전범에 대한 재판이 51개 지역에서 열렸다. 이 지역에 열린 재판에 대한 기록이 '유엔전범위원회'의 노력으로 발간되었다. 그리고 이런 재판에 대한 분석이 최근 이루어지고 있다. 그러나 대부분 재판 기록은 여전히 문서보관서에서 잠자고 있으며, 누군가의 연구를 기다리고 있다. 이러한 재판 기록의 검토는 제2차 세계대전의 참상을 알리는 기폭제가 될 것이다. 그리고 도쿄재판과 다른 전범재판에 대한 연구는 여전히 미래 연구자의 과제로 남아 있다.

원폭 투하

일본이 진주만을 공습하자 전쟁에 뛰어들게 된 미국은 신속하게 전시체제로 들어갔다. 태평양에서는 맥아더가 지휘하는 미군이 일본군을 몰아내고 1944년 10월 필리핀을 탈환하였다. 그리고 이듬해 4월에는 일본 열도의 남단 오키나와 섬에 미국이 상륙하여 일본과의 전쟁도 막바지에 이르고 있었다. 미국은 이미 '맨해튼 프로젝트'라는 암호명으로 원자폭탄 제조를 극비리에 추진해 오고 있었다. 1943년 뉴멕시코 주 앨라모고도에서 원폭 설계와 제조를 시작했다. 그리고 1945년 7월에 최초의 핵폭탄 실험을 하여 성공을 거두었다. 트루먼 대통령은 원폭 실험이 성공했다는 소식에 고무되었고, 그 사실을 숨긴 채 일본에게 항복하라는 최후통첩을 보냈다. 일본이 거부하자 트루먼은 원폭 투하를 승인했다. 8월 6일 B29 전폭기에 실린 원자폭탄이 히로시마에 투하되었다. 6만여 명이 즉사하였고, 반경 2km의 모든 생명체가 사라져 버렸다. 사흘 뒤 나가사키에 원폭이 투하되어 36,000명이 사망했고, 일본은 8월 15일 무조건 항복했다.

원폭 투하에 대해서는 이후 계속 논쟁이 되고 있다. 원폭 투하가 전쟁을 빨리 종식시켜 막대한 미군의 희생을 막았다는 주장이 있다. 그에 반해 일본의 항복이 임박한 상황이어서 불필요했고, 무고한 민간인의 희생을 가져왔다는 주장도 있다.

15

명과 암

서로 다른 길

기억과 망각은 과거를 되돌아보는 두 가지 모습이다. 과거는 사라지는 것이 아니라 새롭게 해석되어 미래로 이어진다. 1982년 나카소네 야스히로中曽根康弘 일본 수상은 전범을 합사한 야스쿠니 신사를 참배했다. 반면 3년 후 영국의 마거릿 대처 수상과 독일의 헬무트 콜 총리, 미국의 로널드 레이건 대통령은 비츠부르크에 모여 화해하였다. 제2차 세계대전이 끝나자 독일과 일본은 모두 연합국이 점령하였다는 공통점이 있다. 그렇지만 이후 과거사에 대한 두 나라의 태도는 크게 다르다.

1945년 11월부터 1여년에 걸쳐 독일 남부의 유서 깊은 도시 뉘른베르크에서 국제군사재판소가 열렸다. 이곳은 과거 나치당이 전당대회를 열던 곳이다. 218일 동안 재판이 열렸고 360명의 증인이 나왔으며, 24명의 전범들이 재판을 받았다. 이 재판에서 역사상 처음으로 평화와 인도에 반하는 죄를 다루었다. 이 재판은 후속 재판인 독일의 나치전범 재판에도 크게 영향을 미쳤다. 그리고 이를 통해 나치의 정체가 드러나서 독일 국민에게 크게 교육효과를 거두었다고 평가되고 있다. 재판을 준비할 때부터 전범에 대한 처벌 외에도 전 세계에 나치 정권이 저지른 죄상을 알리고 독일인을 교육시켜 건전한 민주시민으로 다시 태어나게 하려는 목적을 갖고 있었다. 이와 같이 이 재판은 나치 청산에 기여했고, 역사적인 의미도 크다.

대중에게 개방된 전례가 없는 전범재판이 뉘른베르크와 도쿄에서 열렸다. 이들 재판에서 정치 지도자들이 재판을 받았고, 그들의 팽창주의가 도마 위에 올랐다. 그러나 이후 두 나라는 다른 길을 걸었다. 독일은 탈나치의 속도를 가속화했고, 뉘른베르크재판 이후에도 전범재판이 이어졌다. 그러나 일본에서는 도쿄재판 이후 전범재판이 없었다. 그리고 천황은 면죄부를 받았다. 전범재판의 효과는 오래 지속되고 있다. 일본에서 '전범재판사관'이라고 하여 극우주의자들이 자주 언급한다. 반면 독일은 점령군 시기 때 오히려 국민들이 독일 사회를 민주화하는 운동을 시작했다(Conrad, 2003).

뉘른베르크재판에서는 시민들이 전범을 기소하고 재판하는 것을 지지했다. 반면 도쿄재판은 2년 6개월이나 걸렸고, '이류 쇼'라고 냉소받고 대중의 관심을 끌지 못했다. 그리고 냉전이라는 시대 상황도 재판에 영향을 끼쳤다. 재판이 진행될 때인 1949년 중국은 공산당이 정권을 장악했다. 미국으로서는 공산당을 저지하는 방어선으로 일본이 필요했다. 그리고 뉘른베르크와 달리 전쟁범죄에 가장 책임이 있는 천황을 법정에 세우지 않았다. 독일에서는 뉘른베르크재판 이후 하위 나치장교에 대한 재판이 계속 이어졌다. 반면 일본에서는 천황에 대해 책임을 묻지 않아 일본의 젊은 세대는 천황이 잘못한 것에 대해 알지 못하게 되었다. 뉘른베르크에서는 개인뿐만 아니라 집단이나 조직도 재판의 대상이 되었으나, 도쿄에서는 개인만 대상이 되었다(Brook, 2001).

1970년 당시 빌리 브란트Willy Brandt 총리는 폴란드 바르샤바를 방문했다. 그는 유대인 희생자 위령탑 앞에서 무릎을 꿇었다. 그리고 독일 침략행위의 희생자들에게 사죄하였다. 1985년 바이체커 대통령은 연설하면서 독일의 범죄행위에 대하여 사과하였다. 그 자리에서 그는 독일의 전범행위를 자세히 나열하면서 이 같은 침략행위를 절대 부정하지 않을 것이라고 선언했다. 2002년 4월 당시 독일 대통령이던 라우는 이탈리아 볼로냐에서 거행된 행사에 참여했다. 그는 1944년 독일군의 학살로 희생된 사람들을 위로하고, 공식적으로 사과했다. 이러한 독일의 정책으로 이웃 프랑스를 비롯한 유럽 국민들은 유럽에서 독일의 지위와 역할을 지지하였다(유응조, 2013).

이와 같이 독일은 철저한 반성의 길을 걸어 유럽 통합을 주도할 수 있었다. 반면 일본은 과거를 미화하거나 부정하여 인접 국가의 반발을 샀다. 일본은 지금도 극우 국가주의로 가고 있다. 그리고 공개적으로 야스쿠니 신사를 참배하고 있다. 19세기 말부터 시작된 일본의 한국에 대한 침략은 아예 재판의 대상이 되지 않았다. 도쿄재판에서는 최대 피해자인 한국과 대만에 대한 일본의 침략과 인도에 반하는 죄가 대상이 되지 않았다. 이러한 일본의 극우화는 약한 중국이라는 역학관계와 관계가 있다. 그리고 원자폭탄의 투하와 중국의 분열은 일본에게 책임을 피해 갈 수 있을 길을 내주었다(강명세, 2013).

뉘른베르크와 도쿄

역사를 돌이켜 보면 전쟁이 끝난 후 패전국 지도자들을 처벌한 예는 많다. 그렇지만 법적인 절차에 따라 처벌한 것은 뉘른베르크재판과 도쿄재판이 처음이다. 이것은 국제형사법의 발전에 있어 큰 걸음을 디딘 것이다. 도쿄재판은 뉘른베르크재판보다 417일이 더 걸렸고, 419명의 증인이 더 소환되었으며, 779개의 조서가 더 많이 제출되었다. 그럼에도 도쿄재판은 실패했다. 언론의 관심은 물론이고 학자들의 관심에서도 벗어났다. 심지어 유고슬라비아 전범재판보다 인지도가 더 낮다(Takatori, 2008).

도쿄재판은 1928년부터 1945년까지 일본이 벌인 전쟁행위에 대한 책임을 묻고, 전쟁의 실상을 밝히며, 평화에 반하는 범죄를 재판하여 국제형사법사에서 매우 중요한 의미를 지니고 있다. 그럼에도 뉘른베르크재판에 비해 대중의 관심을 끌지 못했다. 뉘른베르크재판 과정, 소송기록은 잘 기록되고 보존되어 누구나 쉽게 접할 수 있지만 도쿄재판은 그렇지 않다(Horwitz, 1950).

뉘른베르크재판에서는 A·B·C급 전범 모두가 대상이 되었으나 도쿄재판에서는 형식적으로는 A·B·C급 범죄 모두 대상이 되었지만 실제로는 A·B급이 주된 대상이었다. 다시 말해 인도에 반하는 범죄가 경시되었다. 종군 위안부와 조선인 강제연행은 주로 C급 범죄와 관련된다. 수석검사 조지프 키넌은 C급 전범에 대해서는 별로 관심이 없었다. 인도에 반하는 범죄를 소홀히 한 것은 주로 적국 국민을 대상 범죄로 삼았을 뿐, 자국민을 대상으로 한 범죄를 포함하지 않았기 때문이다. 그러나 뉘른베르크에서는 자국민인 유대인을 학살한 행위를 전쟁범죄로 인정했다. 특히 731부대가 한 생체실험을 대상으로 삼지 않은 것이 논란이 된다. 731부대장 이시이 시로는 재판이 개시되기 전에 석방되었다. 키넌 검사는 '지식의 보호는 인류의 책임'이란 명분으로 기소를 면제해 줬다. 그리고 이시이가 보관하던 연구 업적은 미국 세균화학무기 연구소인 터틀릭 연구소로 옮겨졌다(유지혜, 2013).

강간은 인도에 반하는 범죄에 해당한다. 뉘른베르크재판의 공소장에는 강간이 공소사실로 적혀 있다. 그러나 도쿄재판에는 성적 노예화에 해당하는 '위안부'에 대해서 거의 다루지 않았다. 이로 인하여 전시에 성폭력이 널리 행해졌음에도 도쿄재판은 여기에 대해 판단하지 않았다. 또한 뉘른베르크재판에서는 기업인이 기소되었지만 도쿄재판에서는 기업인이 기소되지 않았다(McCormack et al, 2011).

재판 이후 독일과 미국의 역사 청산도 다르다. 독일의 경우 인도에 반하는 범죄가 처벌받고 이것이 독일 국민에게 교육 효과를 미쳤다. 그리고 독일에서는 재판 정신을 잇기 위한 특별법을 제정하고, 인도에 반하는 범죄를 형법으로 계승했다. 그러나 도쿄재판에서는 개인의 잔혹행위조차 전쟁의 광기로 돌리는 분위기가 조장됐다. 그리고 A급 전범들은 정계에 복귀해서 큰 영향력을 행사했다. 그러나 고령이 된 나치 전범들은 지금도 쫓기고 있다. 1,000여 명의 나치전범 기소를 주도한 이스라엘의 유대인 인권단체 시몬비젠탈센터(SWC)는 '작전, 마지막 기회'라는 전범추격 캠페인을 통해 마지막 한 명까지 법정에 세우겠다고 벼르고 있다(유지혜, 2013).

도쿄재판은 국제법학자들 사이에서조차 뉘른베르크재판에 비해 관심이 적고 소외되고 있다. 그러나 제2차 세계대전 후에 열린 도쿄재판은 그 범위와 함의에 있어 뉘른베르크재판에 필적할 만하다. 그러나 서구에서는 도쿄재판에 대한 연구가 적다. 그 이유는 뉘른베르크재판의 그늘에 가려진 탓일 것이다. 나치의 만행은 널리 알려졌으나(그 일례로 나치에 대해서는 무수한

뉘른베르그재판은 1945년 11월 20일부터 1946년 1월 1일까지 진행되있다

영화로도 제작되었다) 일본의 만행은 그만큼 널리 알려지지 않았다. 그리고 뉘른베르크재판에 참여한 검사와 판사들은 유명세를 탔지만, 도쿄재판에 참여한 이들은 그리 각광받지 못했다. 그리고 서구에서는 언어와 문화 차이로 인해 도쿄재판에 대한 관심이 적을 수밖에 없었다(Futamura, 2008).

명明

1819년 네덜란드 헤이그에서 열린 만국평화회의에서 침략전쟁과 민간인에 대한 잔혹행위를 처벌하자고 논의하였다. 그리고 1907년 제2차 만국평화회의에서 '헤이그 협약'이 채택되었다. 여기서 독가스의 사용금지와 포로에 대한 학대 금지, 그리고 점령지 민간인에 대한 살상·약탈·강간의 금지를 규정하고 있다.

그런데 이때까지만 해도 국가가 수행한 전쟁에서 개인의 범죄를 처벌해야 한다는 공감대는 형성되지 않았다. 그러나 두 차례 세계대전을 거치면서 침략전쟁에 책임 있는 개인에게 책임을 물어야 한다는 목소리가 높아졌다. 승전국들이 1919년 '베르사유 조약'을 맺어 독일 황제 빌헬름 2세를 처벌할 근거를 마련했지만 실패했다.

제2차 세계대전이 끝난 후 연합국은 패전국 지도자를 어떻게 처리할지 논의했다. 윈스턴 처칠은 재판 없는 즉결처형을 하자고 주장했고, 미국은 재판 없는 처형은 정의에 반한다고 맞섰다. 1945년 8월 미·영·불·소가 '런던협정'을 체결해서 전범의 처벌에 대한 원칙을 정했다. 협정 제6조 A항에서 평화에 반하는 범죄를, B항에서 통상의 전쟁범죄를, C항에서 인도에 반하는 범죄를 규정했다.

과거에는 민간인 학살과 포로에 대한 부당한 대우, 독가스의 사용 등 통상의 전쟁범죄만 위법한 것으로 보았다. 그러나 도쿄재판과 뉘른베르크재판에서는 침략전쟁을 개시하는 그 자체를 범죄로 보았다. 이를 '평화에 반하는 범죄'라 부르는데, 역사상 처음 있는 일이다. 이렇게 하여 패전국의 국민 양심에 강한 인상을 남겨 교육하고자 한 것이다. 뉘른베르크판결에서 '평화에 반하는 죄'라는 새로운 범죄 개념이 탄생했다. 침략전쟁을 계획하고 준비하며, 수행하는 행위를 범죄행위로 본다. 이러한 '평화에 반하는 죄'의 정립은 국제형사법의 발전에 있어 획기적인 이정표이다(Takatori, 2008).

국제형사재판소장을 지낸 카세스Antonio Cassese도 도쿄재판과 뉘른베르크재판이 국제 차원의 전범에 대해 관할과 전쟁범죄의 개념을 확장해서 처벌했고, 새로운 범죄 개념을 만들어 냈으며, 지도자뿐 아니라 민간인 지도자를 그 대상으로 삼았다고 본다. 그리고 이 두 재판은 이후 국제형사법의 초석이 되어 국제형사법에 있어 귀중한 선례가 되고 있다고 평가내리고 있다(Cassese, 2008; Minear, 1995).

도쿄재판의 수석검사인 조지프 키넌과 법률고문 브렌던 브라운Brendan Francis Brown은 도쿄재판에 참여한 경험을 토대로 《국제법을 위반한 범죄》를 썼다. 이들은 도쿄재판이 국제관계 속에서 희망을 찾을 수 없는 인류에게 새로운 메시지를 보낸 것이라 평가한다. 그리고 전범을 처벌함으로써 야만과 노예, 피와 화염을 벗어나서 국가가 오래 존속할 수 있는 길을 개척한 것이라고 본다. 도쿄판결은 국제사회에서 전쟁이 필요한 수단이 아니며, 승인된 법과 정의의 원칙이 국가와 개인에게도 적용됨을 밝힌 것이다. 그리고 도쿄재판이 이러한 원칙을 확립하는 것이 중요하다는 사실을 일깨워 준 것이란 점에서 의의가 있다고 본다(Wright, 1951).

키넌은 전범재판에 대해 법적으로, 그리고 철학적으로 분석했다. 키넌은 도쿄헌장이 성문법이라기보다는 국제조약에 의해 드러난 도덕과 관습법에 근거한다고 주장한다. 그리고 이런 관습과 도덕은 바로 인간 이성에 터 삽고 자연법에 근거하여 오랫동안 법률가들이 쌓아 온 것이라고 본다. 도쿄재판은 국제법에 있어 전쟁에 관한 질서를 수립하고 전범을 처벌한다는 목적 외에도 일본 국민을 교육시키려는 데 그 목적이 있었다. 일본 국민들은 오랫동안 정부에 세뇌되어 전쟁의 실상을 제대로 알지 못했다. 도쿄재판을 통해 전쟁의 참혹함이 드러났고, 이에 따라 일본 국민들도 어느 정도 전쟁의 실상을 알게 되었다.

1980년대 일본의 몇몇 역사학자들은 국가주의와 극우주의 주장을 비판한다. 그들도 도쿄재판을 정치적 사건으로 바라보지만 1940년대와 1950년대에 재판을 바라보던 생각과는 많이 다르다. 이들은 도조 등의 전범을 기소한 것이 일본이 전후에 사죄로 나아가기 위한 중요한 걸음이라고 본다. 그들은 연합국, 특히 미국이 민감한 사안에 있어서는 의도적으로 증거를 제출하지 않은 사실을 발견했다. 그들은 위안부와 731부대에 의한 생체실험, 아시아 민간인에 대한 잔혹행위에 대한 증거를 빼버린 사실을 발견했다. 그리고 히로히토 천황을 기소에서 제외해 버린 사실을 발견했다. 그들은 도쿄재판이 승자의 재판이긴 하지만 승자의 정치적 편리에 따라 선택적으로 이루어진 재판이라고 평가한다. 그렇지만 오늘날 국제형사재판소에서 도쿄재판이 국제인도법의 발전에 있어 유용한 선례가 되다는 사실은 부인하지 않는다.

도쿄재판은 평화에 반하는 범죄와 인도에 반하는 범죄, 통상의 전쟁범죄의 기초를 세우고 이들 범죄자를 처벌하였다. 이는 후일 국제형사재판에 있어 귀중한 선례가 되었다. 그리고 상관의 책임과 개인의 책임 등의 국제형사법에 있어서 중요한 법리의 초석을 놓았으며, 이를 통해 로마규정과 이를 근거로 한 상설국제형사재판소를 설립하는 데 소중한 초석이 되었다(Orr, 2010).[1]

1 1998년 7월 17일에 열린 유엔전외교사절회의에서 국제형사재판소 규정(로마규정)이 채택되어 2003

암暗

제2차 세계대전으로 수많은 사람이 죽는 등 이루 말할 수 없는 고통을 받았다. 그러나 이러한 전쟁범죄에 따른 형사재판은 뉘른베르크재판과 도쿄재판이 대표적이다. 그 외 각국에서 이루어진 재판이 있지만, 전쟁범죄자 수에 비해 극히 제한된 자만이 처벌받았을 뿐이고, 대부분은 처벌을 피해 갔다. 전쟁으로 인한 공포와 피해자의 고통은 점점 잊혀 가고 있다. 범죄에 상응한 처벌이 있어야 형벌의 억제 효과가 있다는 관점에 비추어 본다면 이들 대부분의 전범들을 사해 준 것이나 마찬가지이고, 이것은 잘못된 과거를 떠올리고 반복하게 할 수 있는 계기가 될 수도 있다(Bassiounis, 2013).

구 유고슬라비아 국제형사재판소International Criminal Tribunal for the Former Yugoslavia(ICTY) 판사였던 권오곤은 도쿄재판의 문제점에 대하여 이렇게 말한다. 일본에게 침략을 당하여 많은 피해를 입은 동남아시아의 여러 나라와 식민 지배를 받은 한국이 재판에 참여하지 못했으며, 전쟁에 가장 큰 책임이 있는 천황을 기소하지 않았다. 한국은 일본에게 식민 지배를 당했으나 피해국으로 취급당하지 않았으며, 소추 범위의 결정과 피의자의 선정, 재판소 구성 때 그 입장이 반영되지 않았다. B·C급 전범은 종전 후 아시아 지역 전범재판소에서 재판을 받았는데, 포로감시원들은 일제의 강제징용이나 식민 수탈을 피하기 위해 지원한 것이므로 실제 강제동원의 피해자임에도 전범으로 재판받았다. 나아가 재판 때 반대신문이 주어지지 않았고 통역이 미비하였으며, 이런 사람들을 사형에 처한 것은 양형에 있어서도 적절하지 못하였다(권오곤, 2009).

재판 도중 중국과 소련이 공산화하여 냉전시대가 개막했다. 1946년 1월

년 3월 12일 네덜란드 헤이그에 상설 국제형사재판소(International Criminal Count, 약칭은 'ICC')가 설립되었다. 그 토대가 된 것은 뉘른베르크재판과 도쿄재판, 각국에서 열린 B·C급 전범재판이다.

20일 미국 상원의원인 밴든버그Arthur. H. Vandenberg는 의회에서 '전후 미국의 강적'이란 주제로 연설했다. 그는 자유국가의 최대의 적은 소련을 비롯한 공산국가이며, 이러한 적에 대항하기 위해 '냉전' 태세를 갖추어야 한다고 역설했다. 1947년 3월 10일 트루먼은 국정교서에서 냉전정책을 미국의 국책으로 삼는다고 밝혔다. 그리고 한반도에서는 한국전쟁이 발발했다. 이런 상황에서 미국으로서는 일본으로 하여금 공산주의를 저지하는 보루의 역할을 하도록 할 필요가 있었다(黃鶴逸, 1999).

이런 국제 정치의 변화 속에 천황은 온화하고 수동적이며, 오로지 해양생물학에만 관심을 가지고,[2] 멋대로 하는 군국주의자들의 손에 놀아났다는 허상을 만들었다. 그렇지만 그는 일본이 아시아를 지배해야 한다고 생각하고 있었고, 이러한 신념을 밀고나가 중국을 침략하고 태평양전쟁을 일으키고 진두지휘했다. 천황을 기소하거나 적어도 증인으로서 법정에 세웠어야 했다(Behr, 2010). 그러나 천황을 기소하지 않았고, 증인으로도 소환하지 않았다.

일본 국민작가 이노우에 히사시井上廈는 《도쿄재판》 3부작 시리즈(2001-2006)를 통해 도쿄재판을 고발하고 있다. 그에 의하면 도쿄재판은 미국의 이익을 위해 천황과 재벌, 고급관료가 불기소된 형식적 재판이다. 그는 '과거를 가벼이 여기는 자는 미래도 가벼이 여긴다'는 문제의식을 통해 일본 천황은 물론이고 보통사람들의 전쟁책임 문제도 직설적으로 추궁하고 있다(이성곤, 2016).

아시아 연구자이자 저술가인 이안 부루마Ian Buruma는 최악의 전범인 이시이 시로가 처벌되지 않았다고 비판한다. 이시이가 대장인 731부대는 수

2 히로히토는 개인교사 핫토리 히로타服部広田 박사의 영향을 받아 해양생물학자가 되었다. 핫토리는 행동하는 교육을 중시하여 히로히토를 시골이나 해안가로 데리고 다니며 현장교육을 실시하였다. 히로히토는 17살 때 등록되지 않은 새우(발견 후 이 새우에게 '심파시페 임페리아리스'란 학명을 부여했다)를 발견했다. 그의 해양생물에 대한 관심은 취미를 넘어 연구하는 단계로 발전했다.

천 명의 포로를 생체실험에 이용했다. 이들은 마루타('통나무'라는 뜻이다)로 불렸다. 하얼빈 인근에 있는 이 실험시설은 1945년 여름, 소련이 오기 전에 파괴되었다. 이 자리에는 '애국 박물관'이 들어섰는데, 이시이가 살아 있는 사람을 해부하는 모습을 재현한 밀랍 인형이 전시되어 있다. 윌러비는 이시이의 실험 자료가 중요하다고 맥아더를 설득시켰다. 이런 연구에 있어 미국이 소련보다 뒤처져 있다는 우려가 있었다. 전범으로 재판하면 이런 자료가 모두 노출될 수 있으므로 미국 안보 차원에서 공개를 피하려고 했고, 이시이는 면책되었다. 그는 1959년 도쿄에서 편안하게 눈을 감았다.

이러한 시각과 달리 도쿄재판이 '승자의 정의'라고 지적하는 이도 있다. 리처드 미니어Richard Minear는 《승자의 정의Victor's Justice: The Tokyo War Crimes Trial》에서 도쿄재판이 '승자의 재판'이라고 주장한다. 미니어는 객관적인 사실을 열거하기보다 주관적인 편견이나 선입견에 치중하고 있다. 등장인물에 대한 배경과 재판의 경과 등에 대한 심층적이고 객관적인 사실을 토대로 쓰지 않고, 국제법으로 볼 때 의문이 가는 점만 부각시켰다. 이러한 견해는 도쿄재판 때 반대의견을 쓴 팔의 의견에 경도된 듯하다. 미니어는 도쿄재판은 미국이 자기만 옳다는 식의 외교 정책의 산물이라고 주장하면서 이런 결과물이 베트남전쟁으로 나타났다고 주장했다(Small, 1974).

미니어는 몇 가지 관점에서 도쿄재판을 비판한다. 연합국은 일본이 항복하기 전 전범에 대해 엄격하게 재판할 거라고 선언했다. 그렇지만 도쿄재판에서는 통상의 전쟁범죄 외에 새로운 전쟁범죄인 평화에 반하는 범죄와 인도에 반하는 범죄를 도입했다. 그리고 재판절차에 있어서도 객관성과 공정성에 있어 미흡했다고 본다. 미국 군사재판소법에 의하면 피고인에게 사형을 선고하려면 판사 전원의 합의가 있어야 하지만 도쿄재판에서는 다수결로 사형을 선고했다고 비판한다. 그리고 도쿄재판은 역사적 사실을 정확하게 조사하는 것보다는 전범으로 인해 일본인들을 전쟁으로 잘못 이끌었다는 사실을 선전하기 위한 수단으로 재판을 이용했다고 비판한다. 도쿄재판을 신제국주의의 산물로 보는 관점에서 쓴 이 책은 영어권에서 도쿄재판을 바라보는 기본서로 자리매김하고 있다(Minear, 1971; Totani, 2008).

일본 국가주의자들은 도쿄재판을 맹렬하게 비판해 왔다. 그들은 승전국인 연합국이 패전국 지도자를 처벌하는 것이 과연 정당한가 묻는다. 이들은 재판이 승전국이 복수심을 충족시키는 데 보탬이 될 뿐이라고 주장한다. 이들은 피고인들을 처벌할 근거가 기소 이전에 없었다고 주장한다. 이들은 연합국이 소급 입법을 해서 '승자의 재판'을 한 것이라 주장한다. 이런 국가주의자들의 주장은 의외로 미국 학계의 지지를 받았다.

도쿄재판은 뉘른베르크재판과 함께 침략행위가 범죄행위임을 선언한 획기적 사건이다. 그럼에도 판결에 논란은 계속되고 있다. '평화에 반하는 범죄'는 도쿄헌장이라는 사후에 만든 법으로 행위 시로 소급해서 처벌하는 범죄인데, 이는 '소급효 금지'라는 근대 형법의 원칙을 위반한 것이라는 비판이 있다. 그리고 일본의 전시 지도자들이 '공모'했다는 사실 판단이 옳은 것인지, '공모이론'을 적용하는 것이 옳은 것인지에 대한 비판의 목소리가 있다. 그리고 전쟁은 국가가 하는 것인데, 그에 따른 책임을 개인에게 지울 수 있느냐는 비판도 있다. 아시아를 경시해서 일본의 전쟁 책임과 식민 통치에 대한 책임 문제를 소홀히 했다는 지적도 있다.

도쿄헌장에 따르면 뉘른베르크헌장과 달리 연합군 최고사령관인 맥아더에게 모든 권한이 집중되어 있다. 재판관과 재판장, 수석검사의 임명은 최고사령관이 한다. 그리고 맥아더는 선고된 형의 경감이나 변경을 할 수 있다. 반면 뉘른베르크에서는 재판관의 임명은 조약 체결국인 4개국이 가졌고 4개국이 수석검사를 임명하였고, 판결에 대한 선고가 최종적이다. 이런 헌장의 문제로 인하여 도쿄재판은 '아시아 부재'라는 문제를 낳았다. 재판에 참가한 나라는 극동조사위원회에 참가한 11개국이며, 가장 큰 피해를 입은 아시아에서는 중국과 필리핀, 인도만이 참여하였다.

서구 식민지 중추국이 중심이 된 도쿄재판은 아시아의 피해와 아시아 지역에 대한 일본의 범죄를 철저히 심판하지 못했다. 서구 열강은 식민지 지배가 재판의 대상이 되는 것을 꺼려 식민지 지배에서 벌인 인도에 반하는 범죄는 공소 제기에서 제외하였다. 식민지 건설이 겪은 강제징용, 경제수탈, 위안부 등의 인도에 반하는 범죄는 도쿄재판에서 다루어지지 않았다. 이로 인하여 일본의 식민 지배를 받은 조선, 대만 등에 대한 행위가 재판의 대상이 되지 않았다. 반면 뉘른베르크에서는 인도에 반한 죄를 중요시하였다. 도쿄재판은 미국의 점령정책의 일환이었다(강경자, 2016).

A급 전범은 모두 108명이 체포되었다. 그러나 28명만 기소되었고, 이후 사형 7명, 종신형 16명, 유기금고 2명만 선고를 받았다. 국제 검찰국은 1941년 12월 1일 대미전쟁을 논의한 어전회의에 참여했는지를 핵심기준으로 삼아 전범들을 기소하였다. 도쿄재판은 2차, 3차로 이어질 예정이었으나 1차로 끝났다. 체포된 나머지 전범들은 모두 석방되었다. 냉전으로 치닫자 미국은 중국과 소련에 대한 대항마로 일본을 통해 영향력을 행사하려 했다. 1949년 12월 25일 맥아더는 크리스마스 선물로 스가모 형무소에 구속된 전범들을 모두 석방하였다.

1952년 4월에 발효된 샌프란시스코 강화조약에서 연합국은 일본에 대한 배상청구권을 포기하였다. 도쿄재판에서 증인으로 나온 피고인들은 전쟁범죄에 대한 책임과 천황의 책임을 부인했다. 오히려 일본의 전쟁이 불가피했다고 주장했으며, 재판 자체의 타당성에 대해 의문을 표시했다. 언론을 통해 이를 지켜본 일본인들은 도쿄재판에 대한 부정적인 이미지를 갖게 되었으며, 자신들이 패전에 따른 피해자라고 인식하게 되었다.

일본은 1952년 4월 독립을 회복하자마자 전범의 명예회복에 나섰다. 1952년 4월 30일 〈전상변사 전몰자 유족 등 원호법〉을 제정하여 전범으로 사망한 경우 공무자로 규정하여 유족에게 부조금을 지급하기로 했다. 1955년 7월 19일 중의원 본회의에서 '전쟁포로의 즉각적인 석방 요청에 관한 결의'를 하였고, 관련 11개국의 동의를 얻어 A·B·C급 전범 모두를 1958년까지 전면 사면하여 석방했다.

도쿄재판은 서구 열강이 중심이 되어 전쟁의 진상 규명과 전쟁책임 규명에 실패하였다. 도쿄재판에서 전쟁 중의 일본의 대량학살 등 잔혹행위를 철저하게 밝히지 못한 것은 연합국도 그들의 손에 피를 묻혔기 때문이다. 연합국에 속한 소련은 카틴 숲에서 폴란드 시민을 대량학살했다(카틴학살, 1940년 폴란드 카틴에서 벌어진 대량학살 사건). 그리고 미국은 히로시마와 나가사키에 원폭을 투하했다(Chihiro, 1986).

도쿄재판은 아시아 제국이 끼친 전쟁으로 인한 피해와 범죄를 추궁하는 데 철저하지 못했다. 정치색이 짙어 일본 보수 지도자들이 제국의식을 잔존시키는 결과를 초래했다. 그리고 도쿄재판으로 인해 전범은 면책받았고, 이를 계기로 오히려 전쟁범죄를 은폐하고, 침략전쟁을 미화하여, 전범을 국가를 위해 희생한 애국자로 떠받들고 있다. 도쿄재판과 이에 이은 샌프란시스코 강화조약에서 전쟁 피해로 인한 배상청구권을 포기함으로 인해 제국주의 범죄에 대한 규명과 피해변상이 제대로 이루어지지 않았다. 도쿄재판의 이런 문제점은 과거사 문제, 역사화해에 있어 걸림돌이 되고 있다. 야스쿠니 신사 참배와 역사교과서 왜곡, 종군 위안부 문제 등이 모두 도쿄재판과 관계가 깊다(강경자, 2016).

일본 기업은 제2차 세계대전 중 노동력이 부족해지자 일본 정부와 협력해서 수십만 명에 이르는 한국인, 중국인 연합군 포로를 열악한 환경 속에서 임금 없이 노예노동을 시켰다. 일본이 패전하자 일본 기업들은 증거가 될 만한 문서를 은닉하였다. 도쿄재판에서 재벌 총수를 기소하려고 했으나 부실수사로 실패했다. 그리고 B·C급 전범인 일본 기업이 관여한 강제연행과 노예노동은 국제인도법과 국제인권법을 위반한 것이다. 우리나라에서만 70만 명이 넘는 강제 징용자들이 일본 기업의 공장과 광산, 공사장에 투입되었다. 일본은 1938년 5월 〈국가총동원법〉을 제정하였다. 그리고 1939년 7월에는 〈국민징용령〉을 한국에 적용하였다. 1942년 '관 알선'이란 형식으로 강제연행을 실시하였다. 이렇게 끌려간 한국인 징용자 수는 1939년부터 일본 패전까지 72만 4,727명에 달했다.

일본 기업의 전쟁범죄는 도쿄재판뿐 아니라 B·C급 전범재판에서도 거의 다뤄지지 않았다. 도쿄재판에서 연합국 수석검사 키넌은 처음에는 일본 재벌들의 전쟁 수행에 대한 역할과 관련해서 이들을 평화에 반하는 범죄로 기소할 것을 계획했었다. 키넌은 1945년 12월 28일 연합군 총사령부에서 구금한 전범 용의자들을 수사하기 위해 미국 측 검사들을 A에서 H까지 8개 그룹으로 나누었다. 그중 D그룹은 일본 재벌 관계자들의 조사를 맡았다. 조사 책임자는 솔리스 호위츠Solis Horwitz와 혹스 허스트H. Austin Hauxhurst였다. 그러나 일본 재계에 대한 이해가 없던 이들의 수사는 벽에 부딪혔고, 결국 증거 불충분이란 이유로 불기소를 권고했다.

이후에도 호주와 소련 검사단이 기업인의 기소를 주장했으나 검찰의 수사 인력과 지식의 부족으로 제대로 수사가 이뤄지지 않았다. 이후 요코하마에 사령부를 두고 있던 미8군은 군사위원회에서 다른 전범을 재판하였다. 이 전범재판에서 하나오카 학살과 관련된 사업소 소장 등만 전범으로 기소되었을 뿐, 기업 경영자들은 처벌을 면했다. 이는 비슷한 시기에 연합국이 나치 기업 전범을 처벌한 것과 대조된다(신희석, 2011).

이상에서 살펴본 도쿄재판의 문제점은 크게 세 가지로 요약할 수 있다. 첫째는 아시아 관점의 부재이다. 두 번째는 인도에 반한 죄의 불기소이고, 셋째는 재판의 조기 종결이다. 수십만을 헤아리는 한국을 비롯한 위안부가 된 아시아 여성을 피해자로 다룬 재판은 열리지 않았다. 도쿄재판에서도 위안부 문제는 심리 대상이 되지 않았다.

뉘른베르크에서는 재판에 회부된 177명 중 142명이 유죄 판결을 받았는데, 인도에 반하는 죄가 압도적으로 많았다. 인체 실험, 사법살인을 문제시한 법률가 재판, 거대 기업의 경제적 수탈, 외국인 노동자의 노예화 등이 심리 대상이 되었다. 도쿄에서 이 죄로 기소된 사람이 거의 없다. 난징대학살의 책임자 마쓰이 이와네는 통상의 전쟁범죄로 교수형에 처해졌다. 일본은 조선과 대만 등 식민지에서 수백만 명의 노동력을 징발하였으며, 노예에 가까운 강제 노동을 시켰다.

1948년 12월 23일 7명에 대하여 사형이 집행되었지만, 그 다음 날인 24일 연합군 최고사령부는 더 이상 A급 전범에 대한 재판이 없다고 발표하였고, A급 전범을 전원 석방하였다. 1950년 한국전쟁이 발발하자 미국은 반공의 방파제로서 독립국 일본을 만드는 것을 정책의 틀로 짰다. 그리고 1951년 9월 8일 소련과 체코슬로바키아, 폴란드를 제외한 28개국이 샌프란시스코 강화조약에 서명했다. 조약에서 일본의 침략전쟁의 최대 피해자인 중국과 한국이 제외되었다(하종문, 2001).

히로히토의 불기소

히로히토가 전범목록에서 빠지게 된 경위는 앞에서 살펴보았다. 이후 히로히토는 왜 기소되지 않았을까? 1946년 1월 말 맥아더는 당시 참모총장이던 아이젠하워Dwight D. Eisenhower에게 히로히토의 재판이 몰고 올 심각한 후폭풍에 대해 언급했다. 편지에 "히로히토의 기소는 의심할 바 없이 일본 사람들에게 심각한 충격을 야기할 것이고, 이로 인한 후폭풍은 예측하기 어렵습니다. 천황을 제거하는 것은 나라를 제거하는 것과 같습니다"라고 적었다. 그러나 맥아더는 워싱턴으로부터 정책이 변경되었다는 지시를 받지 않았으며, 정책을 그대로 유지하라는 명령을 받았다(이상호, 2012).

'합동민간위원회Joint Civil Affairs Committee'는 "극동위원회가 승인한 미국의 정책을 바꿀 만한 새로운 사실을 발견하지 못했다"고 밝혔다. 위원회는 새로운 증거가 없는 마당에 정책을 바꿀 이유가 없다고 본 것이다. 위원회는 히로히토를 기소할 시간은 지나갔고, 현재 재판에서 새로운 증거가 발견되지 않는 한 현재의 정책을 유지하겠다는 것이다.

이후 2년 동안 천황의 재판에 대해서 아무런 논의가 없었다. 1948년 중반, '극동위원회'에서 전쟁범죄에 대한 정책의 변화가 시작되었다. 뉴질랜드 대표 파울스G. R. Powles는 태평양 지역에서 모든 전쟁범죄를 끝내야 할 시점이 왔다고 말했다. 그는 모든 전쟁범죄에 대한 기한을 정해야 한다고 제안했다. 그가 제안한 기한은 1949년 6월 30일이다.

극동위원회는 몇 달 동안 뉴질랜드의 제안을 검토했다. 마침내 1949년 초에 두 개의 보고서가 나왔다. 그중 하나가 "A급으로 분류된 일본전범에 대한 극동위원회의 정책 결정에 따라 더 이상의 전범에 대한 기소는 없다"는 것이다. 이것은 히로히토나 다른 전범이 평화에 반하는 죄로 기소되지 않는다는 것으로 해석될 수 있다. 두 번째 정책보고서는 B·C급 전범에 대한 것이다. 위원회는 1949년 6월까지 B·C급 전범에 대한 수사를 끝내라고 권고했다. A급 전범과 달리 B·C급의 기한은 강제가 아니었다.

그런데 1950년 1월 초 소련이 외교경로를 통해 '극동위원회'와 교섭했다. 1949년 12월 소련은, 일본의 세균전에 대한 증거를 제시하여 하바롭스크Khabarovsk(러시아 동부의 지구)에 특별군사재판소를 설립하였다. 이 재판소에 12명의 군장교가 소련과 중국, 외몽고를 상대로 세균전을 벌인 증거가 제시되었다. 18일간 진행된 신문기일에서 731부대와 100부대가 북중국이 주둔하면서 세균전을 펼쳐 온 활동이 드러났다. 그리고 증언에 의하면 히로히토가 비밀리에 두 부대를 창설하라고 명령한 사실도 드러났다.

그러나 소련과 접촉한 나라들은 한결같이 부정적인 태도를 보였다. 미국은 소련의 제안에 대해서 공식적으로 답변하지 않았다. 초기에 히로히토를 기소하는 데 찬성하던 호주 정부도 천황을 기소하는 데 열심을 잃었다. 그리고 호주 정부는 동북아시아의 정세가 급변했다는 상황을 알고 있었다. 중국 공산당은 내전에서 연승하고 있었다. 그리고 중화인민공화국을 건립한다고 선언했다. 이에 비해 국민당의 장제스는 연패한 뒤 대만으로 후퇴했다. 이러한 상황에서 호주는 영국, 미국과의 공조를 공고히 했다.

소련 정부는 1950년 5월과 12월 미국 정부에 이 문제에 대한 서한을 보냈다. 그러나 미국 정부는 아무런 회신을 하지 않았다. 그리고 '극동위원회'나 다른 나라에도 이 문제를 언급하지 않았다. 결국 히로히토 재판 문제는 외교석상에서 증발한 것이다. 그리고 '극동위원회'의 다른 나라도 이후에 이 문제를 언급하지 않았다. 연합국이 일본에서 철수하는 기한도 다가왔다. 1951년 9월에 맺은 샌프란시스코 강화조약에 따라 일본은 1952년 3월 28일 주권을 회복했다. 그리고 히로히토의 문제와 함께 연합국의 전범재판도 끝이 났다(Totani, 2008).

도요시타 나라히코豊下楢彦는 간세이가쿠인 대학교 법학 교수이다. 그는 히로히토와 관련된 일본 안팎의 자료를 찾고 검토해서 히로히토와 관련된 문제를 새롭게 분석했다. 특히 도쿄재판과 관련된 내막에 대해서 새로운 시각으로 바라본다. 《히로히토와 맥아더昭和天皇·マッカーサー會見》에서 히로히토의 권위와 권력을 이용하려 했던 맥아더로 대표되는 미국과 그런 미국에 적극 협조하여 천황제를 사수하려 했던 히로히토의 거래를 실증적으로 밝히고 있다. 도쿄재판과 관련해서 히로히토는 두 가지 논리를 구사했다. 하나는 자신은 입헌군주였기에 정치에 관여하지 않았으며, 침략전쟁은 자신의 뜻에 의한 것이 아니고 도조 히데키를 비롯한 군부가 벌인 일이다. 이것

은 논리적인 주장이다. 다른 하나는 전쟁에 따른 모든 책임은 도의적으로는 자신에게 있다. 이렇게 법적으로, 도의적으로 책임을 벗어나기 위한 주장이 먹혀들어 비난을 피할 수 있었다고 본다(豊下楢彦, 2009). 그렇지만 히로히토의 문제와 관련해서 맥아더가 미국 정부의 정책을 바꾼 것은 사실이 아니다. 그리고 히로히토의 면책은 하나의 원인이 아닌, 여러 요인이 복합적으로 작용한 결과이다.

전 세계 언론은 물론, 일본 내에서도 천황의 기소를 주장하고 있었다. 그러자 여기에 대응해서 천황은 인간선언을 발표했다. 1946년 1월 1일 히로히토는 자신이 더 이상 신이 아니라고 선언했다. 연합군 총사령부에서 영문으로 작성하고 이를 일본어로 번역해서 발표했다. 그리고 천황은 지방을 순례하면서 전범으로의 이미지를 불식시켜 갔다(문화방송, 2002). 그리고 도쿄재판이 장기화하는 가운데 국제정세는 급격하게 변화되었다. 원래 중국의 장제스는 미국에 우호적인 입장이었다. 그러나 장제스의 국민정부는 무능한데다 부패하였으며, 지지 기반도 취약했다. 장제스는 마오쩌둥의 공산주의 군대와 계속해서 싸우고 있었다. 미국의 트루먼은 마지못해 장제스를 돕는 척했다. 대신 미국 정부는 아시아에서 중국을 대신할 세력을 찾고 있었다. 미국은 천황을 면책하는 등 일본에 대한 엄격한 점령 정책을 포기하면서 모든 제한을 철폐하고 급속한 경제 성장을 이루도록 도왔다(Brinkley, 2005).

이와 같은 여러 사정이 겹쳐 일본군의 최고통수권자로 전쟁을 이끈 히로히토 천황은 결국 기소되지도, 법정에 증인으로 서지도 않게 된 것이다. 이로써 무려 5,000여 만 명의 사상자를 낸 일본의 전쟁범죄의 최고책임자에 대한 불기소는 도쿄재판에서 가장 큰 오점으로 남게 되었다.

뉘른베르크재판

제2차 세계대전 후 독일의 뉘른베르크에서 미국, 영국, 프랑스, 소련의 4개국이 독일의 전쟁 지도자에 대해 한 국제군사재판이다. 뉘른베르크가 선정된 것은 그곳이 나치의 퍼레이드가 펼쳐졌던 곳이고, 연합국의 폭격을 피해 남아 있는 몇 안 되는 재판소가 있는 곳이었기 때문이다. 1943년 10월 30일 '모스크바 선언'에서 미·영·소 정상은 중대 전범을 처벌할 것이라고 선언했다. 그리고 이후 '런던협정'을 통해 재판의 근거를 마련했다. 1945년 12월 20일부터 1946년 10월 1일까지 재판이 진행되었으며, 헤르만 괴링, 루돌프 헤스 등을 포함한 21명의 피고인들이 기소되어 재판을 받았다.

피고인들에게 적용된 죄명은 평화에 반하는 죄와 인도에 반하는 죄였다. 선고 결과 열두 명의 피고인들에게 사형이 선고되었으며, 세 명은 종신형, 네 명은 10년 내지 20년의 형이 선고되었고, 세 명은 무죄를 선고받았다. 괴링은 사형 판결을 받고 처형되기 전에 독약을 먹고 자살했다. 이후 계속된 후속 재판에서 나머지 나치 전범들이 재판을 받았다.

16

남겨진 과제

과거 극복

'과거 극복'은 독일어 'Vergangenheitsbewältigung'을 번역한 말이다. 이 말은 과거를 충분히 이해해서 자기의 것으로 만드는 것을 뜻한다. 신뢰를 쌓고 반성하는 것에서 보상과 배상하는 것까지 포함하며, 정신과 물질에 걸치고, 일회로 그치지 않는 것을 말한다. 과거 극복이란 전쟁책임을 추궁하는 것과 관련이 있고, 전쟁 중에 벌어진 인도에 반하는 행위에 대한 책임을 밝히는 작업이기도 하다. 독일의 언론인 랄프 졸타노Ralf Soltano는 《제2의 죄—독일인 됨의 부담》에서 히틀러가 범한 죄가 '제1의 죄'이고, 이를 심리적으로 부인하는 죄를 '제2의 죄'라고 불렀다.

1970년 독일 브란트 총리는 폴란드 바르샤바에서 독일 침략행위의 희생자들에게 사죄하였다. 1985년 5월 8일 바이체커 대통령은 종전 40주년 기념일에 의회에서 "과거에 눈을 감는 자는 현재에도 눈이 멀게 된다"고 감동적으로 연설했다. 이후 독일의 역대 총리는 독일군의 학살로 희생된 사람들을 위로하는 자리에 참배하고 사과하였다. 독일 대통령 바이체커가 감동적인 연설을 한 1985년 8월 15일, 일본의 수상 나카소네 야스히로中曽根康弘는 '전후 정치의 총결산'을 내걸며 A급 전범이 합사되어 있는 야스쿠니 신사를 방문했다(田中宏 외, 2000).

유대인 위령탑 앞에 무릎을 꿇은 빌리 브란트 독일 총리

1985년 12월 27일 자 《아사히 저널朝日 ジャーナル》은 특집으로 〈전후 40년, 지도자의 차이—역사를 배운 자, 역사를 왜곡한 자〉를 실었다. 여기서 두 지도자의 연설 전문을 실었다. 이와 같이 패전 후 경제 부흥을 이룬 두 나라는 과거사에 있어서 너무나 다른 모습을 보여 준다. 독일은 과거를 극복하고 속죄를 위해 노력해 왔다. 그러나 일본은 지금도 과거에 시달리며 살아가고 있다.

일본인은, 전범은 전쟁범죄자가 아니며, A급 전범은 일본의 평화와 번영을 위해 고귀하게 희생한 자라 여겼다. 도쿄재판은 서구 열강이 주축이 되어 아시아 부재를 낳았고, 전쟁의 진상을 규명하고, 전쟁책임을 규명하는 데 실패했다. 피고인들은 법정에서 전쟁책임을 부인했고, 재판 이후 정치 지도자들은 재판의 타당성에 대해 계속해서 의구심을 표시했다. 도쿄재판에서는 전쟁책임을 철저하게 밝히지 않았고, 전범을 제대로 처벌하지 않았다. 여론의 영향으로 시민들은 자신들이 피해자라고 인식하게 되었고, 재판에 대한 부정적인 이미지는 시민들로 하여금 자신들이 패전에 따른 피해자로 느끼게 만들었다. 도쿄재판으로 인해 전범은 면책을 받았고, 이를 계기로 오히려 전쟁범죄를 은폐하고 침략전쟁을 미화하여, 전범을 국가를 위해 희생한 애국자인 양 떠받들고 있다(강경자, 2018).

일본에서 이 판결을 반기는 견해는 찾기 힘들다. 그렇지만 최근 도쿄재판에 대한 자료를 철저히 분석하는 경향이 있다는 사실은 고무적이다. 이런 맥락에서 '일본역사교육자협의회'의 활동이 주목된다. 협의회는 일본의 일선 교육자로 이루어진 단체이다. 이 단체는 일본을 포함한 동아시아의 역사를 객관적으로 평가하려고 하였고, 동아시아 역사 속에서 일본의 바른 실체를 파악하려고 노력하고 있다(日本歷史教育者協議會, 2005).

강제연행과 위안부

1939년부터 1945년까지 일제는 조선인을 강제연행했다. 전시에 이루어진 강제연행에는 여러 형태가 있었다. 노무 동원이나 여성 근로 정신대 같은 노동 동원도 있었으며, 징병, 군속이나 군부軍夫를 포함한 군요원, 군위안부와 같은 군사 동원도 있었다. 통계자료에 의하면, 1939년부터 1945년까지 탄광과 금속광산, 토건과 공장, 기타에 강제연행된 조선인은 724,722명에 달한다(田中宏 외, 2000). 이러한 강제연행에는 구속과 납치 같은 형태뿐만 아니라 통제와 감시 등에 의한 강제성이 수반된 형태도 있었다. 위안부(정확한 명칭은 '군사적 성노예'이다)는 1931년 만주사변 이후, 일본군의 중국인 여성에 대한 만행에 대한 대응책으로 일본이 위안소를 설치하면서 생겼다.

위안부란 어린 10대에, 자신의 의지와 상관없이 일본군에게 강제로 끌려가 노예처럼 성을 유린당한 조선의 소녀를 가리킨다(박유하, 2017). 1932년부터 1945년까지 13년 동안 조선과 중국, 필리핀과 대만, 인도네시아와 티모르(말레이 제도 소순다 열도에 속하는 섬), 버마, 말레이시아, 남태평양 제도, 네덜란드 등 각국, 각지의 여성을 성의 노예로 삼아 일본군이 주둔하는 곳에 위안소가 설치되었다. 200만 명 이상 되는 일본군의 성적 욕구를 채우는 데 필요한 위안부는 현지의 유력자나 일본군에 의해 강제적으로 동원되었다. 이러한 강제연행 중 군위안부의 경우, 폭력적인 납치, 징집과 같은 행정적인 강제, 취업사기나 감언이설, 인신매매와 같은 여러 수단과 방법이 동원되었다. 군위안부로 강제 동원된 여성의 대부분은 미성년자였다.

군위안소의 형태는 시기나 장소, 전쟁 상황에 달랐다. 그러나 위안부를 강제로 징용한 주체는 일본군과 업자였고, 위안부의 징집과 업자의 선정, 위안소의 관리와 통제는 일본군과 정부가 관여했다. 이렇게 위안소로 끌려간 여성들은 도망가려 해도 갈 수 없었던 전쟁 상태에서 징집되었고, 성적 노예와 다름없이 비참하게 생활하였다.

위안부와 관련된 국제법은 1904년과 1910년의 〈성매매를 시키기 위한 부녀매매 단속에 관한 국제협약〉, 1921년의 〈부녀 및 아동의 매매금지에 관한 국제협약〉, 1907년의 〈헤이그 협약〉, 1930년의 〈강제노동에 관한 ILO협약〉 등이 있다. 여기서 미성년은 어떠한 사유로도 성매매를 못하도록 금지하고 있고, 성인이라도 성매매를 목적으로 사기, 폭행, 협박, 권력남용 기타 일체의 강제 수단으로 권유, 유인, 납치한 자는 처벌하도록 하고 있다(강정숙, 2002).

광범위하고 조직적으로 이루어진 살인, 섬멸, 노예화, 강제 이송은 '인도에 반하는 범죄'를 구성한다. 그런 의미에서 위안부는 인도에 반하는 죄인 강간과 성노예에 해당한다. 도쿄재판 때 네덜란드 검사는 위안부 사건에 대한 4건의 증거를 제출했다. 그중 1건은 네덜란드 여성, 3건은 아시아 여성에 대한 것이었다. 프랑스와 중국 검사도 베트남과 중국에 대한 증거를 제출했다. 그러나 판결에서는 중국의 경우만 언급하였다.

일본 정부는 위안소 제도에 대해 일본군이나 군의 관여를 인정하지 않았다. 그런데 위안부 존재를 알린 사람은 신타 가코千田夏光라는 일본 언론

인이었다. 그는 1973년에 《목소리 없는 여성 8만 명의 고발, 종군 위안부声なき女 8万人の 告発·従軍慰安婦)》에서 위안부 문제를 고발했다. 1992년 요시미 요시아키吉見義明 교수가 일본 정부가 관여했다는 공문서가 있다고 발표했고, 일본군이 위안부를 징집하고, 위안소를 개설하고, 관리하고 운영한 사실이 드러났다(日本歴史教育者協議會, 2005).

국제연합에서는 1992년 '한국정신대문제 대책협의회'가 유엔인권위원회에 제소하였고, 5월에는 인권위원회에서 위안부 문제를 다루기로 했다. 1994년 2월 7일 종군위안부 할머니들은 도쿄지방검찰청에 책임자를 처벌해 달라는 내용으로 고소·고발장을 접수했다. 그러나 접수는 거부당했는데, 공소시효가 완성되었고, 책임자가 특정되지 않았다는 것이 그 이유였다. 이러한 거부는 여러 인권단체들의 반응을 불러일으켰고, 1994년 유엔인권위원회에서 이 문제가 정식으로 거론되었다(박원순, 1996).

1998년 아시아연대회의에서는 국제 민간 법정을 세워 위안부 문제를 제기하기로 하였다. 그리고 1999년 법정의 활동 원칙과 절차를 담은 헌장이 채택되었다. 피해 여성이 속한 아시아와 태평양 지역의 9개국의 피해 단체 등은 2년이 넘게 준비하여 공소장을 제출했다. 헌장에 따라 일본군의 위안부 범죄에 대한 국제법의 책임을 추궁했다. 일본 정부는 이 법정에 출두할 것을 요청받았음에도 불참했다. 일본 도쿄에서 나흘 동안 열린 재판에서 국제법의 권위자와 저명인사들이 재판부를 구성했다. 이들은 판결 요약문을 채택했고, 히로히토와 도조 히데키 등의 전쟁 책임자들의 형사 책임을 인정하고, 일본의 국가 책임도 확인했다(김부자 외, 2009).

1990년대 초 한국의 위안부 할머니들이 일본군의 성노예 문제를 제기했을 때 그저 작은 소란쯤으로 보였다. 그러나 2007년 미 의회는 종군 위안부 결의안을 채택했다. 그러자 일본의 지배층과 우익은 반성은커녕 어떻게든 이를 막아 보려고만 애썼으며, 이러한 태도는 지금도 계속되고 있나

(이재우, 2016).

카이로 선언에서 인도에 반하는 범죄를 처벌한다고 선언하였다. 포츠담 선언은 이러한 카이로 선언을 수용하였고, 일본은 무조건 항복하여 포츠담선언을 받아들였다. 도쿄헌장에서 인도에 반하는 범죄를 대상범죄로 정하고 있으며, 일본은 샌프란시스코 강화조약에서 도쿄재판과 연합국의 전범재판을 수용하였다. 그러므로 종군위안부에 대한 책임자 처벌은 가능하다. 그리고 인도에 반하는 범죄에 대해서는 공소시효가 적용되지 않는다는 것이 국제 관습법이다.

1998년 6월 15일 유엔총회 결의에 따라 7월 17일 로마회의가 개최되어 〈국제형사재판소에 관한 로마규정(로마규정)〉이 채택되었다. 이에 따라 2003년 3월 국제형사재판소가 네덜란드 헤이그에 설치되었다. 〈로마규정〉 제7조에서 인도에 반하는 죄로 "강간, 성적 노예화, 강제매춘" 등을 규정하고 있다. 따라서 위안부는 인도에 반하는 범죄이므로 상설 국제형사재판소에 제소할 수 있게 되었다. 오랜 세월이 흘러 가해자의 확정과 증거 수집 등에 어려움이 있을지라도 전쟁범죄자의 소추[1] 등의 노력은 지금부터라도 시작해야 할 것이다.

다음으로 한국인 B·C급 전범이란 이렇다. 일제시대 때 군속을 모집할 때 포로 감시원으로 지원해서 연합군 포로를 감시하고 관리하는 일에 동원되었던 조선인이 있다. 제2차 세계대전이 끝나자 이들은 포로를 학대한 죄로 군사재판소에서 전범으로 처벌받았다. 총 148명의 조선인이 B·C급 전범으로 처벌받았는데, 이들 중 사형을 선고받은 사람은 23명, 유기형에 처

1 인류의 공통된 적이라는 성격을 갖춘 범죄의 경우, 영토와 국적에 관계없이 처벌할 수 있다는 원칙이 있다. 이를 '보편적 관할권'이라고 한다. 1961년 이스라엘은 인종 말살을 한 나치의 주역 아이히만을 아르헨티나에서 체포하여 이스라엘에서 재판했다. 이 사건에서 이스라엘 법원은 아이히만에 대해 보편적 관할권이 있다고 판시했다(박찬운, 2009). 이러한 관점에서 보면 위안부와 관련된 전범에 대한 소추도 가능한 것이다.

해진 사람은 125명이다. 전쟁범죄에 관하여 조선인을 일본인으로 취급한 것이 그 원인이다. 이들에 대한 재판은 방청객도 거의 없는 상태에서 판사와 검사, 피고인과 변호인만 참여한 가운데 진행되었다.

일본 정부는 자신들의 침략전쟁을 수행하기 위해 동원했던 이들 조선인에게 전쟁이 끝난 후 일본 국적자가 아니란 이유로 아무런 보상도, 사과도 하지 않았다. 한국인 B·C급 전범은 일본인 군속의 신분으로 일본군의 명령에 따라 어쩔 수 없이 시키는 대로 했을 뿐이다. 이들은 연합군 포로 감시원으로 일제 때 징용으로 남방전쟁으로 끌려간 것이고, 이것도 억울한 일인데 그로 인해 사형을 선고받고 많은 이들이 옥고를 치른 것은 너무나 억울한 일이다(문광재, 2005).

일제는 1937년 중일전쟁 후, 식민지에 대한 황민화 정책을 강화하면서 자원과 인력 수탈을 가속화했다. 1942년 조선인 청년들을 대상으로 연합국 포로를 감시하기 위한 포로 감시원을 군속으로 모집한 것도 이러한 인력수탈 과정의 하나였다. 당시 전쟁이 장기화되고, 일제의 식민지배 정책이 강화되는 상황에서 조선의 청년들에게는 포로 감시원에 응모라도 하지 않으면 결국에는 전장에 끌려갈 거라는 불안감이 팽배해 있어 당시의 지원은 사실상 강요에 의한 것이었다.

이들 포로 감시원들은 군속 신분이었지만 군인으로 훈련받았고, 일본군의 지휘 아래 동남아시아 지역의 연합국 포로를 감시하는 일에 동원되었다. 열대의 밀림지역에 배치된 이들은 주로 포로들을 동원하여 철도와 다리, 도로 등의 군사 시설물을 건설하는 임무를 수행했다. 그러나 태평양전쟁에서 일본의 패색이 짙어질수록 포로에 대한 식량과 의료품 등의 보급이 열악해졌다. 그리고 포로들에 대한 강제노동을 독촉하는 일본군의 명령에 따르지 않으면 안 되는 상황에서 이들 포로 감시원들은 포로 학대라는 악역을 맡게 되었다(김은숙, 2001).

한국인 포로감시원 배치 경로

1952년 샌프란시스코 강화조약으로 일본이 지배하던 식민지는 주권을 회복하였다. 일본 스가모 형무소에 복역 중이던 한국인 B·C급 전범들은 '우리는 더 이상 일본 국민이 아니다'며 출소를 요구하였지만 연합군 최고 사령부와 일본 정부는 '형을 받을 때 일본인이면 국적의 변동과 상관없이 남은 형기를 채워야 한다'며 거부했다. 형기를 마치고 출소한 한국인 B·C급 전범들에 대하여 일본 국적의 전범자와 같은 수준으로 보상하이야 함에도, 일본은 '이제는 일본 국적자가 아니기 때문에 원호보상을 할 수 없다'면서 위로금 차원의 형식적인 지원을 하는 데 그쳤다. 그리고 1965년 '한·일 협정'이 체결되면서 식민 지배로 인한 모든 피해보상이 끝났다면서 더 이상의 보상을 하지 않았다.

1990년대에 들어와 일본 정부를 상대로 식민 지배에 대한 사죄와 피해 보상 청구소송이 격증하는 가운데 한국인 B·C급 전범문제도 다시 제기되었다. 우리 정부는 2004년 〈일제강점하 강제동원 피해자 진상규명 등에 관한 특별법〉을 제정해서 진상규명위원회를 설치하였다. 그리고 2007년 초 위원회에서는 86명의 한국인 포로감시원과 유족들이 제기한 신청사건에 대하여 강제동원으로 인한 피해자임을 인정하였다. 그러나 이로 인한 피해회복이나 보상은 여전히 이뤄지지 않고 있다.

신사 참배와 천황

야스쿠니 신사는 메이지 유신을 단행하는 과정에서 일본 내 전쟁이나 대외전쟁 중에 전사한 일본 병사를 신으로 모신 일본 군국주의의 상징이다. 신사는 전쟁으로 전사자가 나왔을 때 군대와 국민의 사기가 떨어지는 것을 방지하기 위해 설치한 것으로, 사기 앙양과 전쟁 완수를 위한 것이다.

신사에서는 태평양전쟁까지의 전사자를 신사에 초혼해서 위령제를 지낸다. 그리고 천황이나 대리자가 제사를 관장해서 현창식을 실시한다. 여기서 '현창顯彰'이란 전사자들의 생전의 행위를 미화하고 정당화하는 행위를 의미한다. 전사자들의 생전의 행위는 모두 훌륭하고 위대하고, 이러한 행위와 희생으로 일본의 번영이 이루어졌음을 선언하여 전사자들의 영혼을 위로하고, 이들을 일본을 지키는 신으로 승격시키는 것이다. 당연히 전쟁과 이로 인한 희생자에 대한 사죄나 반성하는 마음은 갖지 않는다. 일본 총리나 각료가 신사를 참배하는 행위는 일본의 군국주의가 부활해도 좋다는 의미가 담겨져 있는 것이다.

야스쿠니 신사는 메이지 천황明治天皇(일본 제122대 천황, 메이지 유신으로 통일 국가를 이루었다)의 지시로 만들어졌고, 천황을 위해 죽은 자를 기리는 국가 사당이다. 따라서 천황과 야스쿠니 신사는 분리할 수 없다. 야스쿠니 신사는 전쟁으로 인한 희생과 명예를 천황이 공식적으로 인정하는 장소이다. 그리고 전몰자를 신으로 모셔 유족의 슬픔을 애국적 신념으로 바꾼다. 전쟁 때 저지른 잔혹한 행위를 잊게 하고, 천황의 이름 아래 이루어진 참혹한 범죄행위를 잊게 하는 곳이다.

신사에는 메이지 시대부터 태평양전쟁까지 246만 명에 이르는 전몰자를 합사하고 있다(이재우, 2016). 미국 코넬 대학교 교수 마크 셀던Mark Selden은, 히로히토 천황이 미국에 종속된 상태에서 황위를 유지하고 일본의 상징적인 중심 역할을 하도록 한 미국의 결정에 따른 결정물이 바로 야스쿠니 신사라고 본다. 도쿄재판 때 천황은 모든 책임에서 벗어났고, 재판소에 출두하여 증언하는 것도 면제받았다. 히로히토 천황은 종전 이후 여덟 차례나 야스쿠니 신사를 방문했다. 천황과 야스쿠니 신사, 전쟁과 제국은 이렇게 상징적으로 연결되어 있다(마크 셀든, 2008).

전후 일본은 연합국에 의한 전쟁 책임 추궁이 천황제 폐지론으로 이어지는 것을 막기 위해 모든 전쟁 책임을 군부에 떠넘기기로 했다. 맥아더는 천황제를 유지하는 것이 일본을 점령하는 데 유리하다고 판단하였다. 그리고 일부 군인이 천황과 평화를 원하는 사람의 반대를 누르고 미국과 전쟁을 시작했다는 허상이 만들어졌고, 이것이 도쿄재판에 그려진 것이다.

히로히토는 1988년 9월에 중병에 걸렸다. TV와 신문은 연일 그의 근황을 전달하기에 여념이 없었다. 히로히토가 1988년 1월 7일 급박한 상황에 접어들자 모든 방송국은 일제히 1928년부터 시작된 쇼와시대(히로히토가 재위한 1926년부터 1989년까지)에 대한 특집을 내보냈다. 특집방송은 그가 임종을 맞이한 1월 8일까지 계속되었다. 연합군 최고사령부와 일본 지도자들이 천황이 도쿄재판에서 기소되지 않도록 고군분투한 이래 아시아 태평양전쟁에 대한 천황의 책임을 언급하는 것은 금기시되어 왔다. 그러함에도 일본 내 소수의 사람들은 쇼와시대를 비판적으로 바라보았다. 1988년 일본 NGO 단체들은 일본 전역에서 심포지엄과 세미나를 개최하여 천황의 책임에 대해 토론하였다(Saito, 2017-2).

일본 천황 히로히토가 사망하였으므로 이제는 그를 전범으로 기소해서 처벌할 수는 없다. 그렇지만 오늘날까지 일본 정치지도자들의 야스쿠니 신사 참배가 계속되고 있고, 이러한 행동은 결국 일본 군국주의의 부활을 상징한다는 점에서 마땅히 비판받아야 한다.

과거 청산

2018년 10월 3일 한국 대법원은 일본 기업은 한국인 강제 동원 피해자에게 손해배상해야 한다는 판결을 내렸다. 그러자 일본 정부는 1965년에 체결된 한일청구권협정에 의해 배상이 끝났다며 비판하였다. 그러나 협정은 과거 청산이란 관점에서 볼 때 여러 문제점이 있었다. 일본은 일본의 식민지배가 정당하다는 것을 전제로 협상에 임하여 이러한 피해에 대한 책임을 인정하지 않았다. 그리고 과거에 대한 배상을 회피하기 위해 청구권 문제를 경제협력으로 처리했다. 또한 식민지 지배로 인해 인권을 침해당한 피해자의 목소리를 받아들이지 않고 조약에 의해 해결한 것이다.

이와 관련하여 도시샤 대학교 교수 오타 오사무太田修는 오늘날 '과거 청산'이란 식민지 지배, 전쟁 피해를 포함하는 모든 국가 폭력, 인권 침해에 대하여 진실 규명, 책임 추궁, 피해에 대한 사죄, 경제적 보상, 교육, 기억(위령비, 기념비, 박물관 등), 법적·제도적 장치를 정비하는 것이라고 본다. 그는 이렇게 말한다(오타 오사무, 2014).

먼저, 진실 규명 작업은 1990년대 이전에는 한일의 NGO나 연구자에 의해 미비하게 진행되고 있다가, 한국 정부의 '일제강점하 강제동원 피해 진상 규명위원회', '대일항쟁기 강제동원 피해조사 및 국외 강제동원 희생자 등 지원위원회'가 설치되면서 크게 진전되었다.

둘째, 책임 추궁은 기본적으로는 이루어지지 않고 있다. 일본이 일으킨 침략전쟁의 책임은 연합국에 의해 도쿄재판에서 그 일부가 문제되었지만, 그것으로 충분한 것이 아니었다.

셋째, 사죄의 경우 위안부 문제에 대해서는 1993년의 '고노 내각관방장관 담화'로 사죄가 이루어졌다. 식민지배와 침략전쟁에 대해서는 1995년의 '무라야마 담화'와 그에 근거한 1998년의 '한일 공동선언', 2001년의 '북일 평양선언'으로 사죄가 이루어졌다. 그러나 아베安倍 정권이 이를 부정하는 듯 행동하여 불신을 불러일으켰다.

넷째, 경제적 보상은 불충분했다. 일본 정부는 위안부 등에 대하여 인도적 견지에서 특별조치를 강구했지만, 그것은 국가 보상을 전제로 하는 것이 아니다. 강제동원 피해자에 대해서는 한국 정부가 두 차례에 걸쳐 유족과 피해자에게 보상금을 지급하였다.

다섯째, 교육, 기억, 법적·제도적 장치의 정비는 분야에 따라서는 진전되고 있는 것도 있지만, 전체적으로는 불충분하다. 정부 수준에서 두 차례에 걸쳐 '한일 역사 공동 연구'를 진행하였다.

오타 오사무가 지적한 바와 같이 과거 청산은 여러 면에서 볼 때 미흡한 것이었다.

승자의 재판을 넘어서

도쿄재판은 1946년 5월 3일 시작하여 1948년 11월 12일에 판결이 선고되었다. 도쿄재판이 승자의 재판인지, 아니면 문명의 재판인지에 대해서는 여전히 논란이 되고 있다.

도쿄재판의 수석검사였던 조지프 키넌은 도쿄재판이 제2차 세계대전으로 도덕과 가치가 혼돈되고 절망에 빠진 인류에게 새로운 희망을 메시지를 전한 것이라 평가했다. 제2차 세계대전으로 인류는 유례가 없는 파괴와 대량의 인명살상, 무질서와 혼돈을 경험하였다. 전쟁이란 결국 악을 행하는 것이고, 이런 무질서를 종식시키고 인류에게 질서와 새로운 빛을 전해야 했다. 2년 6개월에 걸친 재판에 비록 투박하고 모순된 면이 있더라도 정의를 새로 세우는 작업이었다. 결국 전쟁이란 국제사회에 있어 필요한 수단이 아니며, 법과 정의가 국가와 국가 지도자에게도 적용되어야 한다는 원칙을 세운 것이다(Horwitz, 1950). 이와 같이 도쿄재판은 국제사회에서 침략전쟁이 위법하고, 여기에 개인의 책임이 있다는 소중한 원칙을 확립하는 작업이었다.

도쿄재판은 국제사회에서 법과 정의의 원칙이 국가와 개인에게도 적용됨을 밝혔다. 그리고 이러한 원칙을 확립해 나가는 것이 인류에게 주어진 중요한 과제라는 사실을 일깨워 주었다. 도쿄재판에서 '평화에 반하는 죄'라는 새로운 범죄 개념이 탄생했다. 침략전쟁을 계획하고 준비하며, 수행하는 행위를 범죄행위로 보는 것이다. 이와 같이 도쿄재판은 평화에 반하는 죄를 정립했는데, 이것은 국제형사법의 발전에 있어 획기적인 이정표이다. 나아가 도쿄재판은 상관의 책임, 국가행위에 대한 개인의 책임에 대한 귀중한 선례를 제공했다.

현대 전쟁은 인류의 삶을 송두리째 파괴했으며, 전쟁은 반드시 사라져야 함을 일깨워 주었다. 이와 같은 전쟁을 평화에 반하는 범죄로 보아 그 책임을 추궁하는 것은 인류에게 부과된 주요한 책무이다. 그렇지만 역사의 사명을 짊어진 도쿄재판은 그 본연의 책무를 다하지 않았다. 도쿄재판은 뉘른베르크재판에 비해 관심을 덜 받았고, '이류 쇼'라는 비판을 받았다. 도쿄재판은 대다수 A급 전범을 기소하지 않고 석방하였다. 서구 식민지 중추국이 중심이 된 도쿄재판은 아시아의 피해와 아시아 지역에 대한 일본의 범죄를 철저히 심판하지 못했다. 일본이 식민지 지배 시 벌인 인도에 반하는 범죄의 대부분이 공소에서 제외되었다. 이에 따라 식민지 건설 때 이루어진 강제징용 등 인도에 반하는 범죄가 도쿄재판에서 다루어지지 않았다. 이와 같이 도쿄재판은 서구 열강이 주축이 되어 전쟁의 진상규명과 전쟁책임의 규명에 실패했다고 평가된다.

도쿄재판으로 인해 전범은 면책을 받았고, 이를 계기로 일본 우익은 오히려 전쟁범죄를 은폐하고 침략전쟁을 미화하고, 전범을 국가를 위해 희생된 애국자로 떠받들고 있다. 도쿄재판의 이런 문제점은 과거사 문제, 역사청산과 역사 화해에 있어 걸림돌이 되고 있다. 그리고 일본 기업의 전쟁범죄는 도쿄재판뿐 아니라 B·C급 전범재판에서도 거의 다뤄지지 않았다. 반면 비슷한 시기에 연합국은 나치 기업전범을 처벌하여 대조를 이룬다. 일본의 전시정책에 일본 기업은 깊숙이 관여하였다. 이로 인해 우리나라에서만 70만 명에 이르는 사람들이 강제징용되었다. 일본 기업이 이러한 강제징용은 인도에 반하는 범죄행위임에도 사실상 면죄부를 받은 셈이다.

또한 일본에게 침략을 당하여 많은 피해를 입은 동남아시아의 많은 나라와 식민 지배를 당한 한국이 재판에 참여하지 못했다. 그리고 전쟁에 가장 큰 책임이 있는 천황을 기소하지 않았다. 한국은 일본에 식민 지배를 당해 나라 전체가 피폐하게 되는 피해를 입었으나 피해국으로 취급당하지 않았으며, 소추 범위의 결정과 피의자의 선정, 재판소의 구성 때 입장이 전혀 반영되지 않았다. 한국인 포로감시원은 일제의 강제징용이나 식민 수탈을 피하기 위해 지원한 것이므로 실제 강제 동원의 피해자다. 이런 포로감시원에 대하여 반대신문이 주어지지 않았고 통역이 미비하였으며, 이런 사람들을 사형에 처한 것은 양형에 있어서도 적절하지 못했다. 따라서 전범 재판 기록을 분석해서 평가를 내리는 것은 우리의 당면 과제이다.

도쿄재판은 많은 함의와 결과를 가지고 온 매우 복잡한 재판이다. 재판소를 설립하고, 피고인들을 선정하며 공소장을 작성하고, 판결을 내린 것에는 적지 않은 정치적인 함의가 있었다. 미국은 일본과의 향후 동맹을 위해 천황의 문제, 식민을 당한 나라의 피해 등을 논외로 하였다. 이로 인해 일본의 전범들은 뉘른베르크와 다르게 많은 혜택을 보았다(Charles River, 2019). 이와 같이 우리가 보기에 너무나도 부족한 도쿄재판을 일본은 지금까지 계속 부정해 오고 있다.

이와 관련하여 하와이 대학교 교수 사이토 히로시斎藤博는 '동아시아 역사문제를 해결할 수 있는가?'라고 자문한 뒤 조심스럽게 긍정적으로 생각한다고 대답한다. 그는 이렇게 말한다. 가해자가 진심으로 자신의 잘못을 뉘우치고 반성한다면 피해자는 가해자의 인도심에 감명받을 것이며, 그럴 경우 절반은 해결된 것이나 다름없으며, 세계 우애의 관점에서 화해와 용서의 길도 열릴 수 있다. 아시아·태평양 지역의 전쟁 책임에 대해 일본이 전적으로 수용해야 하며, 가해자의 진정 어린 사과가 이루어진다면 독일과 다른 근접 국가와 같은 화해의 길도 열려질 것이다(Saito, 2017-2).

도쿄재판은 국제법학자나 연구자에게 생생한 교본이 되고 있다. 도쿄재판은 1928년부터 1945년까지 일본의 침략행위를 다루었기에 법학자뿐만 아니라 정치인과 외교관, 역사학자와 정치학자, 경제학자와 심리학자에게도 귀중한 자료가 되고 있다(Horwitz, 1950). 그렇지만 규모의 방대함과 엄청난 참여 인원, 2년 6개월이란 긴 시간과 방대한 재판기록, 역사와 법률의 개재는 도쿄재판을 연구하는 데 큰 어려움을 준다. 게다가 재판을 바라보는 시각은 제각각이고, 나름의 프리즘으로 바라보기에 객관적인 사실을 파악하는 데 어려움을 가중시키고 있다. 그렇지만 최근 위안부를 포함하여 강제징용을 당한 피해자에 대한 대법원 판결을 계기로 이 문제에 대해 국민들의 관심사가 커진 것은 다행이다. 미완성의 도쿄재판은 국가와 국민의 관심과 관계자의 연구와 책임 추궁 등이 이루어질 때 비로소 온전한 재판으로 거듭날 것이다.

참고 문헌

국내 문헌

김기준. 《국제형사법》. 박영사, 2017.

김병찬 외. 《A급 전범의 증언—도쿄전범재판 속기록을 읽다—도조 히데키 편》. 언어의 바다, 2017.

김부자 외. 《한일 간 역사현안의 국제법적 재조명》. 동북아역사재단, 2009.

김상태. 《일본, 사라지거나 해방되거나》. 책보세, 2014.

김영석. 《국제형사재판소법 강의》. 법문사, 2003.

______. 《국제인도법》. 박영사, 2012.

김철우. 《일본전범재판기》. 온이퍼브, 2016.

김홍식. 《도쿄 전범재판정 참관기》. 서해문집, 2020.

문광재. 《나는 전범이 아니다—일본 제국주의에 희생된 한국의 전범들》. 일진사, 2005.

박성호, 《731》. 프로젝트A, 2016.

박원순. 《아직도 심판은 끝나지 않았다》. 한겨레신문사, 1996.

박유하. 《제국의 위안부—식민지 지배와 기억의 투쟁》. 뿌리와이파리, 2017.

박찬운. 《국제범죄와 보편적 관할권》. 한울, 2009.

______. 《인권법》. 제2개정판. 한울, 2015.

심용환. 《우리는 누구도 처벌하지 않았다》. 위즈덤하우스, 2019.

이재우. 《하룻밤에 읽는 일본 군사사》. 북랩, 2016.

조상제 외. 《국제형법》. 준커뮤니케이션즈, 2011.

강경자. 〈동경재판이 초래한 전후 일본사회 전쟁 책임의식 결여—A급 전범 면책문제를 중심으로〉. 《한일군사문화연구》 제22집(2016).

______. 〈도쿄재판이 전후 일본국민의 평화의식에 미친 영향〉. 《일본문화 학보》 제76집(2018. 2).

강명세. 〈데자부—일본의 극우국가주의〉. 《정세와 정책》 통권 211호(2013. 10).

강정숙. 〈일본군 성노예(위안부) 제문제의 쟁점과 과제〉. 《젠더리뷰》 Vol. 26(2016. 가을).

권오곤. 〈헤이그통신(8) 도쿄전범재판과 잊혀진 피고인들〉. 《법률신문》(2009. 2. 19).

김석연. 〈동경재판과 '평화에 反한 죄'〉. 《일본연구》 제16집(2011. 8).

김성천. 〈전범재판의 이념과 시사점—일본 전범재판을 중심으로〉. 《비교형사법연구》 제16권 제2호(2014).

김은숙. 〈'한국인 B·C급 전범' 재판과 피해보상 청구 소송〉. 석사학위논문, 목포대학교, 2001.

김창록. 〈토오쿄오재판에 관한 법사학적 고찰—'문명의 심판' 대 '승자의 심판' 그리고 아시아〉. 《동북아역사논총》 제25호(2009. 9).

마크 셀든. 〈전쟁과 역사의 기억 그리고 아태지역의 미래—미일과 야스쿠니 문제〉. 《동북아역사논총》 제21호(2008. 9).

문화방송 시사제작국. 〈MBC 특별기획—이제는 말할 수 있다〉. 2002.

송충기. 〈뉘른베르크 재판과 나치 청산〉. 《역사교육》 제93집(2005. 3).

신희석. 〈일본기업의 국제법적 책임—3622차 대전 중 국제인권규범 위반 행위와 관련하여〉. 《서울국제법연구》 제18권 제1호, 통권34호(2011. 6).

오타 오사무. 〈식민지 지배와 전쟁을 둘러싼 또 하나의 폭력에 대하여〉[전자자료]. 동북아시아재단, 2014.

유웅조. 〈독일과 일본의 전후처리 및 과거 침략행위에 대한 입장비교와 한국의 대응과제〉[전자자료]. 《이슈와 논점》 제766호(2013. 12. 31).

유지혜. 〈상반된 2차대전 '전범 재판'〉. 《중앙일보》(2013. 7. 11).

이경재. 〈뉘른베르크 전범재판〉. 《형사정책연구소식》 제34호(1996 3/4월호).

이규수. 〈일본 사회의 '과거사' 기억과 우경화〉. 《일본학》 제24집(2005. 12).

이상호. 〈맥아더의 극동국제군사재판 처리와 전후 한일관계 굴절의 기원〉. 《軍史》(2012. 12).

이성곤. 〈'도쿄재판'의 연극적 형상화 방식에 대한 일고찰〉. 《한국연극학》 제58호(2016).

이장희. 〈도쿄국제군사재판과 뉘른베르크국제군사재판에 대한 국제법적 비교 연구〉, 《동북아역사논총》 제25호(2008).

(주)취재파일플러스. 〈도쿄전범재판 70주년 … 한국은 어디에?〉. http://news.sbs.co.kr/news(2017. 1. 17 검색)

하종문. 〈천황제, 도쿄재판, 샌프란시스코 강화조약—일본식 '과거 극복' 과정의 세계기〉. 《아세아연구》, 제44권 제2호, 통권 제106호(2001. 12).

일본 문헌

朝日新聞 東京裁判 記者團 編. 《東京裁判》(上·下). 東京裁判刊行会, 1962. 노병식 역, 《東京裁判》(上·下). 태종출판사, 1983.

山本七平. 《一下級將校の 見た帝國陸軍》. 朝日新聞, 1976. 최용우 역, 《어느 하급장교가 바라본 일본제국의 육군》. 글항아리, 2016.

内海愛子, 《朝鮮人 BC級戦犯の記録》. 朝日新聞出版, 1982. 이효경 역, 《조선인 BC급 전범, 해방되지 못한 영혼》. 동아시아, 2007.

田中宏 외. 《戰爭責任·戰後責任》. 朝日新聞, 1994. 이규수 역. 《기억과 망각—독일과 일본, 그 두 개의 전후》. 삼인, 2000.

藤田久一. 《戰爭犯罪》. とは何か, 巖波書店, 1995. 박배근 역. 《전쟁범죄란 무엇인가》. 산지니, 2012.

保阪正康. 《昭和陸軍の研究》. 朝日新聞, 1999. 정선태 역, 《쇼와 육군》. 글항아리, 2016.

日本歷史教育者協議會. 《東アジア世界と日本》. 青木書店, 2004. 손완범 외 역. 《동아시아 역사와 일본》. 동아시아, 2005.

平塚柾緒, 《東京裁判の全貌》. 河出文庫, 2005.

多谷千香子. 《戰爭犯罪と法》. 岩波書店, 2006. 이민요 외 역. 《전쟁범죄와 법—전범은 현행법제하에서 어떻게 처벌되는가?》. 연경문화사, 2010.

日暮吉廷. 《東京裁判》. 講談社, 2008.

豊下楢彦.《昭和天皇·マッカーサー會見》, 岩波書店, 2008. 권혁태 역,《히로히토와 맥아더—일본의 전후는 어떻게 만들어졌는가》. 개마고원, 2009.

林博史.《戰後平和主義を問い直す, 東アシア関係をめぐって》. かもがわ出版, 2008. 현대일본사회연구회 역.《일본의 평화주의를 묻는다—전범재판·헌법 9조·동아시아 연대》. 논형, 2012.

俞天任.《有一類戰犯叫參謀》. 中江紀也數, 2009. 박윤식 역.《대본영의 참모들, 일본군국주의의 광기》. 나남, 2014.

加藤陽子.《それでも, 日本人は〈戰爭〉を選んだ》. 朝日出版, 2009. 윤현명 외 역.《그럼에도 일본은 전쟁을 선택했다—청일전쟁부터 태평양전쟁까지》. 서해문집, 2017.

波多野澄雄.《國家と歷史 戰後日本の歷史問題》. 中央公論社, 2011. 오일환 역.《전후 일본의 역사문제》. 논형, 2016.

기타 해외 문헌

黃鶴逸.《東京大審判》. 改革出版社, 1999. 박은영 역.《도쿄대재판—도쿄전범재판의 전말을 통해 보수 우익의 원류를 밝힌다》. 예담, 1999.

郭方.《全球通史—兩战风云》. 吉林出版集团有限责任公司, 2010. 송은진 역,《역사가 기억하는 1, 2차 세계대전》. 도서출판 꾸벅, 2014.

張連江·孫宅巍.《南京大屠杀研究》. 江苏, 2014. 신진호 외 역,《난징대학살—진상과 역사기록을 담다》. 민속원, 2019 (張連江·孫宅巍, 2019).

周而復.《南京的陷落》(一-四). 中國美朮出版社, 2015. 김숙향 역.《난징함락과 대학살—난징대학살을 불러온 결정적 장면》(1-4). 이담북스, 2015.

梅汝璈.《東京审判亲历记》. 上海交通大学出版社, 2016. 신진호·탕쿤 역.《도쿄전범재판—중국 대표 법관의 미완성 기록》. 민속원, 2019.

Arbour, Louise. *War Crimes and the Culture of Peace*. University of Toronto Press, 2002.

Bassiouni, Cherif M. *Introduction to International Crinimal Law*, 2nd ed., Nijhoff, 2013.

Beevor, Antony. *The Second World War*, Andrew Nurnberg Associates Ltd., 2013. 김규태 역.《제2차 세계대전—모든 것을 빨아들인 블랙홀의 역사》. 글항아리, 2017.

Behr, Edward. *Hirohito: Behind the Myth*. Eulyoo Publiching Co., 2002. 유경찬 역. 《히로히토—신화의 뒤편》. 을유문화사, 2010.

Bloch, Ernst. *Naturrecht Und Menschliche Würde*. Suhrkamp Verlag, 1972. 박설호 역. 《자연법과 인간의 존엄성》. 열린책들, 2011.

Brackman, C. Arnold. *The Other Nuremberg*. William Morrow And Company, INC., 1987.

Brinkley, Alan. *The Unfinished Nation*. McGraw-Hill Companies, Inc., 2005. 황혜성 외 역. 《있는 그대로의 미국사》. 휴머니스트, 2005.

Bruma, Ian. *Year Zero*, Penguin, 2013. 신보영 역, 《0년—현대의 탄생, 1945년의 세계사》. 글항아리, 2013.

Cassese, Antonio. *International Criminal Law*, 2nd ed., Oxford, 2008.

Cassese, Antonio and Röling, B.V.A. *The Tokyo Trial And Beyond*, Polity Press, 1993 .

Charles River Editors. *The Tokyo War Crimes Tribunal: The History and Legacy of the War Crimes Trials against Japan after World War* Ⅱ, Lexington, 2019.

Crowe, M. David. *Transcultural Justice at the Tokyo Trial: The Allied Struggle for Justice, 1946~48*, Brill, 2018.

Ebrey, Buckley Patricia. *The Cambridge Illustrated History of China*, Calmann&King Ltd., 1994. 이동진 외 역. 《케임브리지 중국사》. 시공사, 2001.

Futamura, Madoka. *War Crimes Tribunals and Transitional Justice: The Tokyo Trial and the Nuremberg Legacy*. Routledge, 2008.

Ginn, L. John. *Sugamo Prison, Tokyo*, McFarland & Company, Inc., Publishers, 1992.

Gorman, F. Robert. *Great Debates at the United Nations: An Encyclopedia of Fifty Key Issues 1945-2000*, Greenwood Publishing Group, 2001.

Guillemin, Jeanne. *Hidden Atrocities; Japanese Germ Warfare and American Obstruction of Justice at the Tokyo Trial*, Columbia University Press, 2017.

Horwitz, Solis. *The Tokyo Trial: International Conciliation,* No. 465, November, 1950, Carnegie Endowment, 1950.

International Military Tribunal For The Far East, *Tokyo Trial,* 1948. 김병진 외 역. 《A급

전범의 증언—도쿄전범재판 속기록을 읽다》(도조 히데키 편). 언어의 바다, 2017 (International Military Tribunal, 2017).

Ju-ao, Mei. *The Tokyo Trial Diaries of Mei Ju-ao*. Shanghai Jiao Tong University Press, 2019.

Mattice, J. Floyd. *Tokyo War Crimes Trial Scrapbook*. 1950.

McCormack, L. H. Timothy and Simpson, Gerry. *Beyond Victor's Justice? The Tokyo War Crimes Trial Revisited*. Martinus Nijhoff Publishers, 2011.

Minear, Richard Emeritus. *Victor's Justice: The Tokyo War Crimes Trial*. Center for Japanese Studies The University of Michigan Ann Arbors, 2001.

Nye, S. Joseph. *Understanding International Conflicts: An Introduction to Theory and History*. Pearson, 2009. 양준희·이종삼 역. 《국제분쟁의 이해—이론과 역사》. 한울, 2018.

Piccigallo, R. Philip. *The Japanese on Trial: Allied War Crimes Operations In the East, 1945-1951*. University of Texas Press, 1979.

Pike, Douglas. *Australian Dictionary of Biography*. Melbourne University Press, 2014.

Richard, H. Minear. *Victor's Justice: The Tokyo War Crimes Trial*. Priceton University Press, 1971.

Saaler, Sven and Schwentker, Wolfgang. *The Power of Memory in Modern Japan*. Global Oriental, 2008.

Sagenschneider, Marie. *50 Klassiker Prozesse*. Gersten Verlag, 2002. 이온화 역, 《클라시커 50 재판》. 해냄, 2003.

Saito. Hiro, *The Politics of War Commemoration in East Asia*. University of Hawai'i Press, 2017.

Saito, Hiro. *The History Problem*. University of Hawai'i Press, 2017.

Speer, Albert. *Erinnerungen*. Ullstein Buchverlage Gmbh, 1969. 김기영 역, 《알베르트 슈페어의 기억》. 마티, 2016.

Tanaka, Yuki, McCormark. Tim and Simpson, Gerry. *Beyond Victor's Justice? The Tokyo War Crimes Trial Revisited*. Martinus Nijhoff Pu., 2010.

Toland, John. *The Rising Sun: The Decline And Fall Of The Japanese Empire, 1936-1945*. Modern Library, 2003. 박병화 외 역. 《일본제국패망사—태평양전쟁 1936–1945》. 글항아리, 2019.

Totani, Yuma. *The Tokyo War Crimes Trial*. Harvard College, 2008.

Welch, M. Jeanie. *The Tokyo Trial: A Bibliographic Guide to English-language Sources*. Greenwood, 2002.

Bantekas, Ilias. "The Contemporary Law of Superior Responsibility". *The American Journal of International Law*, Vol. 93, No. 3(Jul., 1999).

Bogwardt, Elizabeth. "A New Deal for the Nurremberg Trial: The Limits of Law in Generating Human Rights". *Law and History Review*, Vol. 26, No. 3 (Fall, 2008).

Borch, L. Fred. "Sitting in Judgement: Myron C. Cramer's Experiences in the Trials of German Saboteurs and Japanese War Leaders". *National Archives*, Vol. 41, No. 2(Summer, 2009).

Boyd, Carl. "The Berlin-Tokyo Axis and Japanese Military Initiative". *Modern Asian Studies*, Vol. 15, No. 2(1981).

Brook, Timothy. "The Tokyo Judgement and the Rape of Nanjing". *The Journal of Asian Studies*, Vol. 60, No. 3(Aug., 2001).

Bush, A. Jonathan. "The Sepreme ... Court and Its Origins: The Lost Legislative History of the Crime of Aggressive War". *Columbia Law Review*, Vol. 102, No. 8(Dec., 2002).

Chihiro, Hosoya. "The Tokyo War Crimes Trial". 46 *International Law*(1986).

Conrad, Sebastian. "Entangled Memories: Versions of the Past in Germany and Japan, 1945-2001". *Journal of Contemporary History*, Vol. 38, No. 1(Jan., 2003).

Donihi, Robert. "War Crimes". *St. John's Law Review*, No. 3 Vol. 66(Fall, 1992).

Ferrell, H. Robert. "The Mukden Incident: September 18-19, 1931". *The Journal of Modern History*, Vol. 27, No. 1(Mar., 1955).

Haley, O. John. "Between God and Man: A Judgement on War Crimes by by Kinoshita Junji; The Japanese on Trial". *The Journal of Japanese Studies*, Vol. 8, No. 1(Winter, 1982).

Horwitz, Solis. "The Tokyo Trial". 28 *Int'l Conciliation*(1950).

Kaufman, D. Zachary. "The Nuremberg Tribunal v. The Tokyo Tribunal: Designs, Staffs and Operation". *The John Marshall Law Review*, Vol. 43, Issue 3(2009).

Kaufman, D. Zachry. "Transitional Justice for Tojo's Japan: The United States role in the establishment of the International Military Tribumal For The Far East and other transitional Justice mechanisms For Japan after World War II". *Emory International Law Review*, Vol. 27(2013).

Koessler, Maximilian. "Borkum Island Tragedy and Trial". *The Journal of Criminal Laws Criminology, and Policy Science*, Vol. 47, No. 2 (Jul.,-Aug., 1956).

Maga, Timothy. "'Away from Tokyo' the Pacific Islands War Crimes Trials, 1945-1949". *The Journal of Pacific History*, Vol. 36, No. 1(June, 2001).

Minear, H. Richard. "The Tokyo Trial and beyond: Reflections of a Peacemonger by B.V.A. Röling and Antonio Cassese". *The Review of Politics*, Vol. 57, No. 4(Autumn, 1995).

Neumann, Franz. "The War Crimes Trials". *World Politics*, Vol. 2, No. 1(Oct., 1949).

Orr, J. James. "The Tokyo War Crimes Trial: The Pursuit of Justice in the Wake of world War II by Yuma Totanis". *The American Historical Review*, Vol. 115, No. 3(June, 2010).

Prévost, Marie Ann. "Race and War Crimes: The 1945 War Crimes Trial of General Tomoyuki Yamashita". *Human Rights Quarterly*, Vol. 14, No. 3(Aug., 1992).

Schabas, William, Stahn, Carsten, Powderly, Joseph, Plesch, Dan, and Sattler, Shanti. "The United Nations War Crimes Commission and The Origins of International Criminal Justice". *Criminal Law Forum*(2014).

Sedgwick, Burnham James. "Memory on Trial: Constructing and Contesting the 'Rape of Nanking' at the International Military Tribunal for the Far East, 1946-1948". *Modern Asian Studies*, Vol. 43, No. 5 (Sep., 2009).

Small, Melvin. "Victor's Justice: The Tokyo War Crimes Trial by Richard H. Minear". *The American Historial Review*, Vol. 79, No. 5(Dec., 1974).

Takatori, Yuki. "The Forgotten Judge at the Tokyo War Crimes Trial". *Massachusetts*

Historical Review, Vol. 10 (2008).

Time Magazine, "Milestone Dec. 20. 1954", (9. September 2009).

Wright, Quinsy. "Crimes against International Law" by Joseph Barry Keenan and Brendan Fancis Brown; "The Tokyo Trial" by Solis Horwitz, *Journal of Criminal Law and Criminology*, Vol. 41, No. 6(Mar.-Apr., 1951).

Yang, Daquing. "Convergence or Divergence? Recent Historical Writings on The Rape of Nanjing". *The American Historical Review*, Vol. 104, No. 3(Jun., 1999).

찾아보기

도쿄 대재판

초판 발행 1쇄 2022년 10월 12일

지은이 권영법
펴낸곳 고려대학교출판문화원
www.kupress.com
kupress@korea.ac.kr
(02841) 서울특별시 성북구 안암로 145
Tel 02-3290-4230, 4232
Fax 02-923-6311
찍은곳 한국컴퓨터인쇄정보

ISBN 979-11-91161-94-6 93910

값 24,000원
※ 잘못 만들어진 책은 바꿔드립니다.